Achim Wohlgethan und Martin Specht

Blackbox Bundeswehr

Die 100-Milliarden-Illusion – Was unsere Truppe jetzt wirklich braucht

Econ

Besuchen Sie uns im Internet:
www.ullstein.de

Wir verpflichten uns zu Nachhaltigkeit
- Klimaneutrales Produkt
- Papiere aus nachhaltiger Waldwirtschaft und anderen kontrollierten Quellen
- ullstein.de/nachhaltigkeit

MIX
Papier
FSC FSC® C021394

Econ ist ein Verlag der Ullstein Buchverlage GmbH
ISBN: 978-3-430-21093-5

Redaktion: Ulrich Wank
Redaktionsschluss: 6. Februar 2023

Gesetzt aus der Quadraat by *pepyrus*
Druck und Bindung: ScandBook, Litauen

Inhalt

Einleitung

Wir. Sind. Blank.

Im Februar 2022 veränderte sich die Welt. Der russische Überfall auf die Ukraine hatte die Bundesregierung und die Bundeswehr kalt erwischt. Angesichts des Einmarsches der Invasionsarmee, der Bombardements und der zerstörten Städte tauchte die Frage nach der eigenen Sicherheit auf. Dadurch geriet die Bundeswehr in den Fokus der öffentlichen Wahrnehmung. Und das, was dabei ans Licht kam, war erschreckend und zutiefst besorgniserregend. »Die Bundeswehr, das Heer, das ich führen darf, steht mehr oder weniger blank da. Die Optionen, die wir der Politik zur Unterstützung des Bündnisses anbieten können, sind extrem limitiert«, sagte Generalleutnant Alfons Mais. Er ist Inspekteur des Heeres und damit der höchste Vorgesetzte der, meiner Ansicht nach, wichtigsten Teilstreitkraft. Der Heeresinspekteur bezog sich in seiner Aussage in erster Linie auf den Munitionsvorrat der Bundeswehr. Im Verteidigungsfall würde der gerade mal für einen bis fünf Tage ausreichen. In den Vorgaben der NATO wird jedoch ein Munitionsbestand für mindestens 30 Tage Kampfhandlungen gefordert. Was sich tagtäglich in der Ukraine ereignete und das, was gleichzeitig über den Zustand der Bundeswehr bekannt wurde, war so alarmierend, dass Bundeskanzler Scholz in seiner berühmten Rede vom 27. Februar 2022 von einer bevorstehenden Zeitenwende sprach: »Wir erleben eine Zeitenwende. Und das bedeutet:

Die Welt danach ist nicht mehr dieselbe wie die Welt davor.« Explizit ging der Kanzler auch auf den Zustand der Bundeswehr ein: »Das Ziel ist eine leistungsfähige, hochmoderne, fortschrittliche Bundeswehr, die uns zuverlässig schützt. Ich habe bei der Münchener Sicherheitskonferenz vor einer Woche gesagt: Wir brauchen Flugzeuge, die fliegen, Schiffe, die in See stechen, und Soldatinnen und Soldaten, die für ihre Einsätze optimal ausgerüstet sind. Darum geht es, und das ist ja wohl erreichbar für ein Land unserer Größe und unserer Bedeutung in Europa. Aber machen wir uns nichts vor: Bessere Ausrüstung, modernes Einsatzgerät, mehr Personal – das kostet viel Geld. Wir werden dafür ein Sondervermögen Bundeswehr einrichten.« Es wurde beschlossen, 100 Milliarden in die Modernisierung der Streitkräfte zu investieren. Einmalig und schuldenfinanziert. Mit dem Geld sollen neue Waffensysteme und Ausrüstung angeschafft werden.

Ich hatte schon damals meine Zweifel, ob das klappt. Ich kenne die Bundeswehr nämlich gut. Ich habe in zwei Auslandseinsätzen in Afghanistan als Fallschirmjäger gedient und schon damals – 2002, 2003 und 2004 – die Erfahrung machen müssen, dass in der Bundeswehr ein ziemliches Chaos herrscht. Bei verschiedenen Einsätzen und Aufträgen habe ich erlebt, wie das kleinkarierte Gerangel um Dienstgrade und Kompetenzen verhinderte, dass wichtige Ausbildungsinhalte an die Realität in verschiedenen Einsatzländern angepasst wurden. Während meiner Afghanistan-Einsätze musste ich immer wieder zähneknirschend mit ansehen, wie die bundesdeutsche Bürokratie mich und meine Kameraden in Gefahr brachte und uns das Leben noch schwerer machte, wo es schon schwer genug und kaum zu bewältigen war. Im Einsatz litten wir unter inkompetenter Führung und mangelhafter Ausrüstung und sahen, wie leichtfertig mit dem Leben und der Gesundheit der Soldaten umgegangen wurde.

Nach meinen Afghanistan-Einsätzen verließ ich enttäuscht die Bundeswehr. Ich machte in Israel eine Ausbildung zum Personenschützer, gründete eine Beratungsfirma und schrieb drei Bestseller über meine Erlebnisse in Kabul, Kundus und – bereits 2011 – den Zustand der Bundeswehr. Der Truppe fühlte ich mich weiterhin verbunden. Vielleicht ist ja etwas dran, dass die Kameradinnen und Kameraden irgendwie zur Familie werden – und seine Familie lässt man nicht im Stich. Ich bekam ja immer noch mit, wie schwer sie es hatten. Der Afghanistan-Einsatz dauerte an, er lief nicht gut – und dann wurde auch noch an allen Ecken und Enden gespart und Personal abgebaut. Durch Zufall und durch Gespräche mit »alten Wegbegleitern« erfuhr ich Anfang 2021 von einer Stellenausschreibung des Deutschen Bundeswehr-Verbandes. Ich fand, dass die Arbeit für den Bundeswehrverband gut zu mir passte, auch weil ich in der Tätigkeit eine Möglichkeit sah, mich ganz konkret für die Interessen der Soldatinnen und Soldaten einzusetzen. Ich nahm die Stelle an. Der Bundeswehrverband ist beinahe so alt wie die Bundeswehr selbst. Er wurde im Juli 1956 gegründet, die Bundeswehr im Jahr davor. Einfach gesagt hat der Verband die Aufgabe, die Interessen der Soldaten und zusätzlich all derjenigen zu vertreten, die ebenfalls etwas mit der Bundeswehr im weiteren Sinne zu tun haben. Dazu gehören Zivilangestellte, Reservisten und ebenso die Angehörigen von Soldaten. Braucht man eine solche Organisation, wenn man bei der Bundeswehr beschäftigt ist? Ja, absolut! Der Bundeswehrverband kümmert sich eigentlich um alles, worum seine Mitglieder bitten. Juristische Probleme, Beförderungen, Versetzung auf andere Dienstposten, Pensionsansprüche – das komplette Alltagsgeschäft. Doch der Bundeswehrverband widmet sich auch den großen Themen, die die Bundeswehr betreffen. So setzte er sich – erfolgreich – für die Gleichstellung von Frauen in der Truppe ein und öffnete ihnen Zugang zu Bereichen in allen Waffengattungen.

Während die von Bundeskanzler Scholz ausgerufene Zeitenwende im Laufe des Jahres 2022 immer mehr im Zeitlupentempo verlief, war ich im Rahmen meiner Tätigkeit beim Deutschen Bundeswehrverband in zahlreichen Standorten und Kasernen im Bundesgebiet unterwegs. Es gehört zu meinen Aufgaben, für den Bundeswehrverband neue Mitglieder zu gewinnen und den Soldatinnen und Soldaten meine Arbeit zu erläutern. Dadurch habe ich einen ziemlich direkten Zugang zu vielen Bereichen der Truppe, die ansonsten für Zivilisten verschlossen sind. Für die ist die Armee eine Blackbox. Man weiß, dass sie da ist, aber nicht, wie es im Inneren aussieht. Da viele Soldatinnen und Soldaten wissen, dass ich selbst gedient habe, und oft auch meine Bücher kennen, nehmen sie kein Blatt vor den Mund. Sie erzählen mir von ihren Problemen und wo sie der Schuh drückt. Während in Berlin darüber beraten wurde, was mit den 100 Milliarden geschehen soll, hörte ich ihnen zu. Im Verteidigungsministerium tat sich aber nicht viel. Monatelang wurden weder dringend benötigte Ausrüstung noch ein Großwaffensystem oder Munition bei der Rüstungsindustrie geordert. Alle gaben sich der Illusion hin, dass man für 100 Milliarden eine neue Bundeswehr bekommen würde. Aber wann? Über Zeiträume wurde kaum gesprochen. Ich spürte die Enttäuschung in der Truppe. Deshalb beschloss ich, ein neues Buch zu schreiben. Ich will die Sorgen und Nöte der Soldatinnen und Soldaten endlich einmal zur Sprache bringen, aber auch einem breiten Publikum erläutern, welcher Gefahr wir uns durch eine nicht einsatzbereite Bundeswehr aussetzen. Aus vielen kleinen Einzelgesprächen und Informationen ergab sich so für mich das erschütternde Gesamtbild der Defizite und Versäumnisse, unter denen die Bundeswehr leidet.

Dadurch kam ich auch auf den Titel des Buches »Blackbox Bundeswehr«. Anders als in der zivilen Luftfahrt sind militärische Luftfahrzeuge nicht mit einer sogenannten Blackbox, einem Flugdatenschreiber, ausgestattet. Bei Zivilflugzeugen ist es internationaler Standard, alle Daten – darunter die Gespräche der Piloten im Cockpit – aufzuzeichnen und sie in einer »absturzsicheren« Blackbox zu speichern. So eine Blackbox kann nach einem Absturz selbst noch vom Meeresgrund geborgen werden und lässt sich meistens immer noch auslesen. Ähnliches gilt für Feuer und Explosionen, die sie übersteht. Militärflugzeuge und Helikopter haben so etwas grundsätzlich nicht, da man verhindern will, dass der Gegner Daten erhält. Sollte ihm – beispielsweise nach einem Abschuss – eine Blackbox in die Hände fallen, hätte er relevante Informationen wie »Wo ist die Maschine gestartet?«, »Welche Route ist sie geflogen? Wie hoch?«. Das erschwert die Aufklärung von Flugunfällen im militärischen Bereich. Man kann einige Daten aus internen Speichern auslesen, aber längst nicht so viele wie in der zivilen Luftfahrt. Ich musste bei der Wahl des Titels »Blackbox Bundeswehr« natürlich daran denken. Es gibt aber noch etwas anderes: die für Außenstehende verschlossene Blackbox, die sprichwörtliche schwarze Kiste, in der alles Mögliche enthalten sein kann. Sie steht für das Prinzip der Undurchsichtigkeit, der möglichen Verschleierung. Daneben haben wir die Blackbox als Kontrollfunktion. Sie dient der Wahrheitsfindung. Man kann beides sinngemäß auf die Bundeswehr übertragen: Einmal im Sinne von Zugang zu Informationen, um die Sicherheit des Systems Bundeswehr zu gewährleisten, und dem entgegengesetzt die Verschleierung der Tatsachen, die Undurchsichtigkeit von außen. Im Laufe des Buches werde ich immer wieder aufzeigen, worum es den Verantwortlichen letztendlich geht – und eigentlich gehen sollte.

An dieser Stelle möchte ich darauf hinweisen, dass ich dieses Buch unabhängig von meinen Aufgaben im Deutschen Bundeswehrverband geschrieben habe. Ich schreibe nicht im Auftrag des Bundeswehrverbands und möchte umgekehrt auch nicht als »Sprachrohr« für den Verband gesehen werden. Was ich in diesem Buch sage, ist meine private Meinung. Es sind die Ansichten eines ehemaligen Soldaten, der sich aber immer noch einer »großen Familie« zugehörig fühlt. Es ist mir wichtig, mit den Möglichkeiten, die sich durch die Veröffentlichung zusätzlich zu meiner Arbeit bieten, die Interessen der Soldatinnen und Soldaten zu vertreten.

Die langjährige Vernachlässigung der Bundeswehr

Der desaströse Zustand der Bundeswehr war eigentlich schon lange vor dem 27. Februar 2022 bekannt. Periodisch veröffentlicht das Verteidigungsministerium einen Bericht zur materiellen Einsatzbereitschaft der Hauptwaffensysteme der Bundeswehr. Unter Hauptwaffensystemen versteht man Helikopter, Schiffe, Flugzeuge, Panzer und ähnliches Großgerät. Im Bericht II/2021 wird der Zeitraum von Mai bis Oktober behandelt. Fazit: Von den 71 Hauptwaffensystemen sind nur etwa 77 Prozent einsatzbereit, bei den Hubschraubern liegt die Einsatzbereitschaft sogar nur bei etwa 40 Prozent, weniger als 30 Prozent der Kriegsschiffe der Marine sollen für anspruchsvollere Einsätze zu gebrauchen sein. Die durchschnittliche materielle Einsatzbereitschaft von Kampffahrzeugen wird mit 71 Prozent angegeben. Von einer vollen Einsatzbereitschaft der Bundeswehr kann also keine Rede sein. In den Vorjahren – 2019 wurden 76 Prozent Einsatzbereitschaft angegeben – sah es auch nicht besser aus. Interessant ist, dass diese

Berichte bis zum Jahr 2019 öffentlich zugänglich waren, seitdem aber in zwei Teile gesplittet wurden. Der allgemein gehaltene offene Teil I ist auf der Website des Bundesverteidigungsministeriums (BMVg) einsehbar. Der detailliertere Teil II wird als geheim eingestuft und unter Verschluss gehalten. Begründet wird dies mit den Sicherheitsinteressen der Bundesrepublik Deutschland und damit, dass *»damit auch dem Schutz unserer Soldatinnen und Soldaten Rechnung getragen wird«*. In meinen Augen ist dies eine zweischneidige und nicht ganz aufrichtige Argumentation. Dem Schutz der Soldatinnen und Soldaten – und natürlich auch den nationalen Sicherheitsinteressen – würde am allermeisten funktionsfähiges, einsatzbereites Material helfen. Dass man wichtige Details über die mangelnde materielle Einsatzbereitschaft des Geräts unter Verschluss hält, lässt sich natürlich bequem damit begründen, dass potenziellen Gegnern der Einblick in die Defizite der Truppe verwehrt werden soll. Andererseits wird so aber auch eine öffentliche Diskussion vermieden, in der die verantwortlichen Politiker und Vorgesetzten in der Sache detailliert Rede und Antwort stehen müssten.

Die Interessen der Bundeswehr und der Menschen, die in ihr dienen, werden in Friedenszeiten nicht sehr ernst genommen. Das zeigte sich auch am unrühmlichen Ende des Afghanistan-Einsatzes. Ich habe die Bilder vom Flughafen Kabul im August 2021 im Fernsehen gesehen. Die ISAF-Truppen (International Security Assistance Force) zogen überstürzt ab, es handelte sich um eine Evakuierungsmission. Ich kannte den Flughafen noch von meinem ersten Einsatz, als ich im Camp Warehouse stationiert war. Ich fragte mich: Warum? 20 Jahre lang war die Bundeswehr in Afghanistan, 59 Soldatinnen und Soldaten sind dort gefallen, Hunderte verwundet worden – doch was haben wir erreicht? Der hektische Abzug gab kein gutes Beispiel von der Entschlossenheit des Westens, seine Werte zu verteidigen. In der Truppe sah man das genauso. Ihr Gefühl, als Verlierer dazustehen, wurde leider durch das Verhalten der deutschen Regierung gegenüber ihren Soldaten noch verstärkt. Bei der Begrüßung des zurückkehrenden deutschen Afghanistan-Kontingents waren weder Bundeskanzlerin noch Verteidigungsministerin anwesend.

Geld allein wird es nicht richten

100 Milliarden Euro für neue Ausrüstung und Waffen sind ja schön und gut, doch es gibt Versäumnisse, die viel schwerer wiegen. Der Umgang mit dem Ende des Afghanistan-Einsatzes hat dazu geführt, dass unter den Soldatinnen und Soldaten das Vertrauen in die politische Führung verloren ging. Wenn ich sie darauf anspreche, ernte ich oftmals Gelächter. »Du weißt doch selbst, wie das läuft: viel Geld für den Wasserkopf und wenig oder nichts für uns.« Mit dem »Wasserkopf« sind die Bürokratie und ineffiziente externe Berater gemeint. Trotz aller Zeitenwende-Bekenntnisse vermissen die Soldatinnen und Soldaten den Rückhalt derer, die sie im Ernstfall in den Einsatz schicken. Laut einer Anfrage des Verteidigungsausschusses an das BMVg stieg die Zahl der Reservistinnen und Reservisten, die den Dienst mit der Waffe verweigerten, in den ersten acht Monaten des Jahres 2022 von zehn auf 190. Sie hat sich also beinahe verzwanzigfacht. Viele Soldaten, mit denen ich spreche, sagen, dass sie unter den herrschenden Bedingungen nicht bereit sind, in Auslandseinsätze zu gehen. »Altgediente« reichen einen Antrag auf »Kriegsdienstverweigerung« ein, um dem System zu entfliehen oder einfach nur, weil sie sich nach vielen Jahren nicht mehr mit der Bundeswehr

identifizieren können. Lässt sich das alles wirklich mit 100 Milliarden Euro beheben?

Ich stelle die Frage einmal anders: Verwandelt die einmalige Investition von 100 Milliarden Euro die Bundeswehr wirklich in eine einsatzbereite Armee, mit der sich im Ernstfall auch das Land verteidigen und Krieg führen lässt? Oder handelt es sich hier nicht etwa nur um eine weitere – wenn auch kostspielige – Illusion, dass Geld allein es schon richten werde? Finanzielle Mittel hat die Bundeswehr auch vorher schon gehabt. Zwar nicht genug, aber auch nicht gerade wenig. Im Jahr 2021 betrug der Etat der Bundeswehr circa 47 Milliarden Euro. Doch davon wurden gerade einmal acht Milliarden für die Anschaffung von Ausrüstung verwendet, obwohl aus dem Bericht über die materielle Einsatzbereitschaft hervorgeht, dass gerade die an allen Ecken und Enden fehlt. Statistisch waren im Jahr 2020 die Rüstungsausgaben der Bundesrepublik die siebthöchsten der Welt. Es kann also nicht nur am Geld liegen, wenn die Truppe *blank* dasteht. Lediglich dadurch, dass man noch mehr Geld hineinschießt, lassen sich wohl kaum sämtliche Defizite beseitigen. Anders gesagt: Wer es mit 47 Milliarden nicht hinbekommt, der wird es mit 100 Milliarden wohl auch nicht besser machen. Ich wage sogar zu behaupten, dass mit einem größeren Budget alles noch viel schlimmer werden wird. Ich werde zeigen, dass die Beschaffung von Material und Waffensystemen derart bürokratisch und kompliziert gehandhabt wird, dass kaum etwas davon rechtzeitig bei der Truppe ankommt. Mich treibt eine weitere wichtige Frage um, nämlich ob sich der fehlenden Motivation der Kameradinnen und Kameraden wirklich mit einer Milliardenzahlung abhelfen lässt. Meiner Ansicht nach braucht es dazu wesentlich mehr: tief greifende strukturelle Reformen und vor allem den gesellschaftlichen und politischen Willen, diese auch nachhaltig umzusetzen. Der preußische General und Militärtheoretiker Carl von Clausewitz brachte es auf den Punkt: »Die beste Strategie ist immer recht stark zu sein, erstens überhaupt und zweitens auf dem entscheidenden Punkt. Daher gibt es kein höheres und einfacheres Gesetz für die Strategie, als seine Kräfte zusammenzuhalten.« Obwohl das zur Zeit der Befreiungskriege im 19. Jahrhundert gesagt wurde, gilt das bis heute. Auch ich habe als Soldat gelernt, dass vor dem Beginn einer Mission die Bestandsaufnahme der Mittel und Kräfte steht, die ich zur Verfügung habe, um meinen Auftrag zu erfüllen. In Afghanistan hatten wir von allem zu wenig. Heute scheint das in erschreckender Weise auf die gesamte Bundeswehr zuzutreffen. Wenn man zu Beginn eines Auftrags erkennt, dass die Mittel nicht ausreichen, muss man melden: »Auftrag nicht durchführbar.« Sonst wird die Mission zur gefährlichen Illusion. Es wäre die Pflicht der militärischen Führung, diese Bestandsaufnahme so durchzuführen und die Ergebnisse weiterzugeben. Bislang wird das bis auf wenige Ausnahmen nicht gemacht. »Blackbox Bundeswehr« ist diese dringend benötigte Bestandsaufnahme.

1. Glück ab mit dem »Gefechtshelm Zwischenlösung«

Fahrzeuge, die nicht fahren, Flugzeuge, die nicht fliegen, Schiffe, die nicht in See stechen, um die Worte des Bundeskanzlers abzuwandeln, davon hat die Bundeswehr genug. Doch für mich ist nicht das mängelgeplagte Großgerät ausschlaggebend für den Zustand einer Armee, sondern der einzelne Soldat oder die Soldatin. Diese Menschen sind die Truppe! Darum möchte ich meine Betrachtung über den Zustand der Bundeswehr auch gerade bei ihnen beginnen. Besonders in diesem Punkt müssen wir genau hinschauen, wenn wir über die Blackbox Bundeswehr und deren Zustand sprechen. Was wird ganz konkret dem einzelnen Soldaten – oder der Soldatin – vom Dienstherrn an die Hand gegeben, damit er seinen Auftrag erfüllen kann? Da wären zunächst einmal so grundlegende Ausrüstungsgegenstände wie Einsatzbekleidung, Helm und Waffe. Diese drei Dinge braucht jeder Soldat zwingend. Laut Bundeswehr ist er damit so ausgestattet, dass er seinen Auftrag unter allen klimatischen Bedingungen erfüllen kann. Ich werde hier exemplarisch an den Beispielen Einsatzbekleidung, Gefechtshelm und Sturmgewehr aufzeigen, wie es in Wirklichkeit darum bestellt ist.

Einsatzbekleidung

Infanteristen führen ihre Einsätze im Gelände durch. Dabei sind sie in unterschiedlichen Klimazonen mitunter extremer Hitze, aber auch extremer Kälte und Nässe ausgesetzt. Vom Konzept her will die Bundeswehr ihre Soldaten weltweit einsetzen können, darum müssen sie auf die speziellen Gegebenheiten im jeweiligen Einsatzgebiet vorbereitet sein. Dazu hat sie eine Reihe von Uniformen verschiedener Tarnmuster und zusätzliche Bekleidung in ihrem Bestand. Schutz gegen Kälte oder Hitze oder Nässe, Schneebekleidung, tropentaugliche Uniformen, schwere und leichte Kampfstiefel und so weiter. Bis hin zu Socken und Unterwäsche ist für den Soldaten alles da – oder sollte es zumindest sein. Tatsächlich ist dies jedoch nicht der Fall. Ich werde noch ausführlich darüber berichten, dass es bei der Einkleidung von Rekruten zu langwierigen Verzögerungen kommt, die einen reibungslosen Ablauf der Grundausbildung unmöglich machen. Rekruten, wird manch einer sagen, da kann es schon mal zu Engpässen kommen, damit muss man eben leben. Doch bei Soldaten im Auslandseinsatz sieht die Sache anders aus. So stellte die Wehrbeauftragte des Bundestages Eva Högl nach einem Besuch beim Kontingent der Bundeswehr in Litauen mit Befremden fest: »Hunderte von Kontingentsoldatinnen und -soldaten leisten jeden Tag ihren Dienst in Litauen professionell und engagiert und haben dafür jede erdenkliche Anerkennung verdient. Gleichzeitig hat die Battlegroup das Material zur Verfügung, um ihren Auftrag hier in Litauen zu erfüllen und einen wesentlichen Beitrag zur Sicherung des NATO-Bündnisgebietes zu leisten. Jedoch gibt es auch hier noch Nachholbedarf und Handlungsaufträge, die ich mit nach Berlin nehmen werde. Beispielsweise wurde mir in der Gesprächsrunde mit den Vertrauenspersonen berichtet, dass alle hier eingesetzten Soldatinnen und Soldaten ihre Winterbekleidung, die sie vorher im Rahmen des VJTF-Auftrages [der schnellen Eingreiftruppe der NATO] noch erhalten hatten, für diesen Einsatz wieder abgeben mussten. Das ist bei Temperaturen von zum Teil unter –20 Grad, die hier im litauischen Winter vorkommen, nicht hinnehmbar und auch aus meiner Bewertung sehr unverständlich.« In der Tat ist dieses gravierende Versäumnis bei der Planung eines wichtigen Auslandseinsatzes überhaupt nicht nachzuvollziehen. Die Führung der Bundeswehr muss sich auf alle Eventualitäten einstellen, wenn sie sich und ihre Einsatzkräfte vor fatalen Überraschungen bewahren will. Darum, so sollte man meinen, wäre es auch klug und umsichtig, wenn das Kontingent der Bundeswehr, das in den Wintermonaten in Litauen eingesetzt wird, mit entsprechendem Kälteschutz in diesen Einsatz geht. In Litauen – nahe Finnland – können im Winter durchaus arktische Temperaturen herrschen. Jeder Infanterist, der bei diesen Wetterverhältnissen draußen seinen Dienst verrichtet, weiß: Richtige Ausrüstung ist überlebenswichtig.

»Es gibt kein schlechtes Wetter, sondern nur die falsche Kleidung«, den Spruch bekommen schon Pfadfinder zu hören, und die Logik, die darin liegt, versteht sich von selbst. Umso schwerer ist es zu verstehen, dass den Bundeswehrsoldaten in Litauen, die an der wichtigen Ostflanke der NATO eingesetzt sind, diese Kälteschutzausrüstung in den Wintermonaten 2021 fehlte. Vielen Kameraden bleibt in so einer Situation nichts anderes übrig, als sich fehlende Ausrüstung selbst zu kaufen. Ich habe in meiner aktiven Dienstzeit insgesamt mehrere Tausend Euro in Equipment investiert, weil das dienstlich gelieferte Zeug entweder zu nichts taugte oder einfach nicht verfügbar war. Besonders in den Afghanistan-Einsätzen zeigten sich die Grenzen des Materials. Wer Wert auf Beweglichkeit – die im Kampfeinsatz zwingend nötig ist – und geringeres Gewicht legte, kaufte sich seine Sachen kurzerhand selbst. Ich erinnere mich noch an die Handschuhe, die die Bundeswehr ausgibt. Sie schützen nicht nennenswert vor Kälte oder Nässe und sind nicht sehr benutzerfreundlich. Wenn ich mit derart behandschuhten Fingern etwas auf einem Tablet oder Funkgerät – beides Werkzeuge eines modernen Soldaten – eingeben soll, habe ich keine Chance. Vom geringen Abzugsgewicht eines Scharfschützen- oder Präzisionsgewehrs, für das man sprichwörtlich Fingerspitzengefühl braucht, mal ganz zu schweigen. Ein ewiges Thema für jeden Soldaten sind auch die Kampfstiefel. Infanteristen marschieren viel. Gutes Schuhwerk ist darum von elementarer Bedeutung, und jeder weiß, dass man es einlaufen muss. Wenn es also erst kurz vor einem Auslandseinsatz ausgegeben wird, kann man das Einlaufen vergessen. Am besten, man zieht die Stiefel gar nicht erst an und nimmt die, die man sich schon gekauft und eingelaufen hat. Blasen an den Füßen im Einsatz braucht man nun wirklich nicht. Was ich hier erzähle, ist in der Truppe bekannt, und die meisten Kameradinnen und Kameraden werden mir beipflichten. Dass viel Privatausrüstung verwendet wird, zeigt sich übrigens, wenn man sich Bilder aus den Auslandseinsätzen ansieht und darauf achtet, wie zusammengewürfelt und uneinheitlich manche Einheiten gekleidet sind. Jeder erfahrene Soldat nimmt eben einfach das, was für ihn am besten funktioniert. Weil sie um die Mängel wissen und an der Sicherheit ihrer Soldaten interessiert sind, tolerieren die meisten Vorgesetzten diese Praxis. Damit könne man ja – abgesehen von den hohen Kosten, die der Soldat selbst tragen muss – leben, wird jetzt manch einer sagen, doch es gibt da einen Dämpfer. Aus Versicherungsgründen ist es Soldaten nicht gestattet, private Ausrüstung – also solche, die nicht von der Bundeswehr ausgegeben und zertifiziert wurde – in Dienst und Einsatz zu benutzen. Jeder Soldat ist durch seinen Dienstherrn im Schadens- und schlimmstenfalls Todesfall versichert. Dadurch steht der Soldat vor dem Dilemma: Bringt er sich und seine Kameraden durch minderwertige – oder ganz fehlende – Ausrüstung in Gefahr, oder handelt er verantwortungsvoll im Sinne der Auftragserfüllung und riskiert damit, dass er oder seine Angehörigen im Schadensfall ohne Hilfe dastehen? Ich erinnere mich an eine tragische Episode aus meiner aktiven Dienstzeit bei den Fallschirmjägern. Ein Kamerad kam bei einem Sprungunfall ums Leben. Wie bei solchen Vorfällen üblich, wurde von den Spezialisten der Bundeswehr eine Untersuchung gemacht. Aus den von mir erwähnten Gründen trug der Kamerad nicht die dienstlich gelieferten Stiefel. Auch als Fallschirmjäger muss man ja nach dem Absetzen erhebliche Distanzen zu Fuß und mit Gepäck zurücklegen, darum achtete jeder auf vernünftiges Schuhwerk. Jedenfalls weigerte sich die Versicherung, in diesem Fall zu zahlen. Der Kamerad war gerade zum zweiten Mal Vater geworden und hinterließ eine junge Familie. Wir sammelten daraufhin im Verband, und es kam eine stattliche Summe zusammen, aber verglichen mit der Versicherungsleistung waren es Peanuts. Was ich hier beschreibe, sind beileibe keine Einzelfälle, sondern Alltag in der Bundeswehr. Darum sind die meisten Einheiten dazu übergegangen, in ihren Sanitätsbereichen mindestens einen Satz dienstlich gelieferter Ausrüstung vorzuhalten, den sie im Ernstfall dem Verwundeten schnell überziehen. In Afghanistan hatte unser Sanitäter zu diesem Zweck immer noch einen zusätzlichen dienstlich gelieferten »Plattenträger« – die Weste, mit der keramische Platten zum Schutz vor Geschossen und Splittern getragen werden – mit dabei. Wirklich benutzt hat das schwere Ding in meiner Einheit kaum jemand. Manchmal wurden auch einfach die Platten herausgenommen, um beweglicher zu sein. Wie ich hier zu erklären versucht habe, besteht das Problem nicht nur in fehlender, sondern auch in mangelhafter, ungeeigneter Einsatzkleidung. In einer Bundeswehr, die weltweit einsatzbereit sein will, sollte also jeder Soldat ständig über mindestens einen Satz der entsprechenden Einsatzbekleidung und der persönlichen Ausrüstung verfügen. Das wäre zumindest nötig, wenn die Bundeswehr ihrem eigenen Anspruch gerecht werden will. Dass dringender Handlungsbedarf besteht, wurde dann auch im Verteidigungsministerium erkannt. Am 8.4.2022 erließ die damalige Bundesverteidigungsministerin Lambrecht einen »Tagesbefehl zur persönlichen Vollausstattung bis 2025«. Darin heißt es unter anderem: *»Zu Ihrer Feldbekleidung erhalten Sie den Kampfbekleidungssatz Streitkräfte. Dieses Paket aus 25 Einzelteilen befähigt Sie für Einsätze in allen Klimazonen und Witterungen. In Zukunft passt Ihre persönliche Ausrüstung zu jedem Auftrag, an jedem Ort«.* Und: *»Die Verbesserung Ihrer persönlichen Ausrüstung hat für uns oberste Priorität. Der Dank gebührt all den kreativen Köpfen in unserem Geschäftsbereich, die sich mit Nachdruck für den Schutz unserer Soldatinnen und Soldaten einsetzen. Die Beschaffungsentscheidung vom gestrigen Tage ist das Ergebnis von kreativen Lösungen, Initiative und dem Mut, neue Wege zu gehen.«* Im Tagesbefehl der Verteidigungsministerin wird ganz klar der Anspruch bekräftigt, jeden Soldaten weltweit einsetzen zu wollen. Dass dadurch hohe Anforderungen an deren persönliche Ausrüstung gestellt werden, habe ich bereits erläutert. Gleichzeitig werden Mängel und Versäumnisse eingeräumt. Seit 2002 ist eine private Firma mit der Einkleidung der Soldaten beauftragt. Nach einer Umstrukturierung nennt sie sich heute Inhouse-Gesellschaft Bw-Bekleidungsmanagement GmbH. In der Privatwirtschaft würde man angesichts von »Mängeln und Versäumnissen« wohl zu dem Schluss kommen, dass die Firma es nicht hinbekommt. Vielleicht sprach Christine Lambrecht aus diesem Grund davon, dass man »neue Wege gehen wolle«? Es wäre nur konsequent und folgerichtig. Doch weit gefehlt, im Juni 2022 wurden die bestehenden Verträge zwischen dem Bundesamt für Ausrüstung, Informationstechnik und Nutzung der Bundeswehr (BAAINBw, im folgenden Bundesamt oder Beschaffungsamt) und der Inhouse-Gesellschaft Bw Bekleidungsmanagement (BwBM) GmbH durch einen Änderungsvertrag erweitert. Aus dem 100-Milliarden-Sondervermögen sollen nun etwa 2,3 Milliarden für Bekleidung und persönliche Ausrüstung ausgegeben werden. Nach »neuen Wegen«, sprich anderen Anbietern, wurde offensichtlich nicht lange gesucht. Begründet wird die rasche Entscheidung damit, dass man wegen begrenzter Produktionskapazitäten und Rohstoffknappheit schnell habe handeln müssen. Teil des Paketes ist die Anschaffung von 313.000 Gefechtshelmen.

Gefechtshelm

Der »Gefechtshelm Streitkräfte« wird von der Firma Rheinmetall gefertigt und soll in der gesamten Truppe getragen werden. Neben dem ballistischen Schutz aus Verbundstoffen und Kevlar, der eine hohe Beschussfestigkeit garantieren soll, ist dabei wichtig, dass die Soldaten einen Aktivgehörschutz unter dem Helm tragen und ein Nachtsichtgerät montieren können. Beim Aktivgehörschutz handelt es sich um einen Kapselgehörschutz, der Umgebungsgeräusche – darunter auch den Knall von Schüssen oder Explosionen – herausfiltert und lediglich die menschliche Stimme durchlässt. Das System ist mit der Sprechfunkverbindung der Soldaten koppelbar. Im Einsatz ist das eine wichtige Verbesserung, da gerade die Kommunikation zwischen den einzelnen Truppenteilen – beispielsweise, wenn es sich um Luftunterstützung oder ein koordiniertes Vorgehen handelt – elementar ist. Es ist so gedacht, dass es unter dem Helm getragen wird und der Soldat die Hände zum Kämpfen frei hat. Es sind mittlerweile sehr leistungsfähige und leichte Varianten dieser Systeme auf dem Markt. Im Sommer 2020 wurde von der Bundeswehr der Auftrag zur Beschaffung von 8.000 Sprechsätzen mit Gehörschutzfunktion vom Typ ComTac XPI des Herstellers 3 M Peltor vergeben. Das Problem: Diese Geräte passen nicht unter den Gefechtshelm der Truppe. Will man sie also einsetzen, braucht man zwingend auch einen neuen Gefechtshelm. Die Einführung eines solchen, mit dem die Sprechsätze kompatibel sind – so der 11. Rüstungsbericht vom Sommer 2020 –, werde zwar angestrebt, doch frühestens von da an gerechnet in zwei Jahren möglich sein. Explizit wird in dem Rüstungsbericht auch darauf hingewiesen, dass die zeitliche Planung nur unter dem Vorbehalt aufrechterhalten werden könne, wenn es keine weiteren juristischen oder technischen Probleme bei der Beschaffung geben wird. Wer die Bundeswehr kennt, liest hier zwischen den Zeilen, dass mit hoher Wahrscheinlichkeit sowohl mit dem einen wie dem anderen zu rechnen ist. Dazu braucht man sich nur anzuschauen, wie es um den neuen Gefechtshelm der Fallschirmjäger steht. Im Juli 2021 stellten einige Abgeordnete der FDP eine Kleine Anfrage an die Bundesregierung, in der es um die Ausstattung der Bundeswehr mit dem »Gefechtshelm springende Truppe« ging. Aus der Antwort wurde deutlich, dass es einen gravierenden Engpass gab, der sogar die anstehende Sprungausbildung zu unterbrechen drohte. Der »Gefechtshelm springende Truppe« ist der einzige im Bestand der Bundeswehr, der für den Fallschirmsprung mit automatischer Auslösung zertifiziert ist. Was ist nun an Gefechtshelmen für die Fallschirmjägertruppe so grundsätzlich anders als an denen der übrigen Truppenteile? Anforderungen wie die ballistische Schutzfunktion, Sprechsets mit Aktivgehörschutz, die Montage von Nachtsichtgeräten und Schienen an der Außenseite, an denen weiteres Equipment befestigt werden kann, sind identisch. Der Unterschied besteht in der Beschaffenheit des Riemensystems, mit dem der Helm unter dem Kinn befestigt wird. Bei einem Absprung mit dem Fallschirm wirken ganz andere Kräfte auf Helm und Befestigung, als dies bei einem Einsatz am Boden der Fall ist. Findet ein Absprung aus sehr großer Höhe statt, kommen sogar noch extreme Temperaturschwankungen sowie Belastungen durch höhere Fallgeschwindigkeit dazu. Aus diesen Gründen sind die Verschlüsse des Riemensystems des »Gefechtshelms springende Truppe« aus Metall anstatt aus Kunststoff gefertigt. Die Helme der Fallschirmjäger werden alle vier Jahre gewartet, um Unfälle und Fehlfunktionen zu vermeiden. Bereits vor mehr als zehn Jahren hat die Bundeswehr die Einführung eines neuen Gefechtshelms für die Fallschirmjägertruppe beschlossen, um den neuen Anforderungen – Aktivgehörschutz, Nachtsichtgerät und so weiter – Rechnung zu tragen. Man machte sich auf die Suche nach geeigneten Modellen und fragte bei der Rüstungsindustrie nach. Offensichtlich ohne den gewünschten Erfolg, denn spätestens im Sommer 2021 stand die Fallschirmjägertruppe vor dem Verlust ihrer Einsatzfähigkeit, weil nicht mehr genug Helme für die Sprungausbildung vorhanden waren. Noch schlimmer: Nicht nur Fallschirmjäger, sondern auch Soldaten mit erweiterter Grundbefähigung (sogenannte EGB-Kräfte) werden mittels Fallschirmsprung an ihre Einsatzorte verbracht. Dazu gehören beispielsweise Joint Fire Support Teams und Mörserkräfte. Erstere koordinieren vom Gefechtsfeld aus über Funk Luft- und Artillerieunterstützung, Letztere leisten mit eigenen Mörsern Feuerunterstützung. All diese Einheiten sind Bestandteil der Division Spezielle Operationen. Besonders weil die Bundeswehr 2023 eine Führungsrolle in der schnellen Eingreiftruppe der NATO – der Very

High Readiness Joint Task Force, kurz VJTF – übernehmen wird, müssen diese Kräfte einsatzbereit sein. Wohl auch um die Einsatzfähigkeit der für die VJTF 2023 vorgesehenen Truppenteile in puncto Sprechsatz mit Aktivgehörschutz und Nachtkampffähigkeit zu erhalten, entschloss sich die Bundeswehr zu einer Zwischenlösung. Sie orderte bei der Firma Rheinmetall den tatsächlich so benannten »Gefechtshelm Zwischenlösung«, der auch unter der Bezeichnung »Gefechtshelm Spezialkräfte schwer« bekannt ist. Der entsprach nun allen Anforderungen – nur war er eben nicht für den Absprung mit dem Fallschirm zertifiziert! Die Bundesregierung äußerte sich dazu wie folgt: »Der Fallschirmsprungdienst wird über das vorhandene Helmsystem für den Sprungdienst sichergestellt.« Im Klartext bedeutet das, dass die Fallschirmjäger mit dem altbekannten »Gefechtshelm springende Truppe« abgesetzt werden, der aber, wie wir mittlerweile wissen, nicht mit den neuen Sprechsätzen kompatibel ist. Um ihren Auftrag erfüllen zu können, müssten sie demnach nach der Landung den Helm wechseln und den »Gefechtshelm Zwischenlösung« aufsetzen. Vielleicht hat sich irgendwer im Verteidigungsministerium Gedanken darüber gemacht, wie man die »Gefechtshelme Zwischenlösung« getrennt von den Fallschirmjägern ins Einsatzgebiet – das sich höchstwahrscheinlich im Kampfgebiet befindet – bringen könnte. Hierfür käme ein Abwurf mittels Lastenfallschirm infrage. Dann müssten die Kameraden am Boden nur noch die Abwurfstelle finden und schnell den Helm wechseln – schon wären sie im Sinne der VJTF einsatzbereit. Die einsatzbezogene Nutzung des »Gefechtshelms Zwischenlösung« ist unter diesen Voraussetzungen genauso schwachsinnig, wie es sich anhört. Das muss schließlich auch jemandem in der Bundesregierung aufgefallen sein, denn als Nächstes wurde über eine Nachzertifizierung des neuen Helms für den Sprungeinsatz nachgedacht. Dazu äußerte sich wiederum die Bundesregierung wie folgt: »Eine nachträgliche Zulassung dieses bereits gelieferten Gefechtshelmes für den Fallschirmsprung hätte unter Beachtung des vorliegenden Konstruktionsstands zu erfolgen. Dieser umfasst einen relativ filigranen Kunststoffverschluss des Kinnriemens sowie eine Auslösevorrichtung, die bei Belastung den Kinnriemen löst. Sofern der Gefechtshelm als Ausrüstungsartikel nicht im Rahmen der erteilten Musterzulassung des Fallschirmsystems betrieben werden kann, ist bei der Feststellung der Nichtbeeinträchtigung der Verkehrssicherheit des Fallschirmsystems eine nachträgliche Zulassung durch das Luftfahrtamt der Bundeswehr grundsätzlich möglich.« Beinahe zehn Jahre lang war niemand auf diese naheliegende Idee gekommen. Erst unter dem Druck, einsatzfähige Kräfte für die schnelle Eingreiftruppe der NATO stellen zu müssen, ging es dann plötzlich doch. Noch absurder wurde das Ganze dadurch, dass es sich bei dem »Gefechtshelm Zwischenlösung« um das Modell »Batlskin Viper« des US-Herstellers Galvion handelt. Rheinmetall hat mit der amerikanischen Firma eine Vertriebspartnerschaft in Deutschland. Der Helm wird bereits seit Jahren bei den US-Luftlandetruppen eingesetzt. Warum er in Deutschland erst noch aufwendig erprobt und zertifiziert werden muss, wenn eine schnelle Lösung gefordert ist, um die Einsatzfähigkeit der Fallschirmjägertruppe zu erhalten, verstehe ich beim besten Willen nicht. Und wie die Bezeichnung »Zwischenlösung« nahelegt, handelt es sich eben bei alldem nicht um eine durchdachte Lösung des eigentlichen Problems. Warum hat man nicht einfach hingeschaut, was bei anderen Armeen – in diesem Fall den Fallschirmjägern der US-Army – funktioniert, und es dann einfach von der Stange gekauft? Gerade wenn kurzfristig einsatzbereites Material benötigt wird, wäre dies die beste – und kostengünstigste – Lösung. Ich staunte darum nicht schlecht, als ich dann im Juni 2022 erfuhr, dass im Änderungsvertrag zwischen dem Beschaffungsamt und der Inhouse-Gesellschaft Bw Bekleidungsmanagement GmbH die Anschaffung von 313.000 »Gefechtshelmen Zwischenlösung« vereinbart worden war. Zunächst einmal, so die Bundesregierung, sollen damit die Soldaten und Soldatinnen der VJTF 2023 ausgestattet werden. Damit ist nach mehr als zehn Jahren Hin und Her aus der Zwischenlösung wohl eine endgültige geworden. Jetzt spricht man vom »Gefechtshelm Streitkräfte«. Vorerst jedenfalls, denn man weiß ja nie, was den Experten im Beschaffungsamt der Bundeswehr noch einfallen wird.

Sturmgewehr

Womit wir bei der Waffe wären. Noch vor dem Helm und der Einsatzbekleidung ist sie der wichtigste individuelle Ausrüstungsgegenstand jedes Soldaten. Ohne Waffe kann man nicht kämpfen, und zu nichts anderem ist die Bundeswehr ja da. Seit 1997 ist das Sturmgewehr G36 die Standardbewaffnung der Truppe. Die Munition, die damit verschossen wird, entspricht dem NATO-Standard Kaliber 5,56 × 45 Millimeter. Die maximale Kampfentfernung wird von der Bundeswehr mit etwa 500 Metern angegeben. Ein Magazin fasst 30 Schuss. Normalerweise soll jeder Soldat vier Magazine am Mann und eins im Gewehr haben. Das G36 ist nach dem Prinzip eines Gasdruckladers aufgebaut. Das bedeutet stark vereinfacht, dass das Gas, das durch Verbrennung beim Abfeuern der Patrone entsteht, dazu genutzt wird, das Verschlusssystem zu bewegen und dadurch die nächste Patrone in den Lauf zu schieben. So ermöglicht es theoretisch eine Schussfolge von 750 Schuss pro Minute. Es ist sowohl Einzelfeuer als auch die Abgabe von Feuerstößen, sprich Dauerfeuer, möglich. Der Vorgänger des G36 war das Sturmgewehr G3, das ein größeres Kaliber hatte und insgesamt etwas größere Abmessungen und ein höheres Gewicht besaß. Bereits in den 1980er-Jahren hatte die Bundeswehr damit begonnen, nach einem Nachfolger für das G3 zu suchen. Die Firma Heckler & Koch präsentierte mehrere Konzepte, von denen sich schließlich das G36 durchsetzte. Neu an der Waffe war, dass sie zum Teil aus glasfaserverstärktem Kunststoff gefertigt war. Wichtige Teile, wie Lauf und Verschluss, bestehen nach wie vor aus Stahl. Durch die innovative Technik hat die Waffe mit etwa 3,6 Kilogramm ein relativ geringes Gewicht. Außerdem besitzt sie ein Reflexvisier, was im Vergleich zu Kimme und Korn des G3 einen wahren Quantensprung bedeutet. Der Schütze schaut durch die Visiereinrichtung und sieht einen roten Punkt, mit dessen Hilfe er anvisiert, was er treffen möchte. Das G36 wurde in großen Stückzahlen flächendeckend bei der Truppe eingeführt. Später kamen dann noch die Versionen G36K und G36C für spezielle Verwendungen hinzu. Die Varianten K (kurz) und C (compact) haben jeweils einen kürzeren Lauf und eine deutlich verbesserte Visiereinrichtung. Ich selbst war im Afghanistan-Einsatz mit dem G36K ausgerüstet. Die meisten Soldaten, die ich kenne, haben eine sehr persönliche Beziehung zu »ihrer« Waffe, da sie sie im Ernstfall perfekt beherrschen müssen und ihr Leben womöglich davon abhängt, wie sie mit dem Gewehr umgehen. Das ist meines Wissens nach in allen Armeen der Welt so. In der Grundausbildung der Bundeswehr lernen die Rekruten neben der eigentlichen Schießausbildung, wie man die Waffe zerlegt, reinigt und wieder zusammensetzt. All das zielt darauf, das Vertrauen in die eigenen Fähigkeiten, aber auch in das Waffensystem G36 zu stärken. Auch ein Leser, der niemals eine Waffe abgefeuert hat, kann sich deshalb vorstellen, was es für einen Soldaten bedeuten muss, wenn er auf einmal erfährt, dass die Waffe, die er in den Händen hält, unzuverlässig und möglicherweise sogar eine Gefahrenquelle für ihn und seine Kameraden ist. In einen solch schlechten Ruf kam das G36. Zuerst berichtete der SPIEGEL im April 2012, dass die Bundeswehr Mängel am G36 festgestellt habe. Bei hoher Feuergeschwindigkeit würde die Waffe zu heiß werden, und die Treffgenauigkeit bei über 300 Metern nähme rapide ab. Wir erinnern uns, dass zu dieser Zeit Soldaten der Bundeswehr – mehrheitlich mit besagtem G36 ausgerüstet – in Afghanistan kämpften. Allein schon darum wurde das Thema nach der Veröffentlichung im SPIEGEL von den Medien breitenwirksam aufgenommen. Heckler & Koch reagierte darauf. »In über 10 Jahren Kampfeinsatz der Bundeswehr in Afghanistan ist Heckler & Koch keine einzige Beschwerde der kämpfenden Truppe in Bezug auf die Treffleistung des Gewehrs G36 im heißgeschossenen Zustand bekannt geworden. Nach Kenntnis von Heckler & Koch sind auch innerhalb der Bundeswehr dies bezgl. keine Beschwerden der kämpfenden Truppe bekannt geworden«, heißt es in einer Stellungnahme der Firma aus dem April 2012. Allerdings hatte bereits im September 2009 der Teamführer des 3. Kampfschwimmer-Einsatzteams in Afghanistan eine dienstliche Meldung an seine Vorgesetzten gemacht: »*Diese Sicherheitsmängel der Waffe G36 sind erstmals während der Vorbereitung auf den Afghanistan-Einsatz im September 2008 beobachtet worden und traten abermals im Einsatz auf (…) Folglich lehne ich eine zukünftige Verwendung der Waffen und die damit verbundene Verantwortung kategorisch ab.*« Wohlgemerkt, hier spricht ein Elitesoldat. Die Kampfschwimmer – das heutige Kommando Spezialkräfte Marine KSM – haben wie die Soldaten des KSK eine spezialisierte und hervorragende Ausbildung durchlaufen. Man kann wohl annehmen, dass ein derart spezialisierter und hochkompetenter Soldat sich mit Waffen auskennt sowie sich seiner Verantwortung und auch der Tragweite seiner Worte bewusst ist. Angeblich handelt es sich hier um keinen Einzelfall. Im September 2013 wird dem ARD-Politmagazin *Report* ein Schreiben der Bundeswehr zugespielt, das als »Verschlusssache« klassifiziert ist. Darin wird bestätigt, dass es bundeswehrintern schon 2011 erhebliche Zweifel an der Zuverlässigkeit des G36 gegeben habe. Das Bundesamt für Wehrtechnik und Beschaffung BWB, aus dem 2012 das bereits erwähnte Beschaffungsamt hervorging, hatte eine »Untersuchung beanstandeter Infanteriewaffen« durchgeführt und kam zu dem Ergebnis, das G36 zeige *»nach einer Belastung von 90 Schuss in kurzer Zeit (Dauerfeuer / schnelles Einzelfeuer) eine stark nachlassende Präzision«*. Folgerichtig kamen die mit der Untersuchung beauftragten Sachverständigen zu dem Schluss: *»Die Ergebnisse scheinen aus hiesiger Sicht einen erheblichen Mangel anzuzeigen. (...) Hier ist die Frage zu stellen, in wie weit ein Soldat in einem Feuergefecht mit heißgeschossener Waffe überhaupt noch treffen kann.«* Darüber hinaus ordnete das BWB weitere Untersuchungen der Waffe mit »höchster Priorität« an. Hier möchte ich noch einmal darauf hinweisen, dass die zitierte Verschlusssache aus dem Dezember 2011 datiert. Die Stellungnahme von Heckler & Koch, in der behauptet wird, es gebe keine Erkenntnisse aus Bundeswehr und kämpfender Truppe über Mängel mit der Waffe, dagegen erst aus dem April 2012 – also beinahe fünf Monate später! Bemerkenswert ist auch die Antwort des Bundesverteidigungsministeriums vom 12.12.2012 – beinahe ein Jahr nach dem als »Verschlusssache« eingestuften Berichts des BWB – auf eine Anfrage des Abgeordneten Christian Ströbele in Bezug auf die Zuverlässigkeit des Gewehrs: *»Es wurde kein Mangel am Gewehr G36 festgestellt. (...) Das Sturmgewehr G36 ist zuverlässig und auch weiterhin tauglich für die Erfordernisse der Bundeswehr im Ausbildungsbetrieb und in den laufenden Einsätzen.«* In der Folge und unter öffentlichem Druck beschäftigten sich gleich eine Vielzahl von Gutachtern und Experten – darunter der Bundesrechnungshof, das Beschaffungsamt und die Wehrtechnische Dienststelle 91 – mit dem G36. Hatte es anfangs noch geheißen, die verwendete Munition sei für die ungenaue Treffsicherheit verantwortlich – angeblich war die Kupferummantelung eines Geschosstyps nicht ausreichend stark –, geriet bald die gesamte Konstruktion der Waffe in den Fokus. Die glasfaserverstärkten Verbundstoffe würden bei starker Hitzeeinwirkung insgesamt an Stabilität verlieren. Mit anderen Worten: In einer – auch – klimatisch »heißen« Umgebung, wie Afghanistan oder Mali, sei die Waffe nicht einsatzfähig. 2015 wurde bekannt, dass der damalige Generalinspekteur der Bundeswehr Volker Wieker in einem Schreiben dem G36 unabhängig von der verschossenen Munition eine sinkende Treffgenauigkeit bei hohen Temperaturen und erst recht in heißgeschossenem Zustand bescheinigt hatte. Fazit: Mit so einer Waffe sollte man keinen Soldaten in ein Land schicken, in dem die Temperaturen regelmäßig auf bis zu 40 Grad steigen und in dem er jederzeit damit rechnen muss, diese Waffe auch wirklich zu benutzen. Nach Bekanntwerden des Schreibens von Generalinspekteur Wieker kam auch Verteidigungsministerin Ursula von der Leyen nicht umhin, die besagten Mängel am G36 einzuräumen. Dabei war die Verteidigungsministerin bereits im November 2013 über einen ersten Entwurf des Prüfberichts des Bundesrechnungshofes informiert worden, in dem dieser über die Probleme mit dem G36 berichtete. Bis zum Bekanntwerden der Probleme im April 2012 hatte Heckler & Koch 180.000 G36 an die Bundeswehr geliefert, danach wurden trotz Bedenken weitere geordert. Deswegen ermittelte die Staatsanwaltschaft Koblenz sogar wegen Untreue gegen einen Mitarbeiter der Bundeswehr. Im November 2014 verfügte das Bundesverteidigungsministerium schließlich einen Beschaffungsstopp für das

Gewehr, doch schickte es seine Soldaten weiterhin damit in riskante Kampfeinsätze. Denen war die öffentlich entbrannte Diskussion um die Waffe, mit der sie kämpfen sollten, natürlich nicht entgangen. Das Beschaffungsamt ließ in einer öffentlichen Stellungnahme verlauten: »Es ist bei bestimmungsgemäßem Gebrauch handhabungs-, funktions-, betriebs- und treffsicher.« Schnellfeuer sei nach Möglichkeit zu vermeiden. Genau darin liegt aber einer der wesentlichen Vorteile eines Sturmgewehrs: in seiner hohen Feuerkraft! Feuergeschwindigkeit und Feuerkraft können beim Kampf gegen einen Gegner, der aus der Deckung oder dem Hinterhalt angreift, entscheidend sein. Genau mit solchen Szenarien hatte es die Bundeswehr in Afghanistan beim Kampf gegen die Taliban zu tun. Nun sagte man den Soldaten, dass sie sich auf den möglicherweise entscheidenden Vorteil ihrer Standardwaffe nicht mehr verlassen könnten. Im Streit, der mittlerweile zwischen Heckler & Koch und dem Verteidigungsministerium entbrannt war, fand der Hersteller dann endlich auch klare Worte: In den technischen Lieferbedingungen sei festgelegt, dass das Gewehr bei Abgabe von einzelnen Schüssen präzise treffen müsse. Dies gelte nicht für einen Gefechtseinsatz mit Dauerfeuer. Ach so, dann wollte die Bundeswehr also gar kein Gewehr haben, mit dem man im Gefechtseinsatz und bei Dauerfeuer präzise schießen kann? Wozu auch, möchte man meinen. Hier drängt sich wieder einmal die Vermutung auf, dass die Verantwortlichen bei der Beschaffung nicht ernsthaft daran gedacht haben, eine Waffe zu kaufen, die man im Ernstfall auch wirklich einsetzen kann.

Dem besseren Verständnis zuliebe muss ich kurz erklären, dass jede Waffe bei Benutzung heiß wird und dass es bei Dauerfeuer nicht nur durch die entstehende Hitze, sondern auch durch die Vibration der Waffe zu Ungenauigkeiten kommt. Den Umgang damit lernt ein Soldat in der Ausbildung. Ebenso spielen klimatische Verhältnisse und der Zustand der verwendeten Munition bei der Treffsicherheit eine Rolle. Ich selbst habe Tausende von Schuss mit dem G36 und dem G36K abgefeuert und fand beide Waffen nicht schlecht. Wegen der Konstruktion des Gaskolbens konnten sie schon mal zu heiß werden, aber komplett unbrauchbar ist das Gewehr deswegen noch lange nicht. Wäre es wirklich so schlecht, dann wäre es wohl auch bis heute nicht in der Version G36C bei der GSG9, den Personenschützern der Bundespolizei und den SEKs im Einsatz. Die perfekte Waffe wird es nie geben, und viele Mängel werden tatsächlich erst im Einsatz entdeckt. Dann sollte man allerdings auch den Willen haben, sie schleunigst zu beheben, um die Ausrüstung zu verbessern und Menschenleben zu schützen. Den hatten im Zusammenhang mit dem G36 aber offensichtlich weder die Bundeswehr noch die Herstellerfirma. 2015 bestätigte die damalige Ministerin Ursula von der Leyen Presseberichte, wonach Heckler & Koch versucht habe, mittels Druck auf einen Ministerialbeamten des Verteidigungsministeriums den Militärischen Abschirmdienst dazu zu veranlassen, kritische Presseberichte über die Zuverlässigkeit des G36 zu unterdrücken. Der damalige Präsident des MAD Ulrich Birkenheier lehnte dies jedoch ab. Heckler & Koch bestreitet diese Vorwürfe. Das ganze unwürdige Gerangel führte letztendlich zu einem weiteren Vertrauensverlust der Soldaten und Soldatinnen sowohl in ihre Waffe und ihre Fähigkeiten wie auch in die Führung der Bundeswehr.

Allein schon aus diesem Grund wurde das G36 am Ende untragbar. Nachdem 2015 endlich im Bundesverteidigungsministerium entschieden wurde, ein neues Sturmgewehr für die Truppe zu beschaffen, bewarben sich verschiedene Anbieter beim Vergabeverfahren »System Sturmgewehr Bundeswehr« des Beschaffungsamtes. Es ging um die Neuanschaffung von mindestens 120.000 Sturmgewehren für die Truppe. Das Auftragsvolumen würde Hunderte Millionen Euro umfassen. Unter den Bewerbern war wieder die Firma Heckler & Koch, die zwei Nachfolgemodelle ihres G36 anbot. Nachdem sich einige Bewerber – darunter SIG Sauer und Rheinmetall – aus dem Vergabeverfahren zurückgezogen hatten, fiel schließlich im September 2020 die Wahl auf das Modell Haenel MK 556. Die Firma C.G. Haenel aus Suhl stellt unter anderem auch Scharfschützengewehre her, die bei der Bundeswehr verwendet werden. Unmittelbar nach der Bekanntgabe der Entscheidung durch das Verteidigungsministerium erhob die Firma Heckler & Koch Einspruch. Das BMVg reagierte umgehend und unterbrach das Vergabeverfahren. In der Begründung heißt es:

»Am 15. September 2020 hat die Vergabestelle des Bundes im Bundesamt für Ausrüstung, Informationstechnik und Nutzung der Bundeswehr den Ausschreibungssieger im Vergabeverfahren zum ›Projekt System Sturmgewehr‹, die Firma C.G. Haenel, bekanntgegeben. Die Vergabestelle ist bei der Prüfung einer darauffolgenden Rüge und durch einen Nachprüfantrag bei der 1. Vergabekammer des Bundes beim Kartellamt auf eine mögliche Patentrechtsverletzung durch die Firma C.G. Haenel hingewiesen worden. Die darauf eingeleiteten internen Prüfungen haben zum Ergebnis geführt, dass eine entsprechende Patentrechtsverletzung durch den Bieter C.G. Haenel zulasten des Bieters Heckler und Koch nicht auszuschließen ist.«

In einem anschließenden Bericht des BMVg an das Parlament, den Wehrbeauftragten und den Bundesrechnungshof, der sich mit den Problemen, die um die Nachfolge des G36 entstanden sind, befasst, heißt es absurderweise direkt am Anfang: *»Die Soldatinnen und Soldaten der Bundeswehr sind derzeit mit dem Sturmgewehr G36 vollständig mit einer leistungsfähigen Standardwaffe ausgestattet. Beginnend ab 2023 soll das in technischen Präzisionskriterien noch leistungsfä-*

higere ›System Sturmgewehr Bundeswehr‹ (SystStGBw) das G36 schrittweise ersetzen.« Für mich klingt das beinahe zynisch: Da werden Millionenbeträge ausgegeben, um eine mangelhafte Waffe zu ersetzen, und dann verlautbart dasselbe Verteidigungsministerium, das die Ausmusterung des G36 entschieden hat, die Waffe sei vollkommen in Ordnung. Ich denke, die Verantwortlichen wollten hier einfach mal wieder jegliche Verantwortung von sich schieben. Interessant ist in diesem Zusammenhang auch, dass erstmals ein Termin »beginnend ab 2023« für die Einführung der Waffe bei der Truppe genannt wird – und die soll sich dann auch nur schrittweise vollziehen. Tatsächlich entwickelte sich denn auch ein Rechtsstreit zwischen den beteiligten Parteien, der sich bis zum Sommer 2022 hinzog. Währenddessen sind Soldaten weiterhin mit dem G36 im Einsatz – und die meisten von ihnen werden es wohl auch noch für einige weitere Jahre sein. Erst im Juni 2022 entschied das Oberlandesgericht Düsseldorf in letzter Instanz, dass die Firma C.G. Haenel aus dem Vergabeverfahren »System Sturmgewehr Bundeswehr« auszuschließen sei. Das Verfahren wird nun mit dem Nachfolger des G36, dem HK 416 A8 von Heckler & Koch, weitergeführt. Nachdem der Haushaltsausschuss – der alle Rüstungsprojekte mit einem Volumen von mehr als 25 Millionen Euro genehmigen muss – der Anschaffung des HK 416 A8 zugestimmt hat und im Januar 2023 die entsprechenden Verträge unterzeichnet wurden, wird Heckler & Koch in einem ersten Schritt 390 Sturmgewehre ausliefern. 40 der sogenannten Nachweismuster sind für die Qualifizierung durch die Wehrtechnische Dienststelle vorgesehen, die übrigen 350 Sturmgewehre unterliegen der Einsatzprüfung durch die Truppe. Dieser Testlauf dauert anderthalb bis zwei Jahre und dient dazu, eventuelle Verbesserungen und Modifikationen zu berücksichtigen, bevor die Waffe in großen Stückzahlen gefertigt und ausgeliefert wird. Laut dem

Beschaffungsamt soll die Waffe ab 2026 in größeren Stückzahlen an die Truppe ausgeliefert werden. Die Bundeswehr plant die Anschaffung von 118.718 Sturmgewehren. Womit wir beim nächsten Punkt wären: Im Vergabeverfahren hat der Hersteller die Lieferung von 20.000 Sturmgewehren pro Jahr zugesagt. Damit werden nach der Grundsatzentscheidung von Verteidigungsministerin Ursula von der Leyen aus dem Jahr 2015, das G36 zu ersetzen, mehr als 10 Jahre vergangen sein, bis der Nachfolger tatsächlich bei den Soldaten eingeführt wird. Und auch in diesem Fall bleibt offen, ob es nicht noch zu weiteren Verzögerungen kommt.

Angesichts dieser Tatsachen kann man wirklich nicht davon sprechen, dass den Einsatzerfahrungen der Soldaten und deren Bedürfnissen zeitnah Rechnung getragen wird. Im Gegenteil, bei jedem juristischen Rückschlag wurde beschwichtigt und – gegen besseres Wissen – behauptet, dass das G36 eben doch eine voll einsatzfähige Waffe sei, auch wenn Gutachten und die Aussage des Wehrbeauftragten das Gegenteil bewiesen haben.

Fazit

An den drei Beispielen Einsatzbekleidung, Helm und Waffe finde ich besonders bezeichnend, dass sich in zwei Fällen der Beschaffungsvorgang über einen inakzeptabel langen Zeitraum – wir sprechen von mindestens einem Jahrzehnt! – hinzieht und dann entweder nur Zwischenlösungen herauskommen oder das Material nur für einige wenige Soldaten verfügbar ist. Das ist eine skandalöse Fehlplanung, die an den Bedürfnissen der Truppe vorbeigeht. Offensichtlich ist auch, dass auf die Einsatzerfahrung der Soldatinnen und Soldaten kein Wert gelegt wird. Besonders unverständlich finde ich, dass es sich bei der Einsatzkleidung, dem

Gefechtshelm und einem Sturmgewehr um Produkte handelt, deren Herstellung relativ simpel ist. Wir sprechen hier ja nicht über High-Tech-Rüstungsprojekte, wie ein Kampfflugzeug oder einen Panzer zukünftiger Generation, bei denen die entsprechenden Technologien erst noch aufwendig entwickelt werden müssen. Alles ist bereits da, vorhanden und könnte ohne Zeitverzögerung angeschafft werden. Warum kommt niemand im BMVg auf die Idee, sich einfach einmal danach zu erkundigen, wo das Militär anderer Länder seine Ausrüstung einkauft? Aufwendige, zeitraubende – und dann auch noch skandalbehaftete – Vergabeverfahren ohne optimales Ergebnis sind einfach nicht zu rechtfertigen und gehen auf Kosten der Einsatzbereitschaft der Truppe. Umso dringlicher scheint es mir, vor dem Hintergrund des 100-Milliarden-Sondervermögens einmal genauer hinzusehen, wie die Finanzierung der Bundeswehr eigentlich geregelt ist.

2. Der Zustand der Bundeswehr verstößt gegen das Grundgesetz!

Im vorherigen Kapitel habe ich exemplarisch an drei Beispielen gezeigt, was Versäumnisse und Fehlentscheidungen für den einzelnen Soldaten, die Soldatin bedeuten. Ebenso welche Auswirkungen diese vergleichsweise »kleinen« Defizite insgesamt auf die mangelhafte Einsatzbereitschaft der Bundeswehr haben. Das führt zu der Frage: Wie wird sie finanziert, und wer bestimmt, wie mit den Milliarden-Etats umgegangen wird? Auf die Frage nach der Finanzierung der Bundeswehr lässt sich im Grundgesetz eine eindeutige Antwort finden. Unter Artikel 87a Abs. 1 heißt es dort: *»Der Bund stellt Streitkräfte zur Verteidigung auf. Ihre zahlenmäßige Stärke und die Grundzüge ihrer Organisation müssen sich aus dem Haushaltsplan ergeben.«* Der Deal ist folgender: Die Bundeswehr bekommt vom Staat den Auftrag zur Landesverteidigung – die aber ohne das Militärbündnis NATO nicht zu gewährleisten ist, wodurch sich wiederum Verpflichtungen in der sogenannten Bündnisverteidigung ergeben. Im Gegenzug benennt die Bundeswehr im Einzelplan 14 des Haushaltsplans – auch Verteidigungshaushalt genannt – detailliert, was sie braucht, um den ihr zugedachten Auftrag zu erfüllen. Der Auftrag der Bundeswehr ist, wie wir jetzt wissen, im Grundgesetz eindeutig mit Landes- und Bündnisverteidigung definiert. Diesen Auftrag kann die Bundeswehr zurzeit – man denke nur an die Munitionsbestände, die in so einem Fall ein bis fünf

Tage halten würden – nicht erfüllen. Darum behaupte ich: Der momentane Zustand der Bundeswehr verstößt gegen das Grundgesetz!

Wie konnte es dazu kommen? Nach dem Ende des Kalten Krieges sah man sich nicht länger einer konventionellen militärischen Bedrohung ausgesetzt und dachte, man könne auf Streitkräfte in der bisherigen Konzeption verzichten und sie quasi in einer Light-Version als Alibi-Armee aufstellen. Dass dies nicht mit Artikel 87 des Grundgesetzes konform ging, wurde offenbar von den Entscheidungsträgern in den Regierungsparteien nicht weiter hinterfragt. Die Politiker sprachen genüsslich von »Friedensdividende« und kürzten die Mittel der Verteidigungshaushalte radikal. In der Folge wurde Personal abgebaut, es wurden Standorte geschlossen, die Munitionsbestände in fahrlässiger Weise reduziert, bisher bundeswehrinterne Aufgaben an private Dienstleister abgegeben und unzureichend in neues Material oder nötige Ersatzteile investiert. Doch noch etwas ganz anderes hatte sich verändert: Erstmals in der Geschichte der Truppe waren Soldaten der Bundeswehr an Auslandseinsätzen beteiligt. In der Öffentlichkeit mehr oder weniger bekannt, waren und sind es bis zum heutigen Tage über 60 verschiedene Einsätze. In Bosnien, dem Kosovo, Afghanistan, Irak und Mali waren – und sind – deutsche Soldaten an lebensgefährlichen Einsätzen beteiligt. Diese Auslandseinsätze waren eine neue Erfahrung für die Truppe, aber auch für die Politik und die Gesellschaft. Alle taten sie sich schwer damit, dass deutsche Soldaten erstmals wieder an Kampfeinsätzen teilnahmen. Bald zeigte sich, dass die Bundeswehr nur unzureichend auf diese Art von Out-of-area-Einsätzen vorbereitet war. Ich selbst erinnere mich, wie meine Fallschirmjäger-Kameraden und ich in zwei Afghanistan-Einsätzen und anderen Auslandsaufenthalten beinahe überall improvisieren mussten. Zudem fehlten klare politische Vorgaben. Besonders an Letzterem hatte sich bis zum überstürzten Ende des Afghanistan-Einsatzes im August 2021 nichts geändert. Für uns war es immer das größte Problem, nicht genau zu wissen, auf welcher gesetzlichen Grundlage wir vorgehen mussten – und durften. Uns wurde gesagt, dass wir nach deutschem Recht zu handeln hätten. Wenn man aber als Soldat in eine Situation geriet, in der deutsches Recht ganz klar gebrochen wurde, wie zum Beispiel bei der Steinigung einer Frau – in Deutschland ein Verbrechen, in Afghanistan dagegen legal –, machte ich mich nach deutscher Rechtslage der unterlassenen Hilfeleistung schuldig, wenn ich tatenlos zusah. Schritt ich aber ein und verhinderte die Tat möglicherweise durch Anwendung von Gewalt, hätte das gravierende politische Folgen haben können. Denn ich würde die Gesetze des Landes missachten, in dem ich operiere. Für dieses Dilemma gibt es zahllose Beispiele aus dem Einsatz. Aus eigener Erfahrung kann ich sagen, dass »zufällig« in solchen Momenten oftmals ein Medienvertreter vor Ort war, der darüber berichtete und sich empörte. In der Heimat wuchs sich so etwas schnell zum Skandal aus. Hier fehlte uns Soldaten jedes Mal der Rückhalt der Politik, und daran hat sich bis zum heutigen Zeitpunkt nichts verändert. An solchen Details zeigt sich, wie schlecht die Politiker und die Führung der Bundeswehr auf diese neuen Einsatzformen vorbereitet waren. Diese neue Art von Einsatzarmee war jedoch für viele Politiker attraktiv, weil sie zu wesentlich geringeren Kosten zu unterhalten war als die bisherige Bundeswehr mit dem Schwerpunkt Bündnis- und Landesverteidigung. Wenigstens glaubten das etliche Entscheidungsträger. Außerdem ließ sich eine Teilnahme an Auslandseinsätzen international gut als bundesdeutsches Engagement verkaufen. Zumindest wenn nicht zu genau hingeschaut wurde, wie effizient die deutsche Beteiligung tatsächlich war. Das Kostenargument war überzeugend, und so wurden Truppenstärke und Material immer weiter reduziert. Eine ökonomisch verschlankte Einsatzarmee aus Berufssoldaten, so die Vorstellung, damit ließen sich Milliarden einsparen. Unter Verteidigungsminister Theodor zu Guttenberg wurde 2011 deshalb auch noch die allgemeine Wehrpflicht ausgesetzt. Wohlgemerkt, im Grundgesetz steht nichts von einer »Einsatzarmee«, die sich zwar an internationalen Militärinterventionen beteiligt, aber für die definierte Aufgabe der Landesverteidigung aufgrund von Sparmaßnahmen und Umstrukturierungen nicht mehr befähigt ist. So wurden im Lauf der Jahre beispielsweise sämtliche Flugabwehrkapazitäten des Heeres abgeschafft. Taliban und ähnliche Aufständische – die mittlerweile als die alleinigen Gegner galten – greifen nicht mit Jets, Helikoptern und Mittelstreckenraketen an, also was soll's: Brauchen wir nicht und kostet eh nur Geld. Das – ich wiederhole es noch einmal – widerspricht ganz klar dem Auftrag gemäß Artikel 87a Abs. 1 des Grundgesetzes in Bezug auf die Streitkräfte.

Wie kommt die Bundeswehr an ihr Geld?

Das böse Erwachen kam mit der Zeitenwende im Februar 2022. Doch schon 2014, nach der russischen Besetzung der Krim, waren die Zeichen, was künftig auf die Bundeswehr zukommen könnte, nicht mehr zu übersehen. Damals schwante dem einen oder anderen Verantwortlichen, dass die Bundesrepublik Deutschland vielleicht doch wieder eine Bundeswehr brauchen könnte, die sich gegen eine konventionelle Armee verteidigen kann. Diese Bundeswehr existierte aber nicht mehr, und – trotz aller jüngsten Bekenntnisse zur »Zeitenwende«: Es gibt sie bis heute nicht. Genauso wenig übrigens wie eine funktionsfähige Einsatzarmee. Dass wir weder das eine noch das andere haben – ich werde es aufzeigen –, hängt mit Fehlplanungen, falschen politischen Entscheidungen und struktureller Inkompetenz zusammen. Drastische Sparprogramme und diverse Reformen der Bundeswehr wurden von sämtlichen im Bundestag vertretenen Parteien getragen. Es herrschte also ein Konsens darüber, dass man es mit dem im Grundgesetz definierten Verteidigungsauftrag nicht mehr so genau nehmen wollte. Hätte sich die Regierung Putin nicht mit militärischer Gewalt die Krim angeeignet und so gezeigt, dass sie sich um die Werte der EU und der Völkergemeinschaft einen Dreck schert, hätte sich daran wohl auch nichts geändert. Doch so war es eben nicht länger zu ignorieren, dass man es in der nächsten Nachbarschaft mit einem Aggressor zu tun hatte, der seine Streitkräfte auch einsetzte. Nach langen Jahren sinkender Verteidigungshaushalte – 32,4 Milliarden im Jahr 2014 – stiegen sie seit 2015 erstmals wieder. 2017 etwa auf bereits 37 Milliarden Euro, und 2022 lag der Verteidigungshaushalt bei etwas über 50 Milliarden Euro. Dazu kommen die 100 Milliarden Euro Sondervermögen. Demnach sind die Ausgaben für die Bundeswehr seit sieben Jahren deutlich – um mehr als 30 Prozent – gestiegen. Geld, so möchte man meinen, müsste also ausreichend vorhanden sein, um die Truppe zumindest in einem einsatzbereiten Zustand zu halten. Deutschland liegt mit seinen Verteidigungsausgaben immerhin an siebter Stelle weltweit. Warum nur, so muss die Frage lauten, stehen wir dann, laut dem Generalinspekteur, blank da? Warum fordert Bundeskanzler Scholz in seiner Zeitenwende-Rede eine »nationale Kraftanstrengung« für eine »leistungsfähige, hochmoderne, fortschrittliche Bundeswehr, die uns zuverlässig schützt«?

An dieser Stelle muss ich kurz erklären, wie der Verteidigungshaushalt eigentlich zustande kommt. Er soll sich – zumindest theoretisch – nach den Bedürfnissen der Truppe richten. Alles, was die Bundeswehr für nötig hält, um ihre Soldaten und Soldatinnen auftragsgemäß auszustatten, soll darin irgendwie berücksichtigt werden. Die Realität zeigt leider, dass das nicht funktioniert hat, denn sonst wäre die Bundeswehr ja heute in einem anderen Zustand. Eine schuldenfinanzierte 100-Milliarden-Euro-Investition und eine nationale Kraftanstrengung könnte man sich – sprichwörtlich – sparen. Geld ist da, und wie ich gezeigt habe, auch nicht wenig. Das Problem ist vielmehr, dass viel zu wenig davon bei der Truppe ankommt. Wer legt also fest, welche Ausgaben im Verteidigungshaushalt enthalten sind? Das Bundesverteidigungsministerium beginnt damit, indem es eine jährliche Finanzbedarfsanalyse erstellt. Die wird dann als Diskussionsgrundlage zwischen Verteidigungsministerium und Finanzministerium genutzt. Am Ende dieser regierungsinternen Gespräche beschließt das Bundeskabinett vorläufige Eckwerte. Hier tut sich meistens schon die erste Lücke zwischen dem Finanzbedarf der Bundeswehr und dem auf, was das Finanzministerium tatsächlich an Geldern bereitstellen kann. Obwohl das Verteidigungsministerium – nach dem Ministerium für Arbeit und Soziales und dem Gesundheitsministerium – über einen der größten Posten im Bundeshaushalt (im Jahr 2022 waren es insgesamt 498,5 Milliarden Euro) verfügt, sind die zur Verfügung stehenden Staatsmittel eben doch begrenzt und müssen möglichst sinnvoll auf alle Ministerien verteilt werden. Nachdem das Bundeskabinett die Eckwerte des Haushaltsplans beschlossen hat, muss sich das Verteidigungsministerium darauf einstellen, dass eben nicht für alles, was es gerne hätte, Geld da ist. Nun machen sich die Experten des Ministeriums daran, einzelne Posten zu priorisieren. Was wird unbedingt gebraucht, was kann noch warten, was werden wir möglicherweise sehr kurzfristig benötigen? Mit solchen Fragen schlagen sich die Mitarbeiter des BMVg herum. Auch hier kann sich der Leser gut vorstellen, dass das keine leichte Aufgabe ist. Die Priorisierung der Verteidigungsausgaben ist nichts anderes als ein Zusammenstreichen von allem, was man nicht für zwingend nötig hält. Aber wie wir sehen, fehlt bei der Bundeswehr vieles, was eben doch zwingend nötig wäre. Zum Beispiel Ausrüstung und Munition. Läuft also überhaupt nicht rund mit der Bedarfsanalyse, würde ich sagen.

Anhand der Einzelposten wird dann vom BMVg der sogenannte Ressourcenplan erstellt. Der dient als Basis für einen Haushaltsentwurf, über den sich dann das Verteidigungs- mit dem Finanzministerium in Haushaltsgesprächen berät. Am Ende der Beratungen beschließt das Bundeskabinett den Entwurf für den Bundeshaushalt, über den dann anschließend die Fraktionen im Bundestag debattieren. Dies findet öffentlich statt, und wer schon mal die Haushaltsdebatten im Bundestag verfolgt hat, weiß, dass dabei – gerade wenn es um die Bundeswehr und ihre Auslandseinsätze geht – sehr kontrovers diskutiert wird. Leider sind die Debatten nicht immer von Sachkenntnis und Objektivität geprägt. Diese Qualitäten sollte man vielleicht eher von den 38 Mitgliedern des Verteidigungsausschusses erwarten, die sich ebenfalls mit dem Haushaltsentwurf befassen. Die Einrichtung eines Verteidigungsausschusses ist vom Grundgesetz bestimmt und soll eine parlamentarische Kontrolle der Armee gewährleisten. Aus Gründen der Geheimhaltung berät der Verteidigungsausschuss nicht öffentlich. In dem Ausschuss sind zwar Abgeordnete aller im Bundestag vertretenen Parteien anzutreffen, doch Fachleute in dem Sinne, dass sie mit der Bundeswehr vertraut sind oder vielleicht sogar in ihr gedient haben, sind auch hier die Ausnahme. Es müssen vielleicht aber auch gar keine Experten sein, wird jetzt manch einer sagen, denn das BMVg erarbeitet ja Empfehlungen für den Ausschuss. Dieser sollte aber eigentlich laut Grundgesetz das Verteidigungsministerium kontrollieren – ohne gründliche Sachkenntnis wird das schwierig. Am Ende des ganzen Procederes gehen die Beschlussempfehlungen zum Haushaltsentwurf in den Bundestag, der dann – unter anderem – den Verteidigungshaushalt für ein Haushaltsjahr beschließt. Der Verteidigungshaushalt wird also von verschiedenen Faktoren bestimmt: der finanziellen Situation der Regierung, die ja ihrerseits auch zur Priorisierung gezwungen ist (kaufen wir Waffen, oder stecken wir das Geld doch lieber in den Ausbau von Infrastruktur?), den Wünschen des Verteidigungsministeriums und – ich nenne es mal so – der politischen Großwetterlage. Die Verantwortlichen müssen ja hohe Ausgaben ihren Wählern gegenüber begründen. Wenn alles vermeintlich friedlich und sicher erscheint, ist das mit Rüstungsausgaben bekanntlich schwierig.

Wo fließt die Kohle hin?

Nachdem nun alle Hürden genommen sind und die Bundeswehr, wie beispielsweise im letzten Jahr, rund 50 Milliarden Euro bekommen hat, müsste das Geld eigentlich in Form ansehnlicher Mengen von Material, Munition, Großgerät und anderer Ausrüstung bei der Truppe ankommen. Tut es aber nicht. Warum? Hier ist es interessant, sich einmal die einzelnen Posten des Verteidigungshaushalts anzusehen. Nach Angaben des Verteidigungsministeriums umfasst der aktuelle Verteidigungshaushalt (2022) etwa 300 Einzelposten. Die entfallen auf vier verschiedene Bereiche. Erstens die Betriebsausgaben, dazu gehören Personalausgaben sowie Ausgaben für den Materialerhalt – zum Beispiel die Wartung und Reparatur von Waffen und Gerät – und die Bewirtschaftungen der Liegenschaften. Auf diesen Posten entfällt mit deutlich mehr als 50 Prozent der Löwenanteil des Verteidigungshaushalts. Zweitens hätten wir die Betreiberverträge zur Weiterentwicklung der Bundeswehr. Hier handelt es sich um private Dienstleister – wie die bereits erwähnte Bundeswehr Bekleidungsmanagement GmbH –, mit denen die Bundeswehr Verträge über Versorgung, Instandhaltung und Logistik abgeschlossen hat. Im Jahr 2021 waren das mit 3,4 Milliarden etwa 7,3 Prozent des gesamten Verteidigungshaushalts. Der dritte Posten nennt sich »investive Ausgaben«. Hier geht es um die Entwicklung und die Beschaffung neuer Waffensysteme und um die Anschaffung von Ausrüstung für die Truppe. Im Jahr 2021 wurden 10,34 Milliarden dafür ausgegeben. Der vierte und letzte Bereich des Verteidigungshaushalts sind die sogenannten Versorgungsausgaben. Es handelt sich um Gelder für ehemalige Soldaten und Soldatinnen, deren Hinterbliebene, aber auch um Ausgaben für Beamte und Beamtinnen, die im Bundesverteidigungsministerium beschäftigt sind. Im Verteidigungshaushalt 2021 waren das mit 6,14 Milliarden etwa 13 Prozent der Gesamtsumme. Wenn ich mir nun anschaue, was von den etwa 50 Milliarden des Verteidigungshaushalts 2021 tatsächlich für Ausrüstung und Waffen ausgegeben wurde, die der Truppe auch wirklich zur Verfügung stehen – also nicht erst einmal für die Entwicklung zukünftiger Waffensysteme ausgegeben werden –, dann bleiben »magere« 8,69 Milliarden Euro (Militärische Beschaffung). Das ist nicht einmal ein Viertel des Gesamtvolumens und natürlich deutlich zu wenig. So erklärt sich auch, weshalb die Soldaten und Soldatinnen über fehlende Ausrüstung klagen oder warum katastrophal wenig Munition vorhanden ist: Den größten Anteil aller Einzelposten des

Verteidigungshaushalts verschlingen Personalkosten! Im Verteidigungshaushalt 2021 mit einem Gesamtvolumen von 46,93 Milliarden Euro wurden 13,23 Milliarden für Personalkosten veranschlagt. Das sind knapp 30 Prozent. Warum die Personalkosten bei einer schon seit Jahrzehnten eingeleiteten Verminderung der Personalstärke – 2022 hatte die Bundeswehr etwa 20.000 Soldaten weniger als noch im Jahr 2000 – steigen, ist schwer zu verstehen. Tatsächlich gibt es verschiedene Gründe dafür. Durch die Aussetzung der allgemeinen Wehrpflicht gibt es in der Truppe keine Wehrdienstleistenden mehr. Aufgrund der kurzen Dienstzeit – am Ende blieben knapp sechs Monate für deren Ausbildung – waren das zwar nicht die »effektivsten« Soldaten, aber zumindest hinsichtlich der Personalkosten die günstigsten. Ein anderer Grund ist in der Demografie zu sehen. Die Bundeswehr zahlt Pensionen an ehemalige Soldaten und deren Familien. Diese Menschen werden – genau wie in der gesamten Gesellschaft – immer älter, was bedeutet: höhere Kosten. Der in meinen Augen wichtigste Grund für die hohen Personalkosten der Bundeswehr ist allerdings etwas, was ich als Fehlplanung bezeichnen möchte. Ich meine hier den überproportionalen Abbau der Mannschafts- und Unteroffiziersdienstgrade im Rahmen der Personalreduzierung. Man hat jetzt wesentlich mehr höhere – demnach auch höher besoldete – Dienstgrade, die aber nicht zwangsläufig die Leistungsfähigkeit der Truppe steigern. Oftmals werden Neueinsteiger – beispielsweise aufgrund eines abgeschlossenen Studiums – schon mit einem hohen Dienstgrad eingestellt. Das macht es natürlich teuer für die Bundeswehr. In der Truppe dagegen – das weiß ich aus eigener Erfahrung – fehlen jedoch vor allem erfahrene Feldwebel und Unteroffiziere, die für eine gute Ausbildung und Einsatzbereitschaft unverzichtbar sind.

Wenn ich mir also die Verteidigungshaushalte der letzten

Jahre ansehe, dann konstatiere ich, dass hier schon richtig viel Geld ausgegeben wird – nur eben an der falschen Stelle! Angesichts aller anstehenden Posten bleibt einfach nicht genug übrig, um die Einsatzbereitschaft der Truppe zu gewährleisten. Was fundamental dem durch das Grundgesetz festgelegten Auftrag widerspricht. Das sollten sich vielleicht auch einmal die Bundestagsabgeordneten und die Mitglieder des Verteidigungsausschusses vor Augen halten, die ja über den jährlichen Verteidigungshaushalt beraten und abstimmen. Dass die Bundeswehr ihren grundgesetzmäßigen Auftrag nicht mehr erfüllen kann, ist an sich schon ein untragbarer Missstand, doch es liegt sogar noch mehr im Argen: Ihr Zustand und die chronische Unterfinanzierung der Truppe lassen sich auch nicht mit den Bündnisverpflichtungen der Bundesrepublik Deutschland im Rahmen der NATO vereinbaren. Im Jahr 2014 vereinbarten die NATO-Mitgliedsstaaten das sogenannte »Zwei-Prozent-Ziel«. Demnach soll jedes NATO-Mitglied zwei Prozent seines Bruttoinlandsprodukts für Verteidigung ausgeben. Einige Nationen – darunter die USA, Frankreich und Großbritannien – tun dies auch oder liegen sogar noch darüber. Die Bundesregierung lag mit weniger als 1,3 Prozent ihres BIP immer darunter. Im Jahr 2020 gab es einen überraschenden Anstieg auf 1,5 Prozent des Bruttoinlandsproduktes für Rüstungsausgaben, was die damalige Bundeskanzlerin Merkel auch umgehend stolz verkündete. Doch war dies nicht einer tatsächlichen Erhöhung des Verteidigungshalts zu verdanken, sondern dem Rückgang des BIP aufgrund der beginnenden Corona-Pandemie. Im Jahr 2021 betrug das Bruttoinlandsprodukt wieder 3,6 Billionen Euro, und der prozentuale Verteidigungsanteil fiel prompt ab. Im Jahr 2022 wurde das Zwei-Prozent-Ziel ebenfalls nicht erreicht. Hätte es die Bundesregierung erreichen wollen, hätte sie beinahe das Doppelte für Verteidigung ausgeben müssen. Das Institut der deutschen Wirtschaft stellte kürzlich eine sehr interessante Rechenaufgabe an und untersuchte, wo die Bundesrepublik mit ihren Ausgaben im Vergleich zu anderen NATO-Staaten stehen würde, wenn man bereits 1990 – am Ende des Kalten Krieges – ein Zwei-Prozent-Ziel festgelegt hätte. Frankreich hätte bei dieser Rechnung 80 Milliarden US-Dollar zu viel gezahlt, Großbritannien sogar 186 Milliarden zu viel – und die Bundesrepublik Deutschland: 619 Milliarden US-Dollar zu wenig! Angesichts dieser vernichtenden Zahl muss man sich über den Zustand und die Einsatzbereitschaft der Bundeswehr wirklich keine Illusionen mehr machen.

Das sehen nun endlich auch einmal die Verantwortlichen so. Es lässt sich eben einfach nicht mehr wie gewohnt unter den Teppich kehren und kleinreden. In einer Rede zum Haushaltsgesetz sagte die damalige Verteidigungsministerin Lambrecht im Juni 2022 vor dem Bundestag: »Über Jahrzehnte wurde unsere Truppe sträflich vernachlässigt und heruntergewirtschaftet, und das hat Spuren hinterlassen.« Die Aussage der Ministerin bestätigt, was ich in diesem Kapitel dargelegt habe: Der Zustand der Bundeswehr hat – zumindest teilweise – etwas mit der mangelhaften Finanzierung durch die Bundesregierung zu tun. Im Weiteren fuhr die Ministerin fort: »Es muss Schluss sein mit der Vernachlässigung der Bundeswehr, und es muss Schluss sein mit Zögern und Zaudern. Daher ist es wichtig, dass der diesjährige Verteidigungshaushalt deutlich steigen wird, nämlich um rund 3,5 Milliarden Euro gegenüber dem Plan, gegenüber dem ursprünglichen Entwurf. Das ist ein wichtiges Zeichen. Mit diesen jetzt rund 50,4 Milliarden haben wir eine solide Grundlage für den Betrieb unserer Bundeswehr und gerade auch dafür, wichtige Rüstungsgüter anzuschaffen. Dafür bin ich dankbar. Aber ich sage Ihnen auch: Das ist viel zu wenig Geld, um die Versäumnisse der Vergangenheit nachhaltig auszubügeln. Das wird schon an einem einzigen Beispiel klar: Wir brauchen alleine 20 Milliarden Euro, um unsere ausgehöhlten Munitionsvorräte aufzufüllen und auf NATO-Niveau zu bringen. Deshalb ist es so wichtig, dass jetzt neben dem Verteidigungshaushalt auch das Sondervermögen kommt, 100 Milliarden zusätzlich. Damit können wir die dringendsten Fähigkeitslücken nicht nur identifizieren, so wie das lange geschehen ist – lange wurde darüber lamentiert –, sondern jetzt können diese Lücken auch geschlossen werden. Dieses Geld ist gut investiert. Es geht um unsere Fähigkeiten zur Landes- und Bündnisverteidigung. Deswegen ist es gut, dass Schluss ist mit Kaputtsparen, mit Zögern und Zaudern, vor allen Dingen auch Schluss damit, dass wichtige Entscheidungen viel zu lange verschleppt wurden.« Klingt alles erst mal gut. Aber reicht das, um, wie die Ministerin sagt, »die Versäumnisse der Vergangenheit aus[zu]bügeln und die Bundeswehr wieder voll auf die Beine [zu] stellen«? Wohl kaum, wenn man sich vor Augen hält, was mit den zig-Milliarden der vergangenen Jahre alles *nicht* möglich war. Das Zwei-Prozent-Ziel im Rahmen der Bündnisverpflichtung wird von der Verteidigungsministerin in dieser wichtigen Rede mit keinem Wort erwähnt. Ich kann mir nicht vorstellen, dass Frau Lambrecht das einfach vergessen hat. Darum habe ich auch starke Zweifel an der Nachhaltigkeit, mit der »die Bundeswehr wieder voll auf die Beine gestellt werden soll«. Und mit Geld allein ist das meiner Ansicht nach auch gar nicht zu bewerkstelligen. Auch das sagte die oberste Dienstherrin der Truppe vor dem Bundestag, es gebe da ein weiteres Problemfeld, das durch erschreckende Ineffizienz für den beklagenswerten Zustand der Bundeswehr verantwortlich sei: das Beschaffungswesen.

3. Totale Pleite im Beschaffungswesen

Wenn man den Materialbestand der Bundeswehr in Zahlen vor sich sieht, ist das auf den ersten Blick nicht sehr aussagekräftig. 4.600 gepanzerte Fahrzeuge und etwa 11.500 geschützte – beispielsweise die leicht gepanzerten Transportfahrzeuge Dingo und Mungo – oder ungeschützte Vehikel (wozu alle nicht gepanzerten Lkw und Geländefahrzeuge zählen). Mehr als 300 Flugzeuge, mehr als 250 Hubschrauber. 50 Schiffe, Boote und U-Boote. Das liest sich überschaubar. Doch wenn man bedenkt, dass allein ein einzelner Kampfpanzer vom Typ Leopard 2 aus Hunderttausenden von Ersatz- und Einzelteilen besteht, kann man sich vorstellen, dass hier ein riesiger logistischer und verwaltungstechnischer Aufwand betrieben werden muss, um das Ganze am Laufen zu halten. In der Bundeswehr ist beinahe alles durch Vorschriften geregelt und einheitlich organisiert. Es gilt – zumindest offiziell – der Dienstweg. Wenn irgendwo etwas fehlt und beschafft werden muss, egal ob es sich um Munition, Kampfstiefel oder einen Helikopter handelt, gibt es dafür innerhalb des Systems Bundeswehr entsprechende Stellen. Sie sind für die Beschaffung des Materials zuständig. Wir sprechen hier allgemein vom Beschaffungswesen der Bundeswehr als Oberbegriff. Eine ganze Reihe von Instanzen hat daran Anteil, dass die Truppe ihre Ausrüstung bekommt – oder eben auch nicht bekommt. Aktuell läuft das mit der

Beschaffungskette bei der Bundeswehr in etwa so: Wenn etwas gebraucht wird, melden das die verantwortlichen Soldaten und Soldatinnen an ihre Vorgesetzten. Die wiederum stellen eine entsprechende Anfrage an die Bundeswehrverwaltung. Die Bundeswehrverwaltung ist zwar ein Teil der Bundeswehr, jedoch sowohl mit aktiven Soldaten wie auch mit zivilen Mitarbeitern besetzt. Sie ist für das Personalwesen und den Sachbedarf der Truppe zuständig. Die Bundeswehrverwaltung untersteht direkt dem Bund und ist in dieser Hinsicht von der Bundeswehr getrennt. Diese Trennung wurde bereits 1958 im Grundgesetz festgelegt, um eine zu große Machtkonzentration innerhalb der Bundeswehr zu verhindern. Dabei hatte man wohl hauptsächlich an die Erfahrungen der nationalsozialistischen Wehrmacht gedacht und wollte eine weitere politische Kontrollfunktion in der neu gegründeten Truppe einbauen. Letztendlich – das werden wir sehen – wird es so für die Bundeswehr kompliziert und langwieriger, da sie nicht einfach selbst beschaffen kann, was sie braucht. Wenn also aus der Truppe ein Antrag über zu beschaffendes Material gestellt wird, wird er erst einmal geprüft. Je nachdem, worum es sich handelt, geht er sogar durch mehrere Instanzen. Hier spielt auch das Planungsamt der Bundeswehr (PlgABw) – eine direkt dem Verteidigungsministerium unterstellte Kommandobehörde – eine Rolle. Die Bundeswehrverwaltung ist in drei Organisationsbereiche aufgeteilt: erstens »Personal«, zweitens »Infrastruktur, Umweltschutz und Dienstleistungen« (dieser Organisationsbereich ist unter anderem zuständig für Dienstleistungen, die während der Auslandseinsätze der Bundeswehr erbracht werden müssen) und drittens der Organisationsbereich »Ausrüstung, Informationstechnik und Nutzung« (AIN). Das »Zentrum« des Organisationsbereichs AIN ist das schon erwähnte Bundesamt für Ausrüstung, Informationstechnik und Nutzung der Bundeswehr

(BAAINBw, auch Beschaffungsamt oder Bundesamt) mit Sitz in Koblenz. Allein dort sind etwa 7.000 zivile und militärische Mitarbeiter beschäftigt, dazu kommen nochmals etwa 3.000 bis 4.000 an 116 weiteren Standorten. Der Rüstungsbericht 2022 spricht von 11.826 Dienststellen des Bundesamtes, doch nicht alle davon sind besetzt. Dem Bundesamt sind auch die verschiedenen Wehrtechnischen Dienststellen (darunter »Luftfahrzeuge und Luftfahrtgerät«, »Waffen und Munition«, »Schiffe und Marinewaffen« sowie »Landgebundene Fahrzeugsysteme, Pionier- und Truppentechnik«) unterstellt. Dazu kommen das Marinearsenal und die beiden Wehrwissenschaftlichen Institute für Schutztechnologien – ABC Schutz sowie für Werk- und Betriebsstoffe. Zumindest theoretisch sind hier Fachleute aus allen Bereichen für die materiellen Bedürfnisse der Truppe zu finden. Wenn also eine Materialbedarfsanfrage aus der Truppe gestellt wird, erstellen diese Experten des Bundesamtes als Nächstes in Zusammenarbeit mit ihr einen Anforderungskatalog. Darin wird beschrieben, was das Material – oder die Ausrüstung – können muss. Wie gesagt, wir sprechen hier von Bekleidung bis hin zu militärischem Großgerät – beispielsweise einer Fregatte. Dieser Anforderungskatalog wird dann den entsprechenden Vorgesetzten bei der Bundeswehr – etwa dem Generalinspekteur des Heeres – vorgelegt. Wird er dort genehmigt, kommen die für die Beschaffung zuständigen Mitarbeiter des Bundesamtes zum Zug. Sie fertigen aus dem Anforderungskatalog spezifische technische Leistungsbeschreibungen des gewünschten Objekts an. Am Ende werden auch diese wieder von der Bundeswehrführung genehmigt. Nun schaut das Bundesamt, wo sich die gewünschte Ware einkaufen lässt. Leider können die Mitarbeiter dafür nicht einfach zum nächsten Händler gehen. Es gilt, gleich eine ganze Reihe von Vorschriften und Regeln einzuhalten. Viele Rüstungsprojekte und Einkäufe müssen erst einmal europaweit ausgeschrieben werden. Dann läuft – wie ich am Beispiel des Vergabeverfahrens »System Sturmgewehr Bundeswehr« gezeigt habe – ein Verfahren, bei dem sich mehrere Anbieter mit ihrem Produkt um den jeweiligen Auftrag bewerben können. Das Bundesamt – und unter Umständen auch die zuständige Wehrtechnische Dienststelle – prüft Ware und Angebot. Wenn es so läuft wie beim Vergabeverfahren »System Sturmgewehr Bundeswehr« und noch juristische Komplikationen dazukommen, dann kann es dauern: zwischen zehn und zwanzig Jahren sind bei größeren Projekten – wie dem Hubschrauber NH90, der nach etwa zwei Jahrzehnten immer noch nicht voll einsatzbereit ist – leider keine Seltenheit. Darum geriet auch nach der Zeitenwende-Rede, in der Bundeskanzler Olaf Scholz die 100-Milliarden-Investition für die Bundeswehr ankündigte, das Beschaffungsamt der Bundeswehr, wie es in den Medien und umgangssprachlich einfach bezeichnet wird, in den Fokus des öffentlichen Interesses. Je mehr dann über den maroden Zustand der Truppe bekannt wurde, desto genauer wurde auch auf das Bundesamt und seine Rolle bei der Beschaffung von Hubschraubern, Fahrzeugen und Schiffen geschaut. Das sind die Großprojekte der Bundeswehr, die Posten, für die richtig Geld ausgegeben wird. Tatsächlich gehen hier Milliarden drauf, doch wenn ich mir anschaue, was die Bundeswehr dafür bekommt, frage auch ich mich: Wo ist das Geld geblieben?

Was bedeutet das für die Einsatzbereitschaft?

Laut dem jüngsten Bericht über die materielle Einsatzbereitschaft sind nur etwa 77 Prozent aller Hauptwaffensysteme einsatzbereit. Bei der Marine geht man davon aus, dass nur etwa 30 Prozent der

Schiffe für »anspruchsvolle Operationen« zu gebrauchen seien. Die Einsatzbereitschaft der Hubschrauber liegt bei 40 Prozent, bei den Panzern nicht einmal bei der Hälfte – und so weiter. Was das in der Praxis bedeutet, zeigte mir ein Gespräch mit einem Ausbilder an einem Panzergrenadierstandort. Normalerweise soll ein Panzergrenadierbataillon über mehr als 40 Schützenpanzer verfügen. Diese Einheit stellte auch Soldatinnen und Soldaten für verschiedene Einsatzverbände und war darum mehr als andere dazu verpflichtet, ihre Mannschaften auf einem aktuellen und hohen Ausbildungsniveau zu halten. Meine Frage nach der Stimmung in der Truppe beantwortete der Kamerad damit, dass »alles recht entspannt sei«. In diesem Bataillon waren nämlich nur vier Schützenpanzer einsatzbereit. Mit »recht entspannt« war eigentlich nur gemeint, dass man nicht viel tun kann und sich dadurch der Tagesdienst als sehr »entspannt« darstellt. »Immerhin vier«, sagte mir der Kamerad resigniert, räumte aber auch ein, dass bei einem davon die Klimaanlage nicht funktionierte. Er musste sich das Lachen verkneifen. Hinzu kommt noch, dass an diesem Standort auch die Aus- und Weiterbildung von Soldaten auf dem Tagesprogramm steht. Die fällt nahezu ersatzlos weg, da man kein Ausbildungsgerät hat. Die Truppe macht resigniert »Dienst nach Vorschrift« und ist gezwungen, sich vier Panzer zu teilen. Irgendwie passt das nicht zu der sogenannten Einsatzbereitschaft, wie sie immer wieder vonseiten der Politik beschrieben wird. Und zusätzlich fehlt überall die Munition. Ich frage mich, warum gerade neu angeschaffte Waffensysteme nicht funktionieren und nicht einsatzbereit sind?

Das Transportflugzeug A400 M sollte schon vor geraumer Zeit die veralteten Transall der Bundeswehr ersetzen. Der A400 M hat mit etwa 3.300 Kilometern bei maximaler Nutzlast auch eine deutlich größere Reichweite als die Transall. Das ist ein wichtiger Aspekt für die Truppen- und Materialverlegung bei Auslandseinsätzen. Das Flugzeug wurde bereits 2003 bei Airbus bestellt, doch von den bis Ende 2022 ausgelieferten 37 Maschinen sind nur etwa zehn einsatzbereit. Darüber kann die Bundeswehr sogar noch froh sein, denn im November 2017 war einmal kein einziger Bundeswehr-A400 M einsatzfähig. Besonders peinlich war es, als die damalige Verteidigungsministerin von der Leyen mit einem der neuen Transportflugzeuge nach Litauen flog, um das dort stationierte deutsche Kontingent zu besuchen. Wegen eines Motorschadens musste sie auf eine Transall umsteigen. Probleme mit den Triebwerken hatte Airbus schon in der Entwicklungsphase des Flugzeugs gehabt und darum immer wieder nachgebessert. Ich würde allerdings sagen, die Konstruktion des A400 M ist bis heute nicht ausgereift. Das Flugzeug ist störanfällig und zu vielem, wofür es die Bundeswehr haben wollte, nicht zu gebrauchen. So hat man mittlerweile auf die anfangs geforderte automatische Tiefflugfähigkeit verzichtet, das Absetzen einer großen Zahl von Fallschirmjägern bereitet Probleme, und bei einer Landung unter Gefechtsbedingungen erwiesen sich die Propeller als instabil. Gerade das sogenannte Combat Landing – auch »Sarajevo approach« genannt – ist seit Jahrzehnten Standard in der militärischen Luftfahrt. Dabei geht die Maschine aus großer Höhe extrem steil herunter, um den Landeanflug so kurz wie möglich zu halten und auf diese Weise kein gutes Ziel für Flugabwehrwaffen und den Beschuss aus Handwaffen zu bieten. Ich bin an Bord einer Transall der Bundeswehr so in Kabul und Kundus gelandet. Scherzhaft haben wir damals von einem »kontrollierten Absturz« gesprochen. Das Flugzeug fiel in einer Korkenzieher-Flugbahn in Richtung Boden. Meine Kameraden und ich wurden in die Sitze gepresst, erst im letzten Moment fing der Pilot die Kiste ab und setzte sie auf der Rollbahn auf. Man kann sich gut vorstellen, dass so ein Manöver eine ziemliche Belastung für ein schweres Transportflugzeug darstellt. Obwohl beim A400 M nach wie vor in dieser Hinsicht Mängel bestehen, müssen die Piloten jederzeit damit rechnen, einen Einsatz zu fliegen, bei dem sie eine Landung unter Gefechtsbedingungen hinlegen müssen. Genau das ereignete sich beim Abzug der Bundeswehr aus Afghanistan. Wie wir wissen, verlief er überstürzt und chaotisch. In der Endphase handelte es sich um eine Evakuierungsmission, bei der nicht klar war, was die Bundeswehr dabei erwartete. »Wir werden in einem robusten Einsatz so viele Menschen wie möglich aus Afghanistan rausholen«, sagte Verteidigungsministerin Kramp-Karrenbauer im August 2021. »Das ist der Auftrag der Bundeswehr.« Um diesen Auftrag zu erfüllen, schickte sie fünf A400 M nach Usbekistan. Dann sollten sie versuchen, auf dem Flughafen Kabul zu landen. Der befand sich zwar bis zuletzt in der Hand der NATO-Truppen, doch alles andere nicht mehr. In Kabul herrschte während der Machtübernahme der Taliban eine unklare Situation. Besatzungen, die die Stadt anflogen, mussten damit rechnen, beschossen zu werden. In dieser komplexen Lage schickte die Bundesregierung erstmals deutsche Soldaten an Bord des mängelbehafteten A400 M in einen scharfen Einsatz. Weil verzweifelte Menschen auf das Flugfeld gestürmt waren, konnte der erste A400 M der Bundeswehr dort nicht landen und musste mehrere Stunden über Kabul kreisen. Später gelang einer zweiten Maschine die Landung. An Bord befanden sich Soldaten des KSK. Ein Offizier der Spezialkräfte erzählte später von dem Einsatz: »Wir konnten eine sogenannte Kampflandung durchführen. Also eine recht stürzende Landung mit dem A400 M. Auf das unbeleuchtete Rollfeld. Was zu dem Zeitpunkt aber doch in einem kleinen Fenster auch frei war. Dabei sind auch mehrere Reifen des A400 M geplatzt. Das war eine sehr erlebnisreiche Landung, so will ich das mal nennen.«

Warum gehe ich hier so genau auf die Ereignisse um die Evakuierung in Kabul ein? Zum einen, weil es bislang die größte Evakuierungsmission in der Geschichte der Bundeswehr war, und zum anderen – in diesem Zusammenhang wesentlich wichtiger – weil sich die Führung der Bundeswehr entschlossen hatte, einen mängelbehafteten Flugzeugtyp in einen hochriskanten Einsatz zu schicken. Aus dem, was der Kamerad des KSK erzählt, kann man schließen, dass bei dieser Landung ziemlich viel hätte schiefgehen können. Und dann mussten die Soldaten ja auch Kabul wieder verlassen – und das in einem beschädigten Flugzeug, von dem eben nicht mit Gewissheit davon ausgegangen werden konnte, dass sie sich darauf verlassen konnten. Doch es gibt noch einen ganz anderen Grund, warum ich hier im Zusammenhang mit dem Beschaffungswesen so ausführlich auf den Einsatz des A400 M in Kabul eingehe. Ich möchte deutlich machen, dass alles, was irgendwo als Beschaffungsvorgang in einem Büro in Koblenz beginnt, für die Soldatinnen und Soldaten in einem scharfen Einsatz – möglicherweise in vollkommen abgelegenen Regionen – enden kann. Mit diesem Bewusstsein, so sollte man meinen, bleibt tatsächlich wenig Spielraum für Fehler. Gerade bei einem Transportflugzeug ist die Wahrscheinlichkeit hoch, dass es von jetzt auf gleich für eine Evakuierungsmission, einen humanitären Katastropheneinsatz oder dergleichen gebraucht wird. So war es ja dann auch mit dem A400 M in Kabul. Dabei hatte die Bundeswehr seit fast 20 Jahren Soldaten in Afghanistan stationiert. Exakt für so einen Einsatz wollte man ein Transportflugzeug mit großer Reichweite haben. Im Rüstungsbericht räumt das Verteidigungsministerium ein, dass sich die Lieferverzögerungen beim A400 M mittlerweile auf 148 Monate (mehr als 12 Jahre!) erstrecken. Die extrem langen Lieferzeiten kommen aber nicht etwa dadurch zustande, dass weltweit eine hohe Nachfrage nach dem Flieger besteht, sondern einfach dadurch, dass Airbus die technischen Mängel des A400 M nicht in den Griff bekommt. Das lässt natürlich auch den erwarteten Absatz des Produkts sinken. Dies plus die wegen der Mängel steigenden Entwicklungskosten – wir sprechen über mehrere Milliarden Euro – treiben den Preis in die Höhe. Zuletzt von etwa 125 Millionen auf 175 Millionen Euro pro Flugzeug. Im Jahr 2019 verweigerte die Bundeswehr sogar die Abnahme zweier Maschinen vom Hersteller. In einer Mitteilung der Luftwaffe heißt es dazu: *»Die gesamten technischen Mängel sowie die Feststellung, dass die zwei derzeit auszuliefernden Maschinen zusätzlich nicht die vertraglich zugesicherten Eigenschaften besitzen, führen zur aktuellen Nichtabnahme dieser Luftfahrzeuge durch die Bundeswehr.«* Trotz alldem – technische Mängel, mehr als 12 Jahre Lieferverzögerung, Fehlen der vertraglich zugesicherten Eigenschaften – hat Airbus es geschafft, dass die Bundeswehr die Mehrkosten für den A400 M übernimmt. Womit wir wieder beim Beschaffungswesen wären, denn es handelt sich beim A400 M um keinen Einzelfall. Vielmehr ist es so, dass bei fast allen Großgeräten, die die Bundeswehr anschafft, sowohl Verzögerungen wie auch Mehrkosten in erheblichem Maße entstehen. Egal ob es der Eurofighter (32 Monate später), eine Fregatte Klasse 125 (70 Monate) oder der Schützenpanzer Puma (69 Monate) ist: Es dauert und dauert, und ein Ende ist nicht abzusehen, da das Gerät nicht funktioniert, wie es soll. Die Mehrkosten für Eurofighter, den Helikopter NH90, den Transporter A400 M und die Fregatte Klasse 125 liegen mittlerweile bei etwa 13 Milliarden Euro. Das Bundesamt mit seinen Tausenden von Mitarbeitern ist offenbar machtlos. Die Bundeswehr zahlt und bekommt Gerät, mit dem sie vielfach nichts anfangen kann. Oder sie erhält es gar nicht erst, sondern es wird ein viel späterer Zeitpunkt in Aussicht gestellt. Das führt dazu, dass die veralteten Flugzeuge, Panzer und Schiffe, die man eigentlich schon längst austauschen wollte, länger genutzt werden müssen. Bei vielem davon ist es wie mit einem alten Auto: Irgendwann häufen sich die Reparaturen, und dann wird es richtig teuer. Ein weiteres Problem ist, dass viele Ersatzteile für die älteren Geräte nicht mehr vorhanden sind. Während des Kalten Krieges hatte die Bundeswehr riesige Ersatzteillager für ihre Schiffe, Panzer und Flugzeuge. Alles war da und jederzeit verfügbar. Das änderte sich nach 1989, als sowohl die Zahl der Soldaten wie auch des Materials reduziert wurde. Ein Beispiel: Heute hat die Bundeswehr alles in allem etwa 300 Flugzeuge, im Kalten Krieg besaß sie allein vom Jagdbomber Tornado 300 Stück. Wenn man Fahrzeuge und Flugzeuge ausmustert, so die Vorstellung der Verantwortlichen, kann man sich eigentlich auch große Ersatzteillager sparen. Man schlachtet einfach die Geräte aus, die nicht mehr benutzt werden. In der Truppe spricht man bei diesem Vorgehen von Kannibalismus. Man spart Kosten, frisst sich aber auch irgendwie selbst auf. Das ging so lange gut, wie noch genügend Substanz vorhanden war, doch irgendwann – weil das Gerät wegen der erwähnten Verzögerungen immer weiter im Dienst blieb – war sie aufgebraucht. Den Tornado beispielsweise wollte man bereits Mitte der 90er-Jahre durch den Eurofighter ersetzen. Er fliegt bis heute und ist sogar das Waffensystem der Bundeswehr, das bei den meisten Auslandseinsätzen (Bosnien, Kosovo, Afghanistan, Syrien) dabei war.

Nun gibt es aber noch ein weiteres Problem: Wegen der Überalterung des Materials werden viele Ersatzteile gar nicht mehr hergestellt – zum Ausschlachten ist aber auch nicht mehr viel da. Hier geht es bei der Bundeswehr in vielen Bereichen richtig an die Substanz, und die Einsatzbereitschaft sinkt stetig. Die »Ersatzteil-

Problematik« gilt übrigens auch für Sonderwerkzeugsätze. Flugzeuge und Panzer lassen sich nicht mit Werkzeug reparieren, was man im Baumarkt an der Ecke findet. Sonderwerkzeugsätze gehen natürlich irgendwann auch kaputt, und dann steht die Truppe in dieser Hinsicht ebenfalls mit leeren Händen da. Die Strategie, Ersatzteile und Ausrüstung nicht mehr in großem Maße vorzuhalten, spart zwar vordergründig Kosten, rächt sich aber in puncto Einsatzbereitschaft. Schon vor Jahren wollte die Bundeswehr es so machen wie die Automobilindustrie und Ersatzteile »on demand« bestellen. Reduziert Kosten, verschlankt, klar. Die Materialanfragen sollten dann vom Bundesamt mittels einer SASPF genannten Software verwaltet und bearbeitet werden. 2010 war das für die Bundeswehr ein großer Schritt. Sämtliche ihrer digitalen Datenbanken sollten vereinheitlicht werden. Funktioniert hat es eigentlich nie richtig gut. Die Bearbeitung von Materialanfragen dauert viel zu lange. Die Soldaten und Soldatinnen nennen SASPF heute auch »Sich auf seine Pension freuen«.

Allheilmittel externe Berater?

Der Gedanke, der 2012 zur Schaffung des Bundesamtes führte, war, dass die Führung der Bundeswehr Entwicklung und Beschaffung aus allen Bereichen zentralisieren wollte. Kurze Wege, alles beim selben Amt, das war die Idee. Und genau hierin liegt das Problem: Es entstand ein überdimensionierter Verwaltungsapparat, der nicht nah – und vor allem nicht zeitnah – an den Bedürfnissen der Truppe arbeitete. Aus den angestrebten »kurzen Wegen« war ein Labyrinth voller Sackgassen geworden. Dazu trugen komplizierte bürokratische, verwaltungstechnische Prozesse – wie die EU-weite Ausschreibung von Rüstungsaufträgen – bei.

Die Beschaffung von Ausrüstung, die eigentlich dringend benötigt wurde, dauert Jahre, wenn nicht gar Jahrzehnte. Nichts läuft. Schon als Ursula von der Leyen 2013 das Amt der Verteidigungsministerin antrat, bestand dringender Handlungsbedarf. Allein die Verzögerungen bei den Rüstungsprojekten kosteten Milliarden, und die Bundeswehr hatte in vielen Bereichen die Digitalisierung komplett verschlafen. Im Bundesamt war man nach Ansicht der Ministerin offensichtlich mit der Situation überfordert. Von der Leyen sah sich nach Alternativlösungen um und kam auf die Idee, externe Berater einzuschalten. Mit ihrer Hilfe, so dachte sie, würde es gelingen, das ineffiziente Beschaffungswesen komplett zu reformieren. Die ehemalige McKinsey-Managerin Katrin Suder wurde zur Rüstungsstaatssekretärin ernannt. Unter der neuen Führung erhielten Firmen wie Accenture, McKinsey, KPMG und Ernst & Young Millionenaufträge aus dem Verteidigungsministerium.

Etwa 150 Millionen Euro pro Jahr gibt die Bundeswehr im Schnitt der letzten Jahre für externe Berater aus. Hat sich dadurch etwas verbessert? So »blank«, wie die Truppe dasteht, wohl kaum. Zumindest ist niemandem von den hochbezahlten Zivilkräften rechtzeitig aufgefallen, dass so gut wie keine Munition mehr da ist. Darum hätte man sich auch gleich all das sparen können. Oder hat doch jemand von den Externen den Munitionsmangel bemerkt, und das Verteidigungsministerium hat es ignoriert? In dem Fall hätte man sich die Millionenausgaben ebenfalls sparen können. Unter Verteidigungsministerin von der Leyen wurde »Rüstungsmanagement« zum Schlagwort. Es hört sich schick an, modern, irgendwie auch zivil. Und das ist das Problem: zivil! Zivil funktioniert bei der Bundeswehr nicht, denn was für die freie Wirtschaft gilt, lässt sich nicht auf sie übertragen. Mit einer Armee kann man keine Gewinne erwirtschaften. Sie ist grundsätzlich teuer, und man hofft, dass man sie – und all die kostspieligen Waffensysteme – nicht braucht. Man gibt also – so denken die meisten Zivilisten – das Geld umsonst aus. Der Begriff »verpulvern« kommt nicht von ungefähr. Wenn man die Schießübungen im Sinn hat, trifft er zu. Hier wird im wahrsten Sinne richtig Kohle verpulvert, verbrannt und rausgehauen. Milliarden für etwas rausklotzen, das man hoffentlich nie braucht, das muss jedem zivilen Wirtschaftsberater so richtig gegen den Strich gehen. Es ist seiner Mentalität vollkommen fremd. Die Bundeswehr versteht er wahrscheinlich auch nicht. Und sie ihn ebenso wenig! Den Soldatinnen und Soldaten waren die Zivilisten, die auf einmal im Verteidigungsministerium und im Bundesamt auftauchten, nach allem, was ich so höre, ziemlich suspekt. Unter Kameraden vertraut man sich, man gehört zur Truppe. Der zivile Mitarbeiter einer Beratungsfirma dagegen ist auf Konkurrenz getrimmt. Mit Kameradschaft und Vertrauen ist es da nicht weit her. In meinen Augen haben die externen Berater die Situation sogar noch verschlimmert, weil sie an der Truppe vorbeiarbeiten und es gewohnt sind, ihr eigenes Ding zu machen. Im Abschlussbericht des Untersuchungsausschusses zur »Beraterаffäre« findet sich eine aufschlussreiche Aussage des Zeugen Kloevekorn, in der es um die Budgets für bestimmte Vorhaben geht: *»Ich habe diese Folien dem Dr. F. und Herrn M. gegeben, und der hat die Herrn Me. bei der Staatssekretärin unter die Nase gehalten. Der ist schier explodiert: Wie denn das Bundesministerium der Verteidigung an diese Werte käme; das ginge doch gar nicht. Da kommt wieder der Punkt zum Ausdruck, dass Herr Me. nie akzeptiert hat, dass die Bundeswehr eigentlich sein Gesellschafter, sein Auftraggeber ist. Er dachte immer, er macht das auf Zuruf von Katrin [Rüstungsstaatssekretärin Suder], wie er das immer gesagt hat, und die Bundeswehr, die zahlt.«* Damit ist das Problem ziemlich gut beschrieben: Die Bundeswehr zahlt, und die externen Berater wissen angeblich, wo es langgeht. Wenn sie dazu noch aus dem Verteidigungsministerium ermutigt werden, ist das definitiv das falsche Signal an die Truppe. Vertrauensbildend ist das mit Sicherheit nicht. Auch heute gibt das Verteidigungsministerium für externe Beratungsleistungen mit am meisten von allen Bundesministerien aus. Was das Bundesamt selbst betrifft, liegen die Gründe für die angebliche Notwendigkeit externer Berater absurderweise auch wieder im Sparkurs der Bundeswehr. So herrscht im Beschaffungsamt seit zehn Jahren ein Einstellungsstopp für zivile Mitarbeiter. Solche braucht man aber, wenn es um Digitalisierung, IT und Verwaltung geht, da in der – ohnehin ausgedünnten – Bundeswehr selbst zu wenige solcher Spezialisten vorhanden sind. So sind zum einen nicht alle der etwa 10.000 Stellen im Beschaffungsamt besetzt, und zum anderen viele eben nicht mit den Mitarbeitern, die man für bestimmte Aufgaben bräuchte. Doch wenn ich mir anschaue, welche Aufgaben die externen Berater übernommen haben, frage ich mich, ob die Bundeswehr sie wirklich braucht: Sie organisieren Dienstreisen für die Mitarbeiter, planen Konferenzen und – das ist jetzt kein Witz – fungieren als Möbelberater für die Einrichtung von Standorten. Dass das alles nicht sehr sinnvoll zu sein scheint, fiel 2018 auch dem Bundesrechnungshof auf. Die »Fachexpertise in der Möbeltechnik« habe das Verteidigungsministerium einiges gekostet, bemängelte der Rechnungshof. Außerdem ließ er 56 Beraterverträge prüfen und erstellte im Anschluss ein vertrauliches Gutachten. Darin heißt es, die Notwendigkeit der Beratungsleistungen sei in keinem Fall nachgewiesen worden und die Wirtschaftlichkeit der teuren Berater sei so gut wie nie geprüft worden. Rüstungsstaatssekretärin Suder verließ 2018 das Verteidigungsministerium, nachdem Vorwürfe möglicher Unregelmäßigkeiten bei der Vergabe der Beraterverträge gegen sie laut geworden waren. Wie so oft in solchen

Fällen geht es darum, wer was wann wusste, wer wofür verantwortlich war und wer nicht. Das betrifft auch die damalige Verteidigungsministerin von der Leyen. Später befasste sich ein Untersuchungsausschuss mit den Vorgängen, die als »Beraterafäre in der Bundeswehr« bekannt geworden sind. Ein rechtswidriges Auftragsverfahren, die fahrlässige Auslegung der Compliance-Regeln und der Verdacht der Vetternwirtschaft – das sind die wesentlichen Punkte, die dabei der Rüstungsstaatssekretärin Suder vorgeworfen wurden. Dafür wurden keinerlei Beweise beigebracht, doch bei vielen, die sich mit den Erkenntnissen des Untersuchungsausschusses befasst haben, blieben Zweifel. So soll der Mitarbeiter einer Beratungsfirma – ein ehemaliger Kollege und Freund Suders – auch mit einem General der Bundeswehr aus dem Verteidigungsministerium befreundet sein. Die Firma erhielt Beratungsaufträge in Millionenhöhe aus dem Ministerium. Auf die Frage, ob eine Freundschaft zwischen den Beteiligten bestehe, antworteten sie mit Nein. Was sie nicht erwähnten, ist, dass der Berater auch Taufpate der fünf Kinder des Generals ist. Wenn das keine persönlichen oder freundschaftlichen Beziehungen sind, was dann? Als reine Geschäftsbeziehung würde ich die Verhältnisse jedenfalls nicht bezeichnen. Wie auch immer man das auslegen mag, was ich angesichts aller juristischen Verwicklungen und Erinnerungslücken vermisse, ist ein aufrichtiger Wunsch der Beteiligten, Schaden vom Ansehen des Verteidigungsministeriums und der Bundeswehr abzuwenden. Aber sind wir doch mal ehrlich: Wenn jemand die Möglichkeit hat, in kürzester Zeit zu viel Geld zu kommen, und es wird im Endeffekt nicht kontrolliert, wofür er es eigentlich bekommt, dann würden wohl die meisten schwach. Irgendwann sagen sie sich: »Egal, es tut ja niemandem weh, und im Grunde finanzieren es die Steuerzahler.«

Auch Verteidigungsministerin von der Leyen geriet im Zuge

der Ermittlungen in die Schusslinie. Dazu aufgefordert, einen SMS-Austausch auf ihren beiden Dienst-Smartphones offenzulegen, mit dem geklärt werden sollte, ob sie etwas von den Beziehungen zwischen ihrer Staatssekretärin und einem der beauftragten Berater gewusst hat, sagte sie, die Nachrichten seien gelöscht worden. Bei der Bekämpfung krimineller Strukturen ist es nach meiner Kenntnis nach möglich, gelöschte Nachrichten wiederherzustellen. Ich wundere mich, dass das in diesem Fall keine Option war. Überhaupt bleiben viele Details der Beraterаffäre ungeklärt. So lässt sich nicht nachvollziehen, über welche Vertragsabschlüsse und Vorgänge die Verteidigungsministerin von der Leyen tatsächlich informiert war. Im Bericht des Bundesrechnungshofs heißt es: »Das Bundesministerium der Verteidigung hatte keinen Gesamtüberblick über die Verträge an Externe und externe Beratung.«

Im fehlenden Gesamtüberblick zeigt sich für mich ganz klar ein Schema, das im gesamten Beschaffungswesen der Bundeswehr anzutreffen ist: Durch den überdimensionierten Verwaltungsapparat mit seinen zum Teil undurchschaubaren bürokratischen Strukturen wird die Verantwortung von A nach B und dann nach X, Y und so weiter delegiert. Dabei bleibt sie auf der Strecke. Was von der Bundeswehrführung beschlossen wird, muss in komplizierten Verfahren umgesetzt werden. Dadurch sind immer mehr Dienststellen und Personen an den Vorgängen beteiligt. So ziehen sich viele Dinge übermäßig in die Länge, und irgendwann findet sich dann auch niemand mehr, den man zur Verantwortung ziehen kann – aber auch niemand, der sich verantwortlich fühlt. Die Eigenverantwortlichkeit schwindet besonders dann, wenn der nötige Rückhalt für die Mitarbeiter des Bundesamtes aus dem Verteidigungsministerium fehlt. Wie ich gezeigt habe, befindet sich das Beschaffungswesen der Bundeswehr gleich aus einer Reihe von Gründen in keinem guten Zustand. Und nun soll es mit dem 100-Milliarden-Sondervermögen unter Zeitdruck Ausrüstung und Material beschaffen? Bereits wenige Tage nach der Zeitenwende-Rede des Bundeskanzlers mit der Ankündigung der 100-Milliarden-Investition schuf Verteidigungsministerin Lambrecht die »Taskforce Optimierung Beschaffungswesen«. Zielvorgabe der Ministerin ist, schneller Waffen, Ausrüstung und Munition anzuschaffen, als das bisher der Fall war. Dazu sollen vor allem die Verfahrenswege abgekürzt werden. So können jetzt Aufträge bis zu 5.000 Euro direkt und ohne Ausschreibung vergeben werden. Vorher lag die Grenze bei 1.000 Euro. Dadurch, so die Ministerin, würden etwa 20 Prozent aller Beschaffungsvorgänge im Bundesamt schneller abgewickelt werden können. Eine Reform des gesamten Beschaffungswesens ist das jedoch meiner Ansicht nach nicht. Die komplizierte Struktur bleibt gerade bei den größeren Rüstungsprojekten erhalten. Ende 2022 war das Bundesamt mit mehr als 1.000 Beschaffungsvorgängen beschäftigt. Einige davon sind seit Jahrzehnten »aktuell«. Der gesunde Menschenverstand sagt mir: Wenn es seit mehr als einem Jahrzehnt nicht gelungen ist, das Beschaffungswesen – insbesondere das Bundesamt– zu reformieren, und jetzt werden auf einmal zusätzlich 100 Milliarden Euro in das problembehaftete System gepumpt, dann wird es richtig Probleme geben! Dazu passt auch, dass der Bundesrechnungshof im April 2022 die Antikorruptionsprävention des Bundesamtes als mangelhaft kritisierte. Normalerweise sollen Mitarbeiter auf korruptionsgefährdeten Posten nach fünf Jahren ausgetauscht werden. Im Bundesamt ist das laut Bundesrechnungshof in 80 Prozent der Fälle nicht so. Die Dienstaufsicht wird ebenfalls nicht entsprechend umgesetzt. Die Rüstungsindustrie versucht tatsächlich Einfluss auf Vergabeverfahren und Entscheidungen zu nehmen. Das wird immer wieder durch einzelne Fälle – wie ich es beim G36 beschrieben habe – bekannt. Doch Einflussnahme und Lobbyismus beginnen bereits an viel höherer Stelle im Verteidigungsministerium. Ich werde das am Beispiel des Hubschraubers NH90 im folgenden Kapitel zeigen. Das Beschaffungswesen ist zwar Teil einer ineffizienten Struktur, doch hier tun die Mitarbeiter meistens nur, wozu sie vom Ministerium beauftragt werden. Die fatalen Fehlentscheidungen für die Bundeswehr werden an höherer Stelle getroffen.

4. NH90: Geld zurück!

Ich drehe das Autoradio lauter. »Was machen Sie mit den schweren Transporthubschraubern?«, höre ich. Es spricht Verteidigungsministerin Lambrecht. Im Juni 2022 bin ich zwischen Wolfsburg und Berlin unterwegs. Der Deutschlandfunk überträgt Auszüge einer Rede der Ministerin im Bundestag. Natürlich geht es um den desaströsen Zustand der Bundeswehr. Seit Jahren ist das ein Dauerthema – aber in jüngster Zeit aktueller denn je –, und ich höre wirklich genau hin. In den Gesprächen, die ich mit den Soldatinnen und Soldaten führe, möchte ich immer bestens informiert sein. Hubschrauber sind ein wichtiges Thema für die Truppe. Ein schwerer Transporthubschrauber fehlt der Bundeswehr tatsächlich schon viel zu lange. Noch fliegt das Modell CH-53, doch aufgrund von Überalterung und technischer Mängel sind immer weniger Maschinen einsatzbereit. Deswegen kam es schon im Afghanistan-Einsatz zu Unfällen mit Helikoptern dieses Typs. Kameraden verloren tragischerweise ihr Leben. Wie geht's angesichts all dessen also weiter mit den schweren Transporthubschraubern? Das wüsste ich jetzt gerne. »Ja, warum wurde diese Entscheidung denn nicht früher getroffen?«, fragt Frau Lambrecht und gibt die Antwort auch gleich selbst: »Weil man gezögert und gezaudert hat. Und jetzt ist Schluss damit! Die Entscheidung ist gefallen: Wir wollen, dass es der Chinook ist.« Das hätte man tatsächlich schon viel früher haben können: Der CH-47 Chinook wurde 1962 von der US-Army in Dienst gestellt. Es handelt sich um einen schweren Transporthubschrauber mit Tandemrotor, der seit dem Vietnamkrieg für die US-Army fliegt. Zwischen 30 und 40 Soldaten können – je nach Ausrüstung – in einem CH-47 transportiert werden. Die Firma Boeing hat seit 1962 etwa 1.200 Chinooks gebaut, bei den Streitkräften Großbritanniens, Spaniens, Griechenlands und der Niederlande sind sie schon längst im Einsatz. Scheint also ein zuverlässiges Fluggerät zu sein. Das sieht die Verteidigungsministerin ähnlich: »Es ist erprobt, es ist das Rückgrat des europäischen Lufttransports, und mit diesem Modell stärken wir unsere Kooperationsfähigkeit in Europa. Und für all diejenigen, die die Frage gestellt haben, ob es Vergleichsangebote gab: Natürlich gab es die. Deswegen kann ich Ihnen auch sagen: Wir bekommen durch diese Entscheidung eine größere Flotte und damit auch mehr Flexibilität. Deswegen ist das die richtige Entscheidung für unsere Truppe. So muss agiert werden.

So muss übrigens auch beim Beschaffungswesen agiert werden. Jetzt schaue ich noch mal genau: Was ist denn da in der letzten Amtszeit so geschehen? Das geht dann recht schnell: so gut wie nichts. Es gab zwar teure Berater, es gab zwar große Pläne, aber es ist nichts umgesetzt worden. So viel zum Zögern und Zaudern.« Zögern und Zaudern, teure Berater, so weit, so gut. Ich stelle das Radio leiser. Natürlich hat die Ministerin recht mit dem, was sie sagt, aber neue Erkenntnisse sind das für mich nicht, sondern eher weitere Schuldzuweisungen in einer langen Kette von Versäumnissen. Zögern und Zaudern sind wirklich nicht angesagt, da stimme ich der Verteidigungsministerin zu. Genau das will der Bürger von »seinen« Politikern hören. Nur, dass es schnelle Lösungen nicht gibt, nicht für die anderen großen Probleme der Zeit wie Klimakrise oder die Ukraine und auch nicht für den Zustand der Bundeswehr. Man braucht Konzepte, die langfristig angelegt sind, und Durchhaltevermögen. Nachhaltigkeit, wenn man so will, auch in sicherheitspolitischer Hinsicht. Umsonst gibt es die natürlich nicht, weder beim Klima noch bei der Aufrüstung der Bundeswehr. Mit diesen Gedanken fahre ich durch Deutschland.

Wieso sind Hubschrauber so wichtig?

Unweigerlich muss ich an mein »Schwarzbuch Bundeswehr« denken, das ich 2011 veröffentlicht habe. Auch damals war die Frage nach geeigneten Hubschraubern für die Truppe schon aktuell. Helikopter in verschiedenen Typen und Größen sind für eine moderne Armee unverzichtbar. Das hat sich für die Bundeswehr besonders in Afghanistan und Mali gezeigt, wenn es darum ging, Truppen und Material in dem unwegsamen Land zu verlegen. Besonders in Mali wurden immer wieder zivile Hubschrauber für Transportaufträge, aber auch immer mehr für Evakuierungsaufträge eingesetzt. Dazu hat die Bundeswehr die in Süddeutschland ansässige Firma GHS unter Vertrag genommen. Das kann problematisch werden, wenn die Evakuierung »unter Feuer«, also im Gefecht, durchgeführt werden muss, denn die zivilen Hubschrauber sind nicht bewaffnet. In den zerklüfteten Bergen des Hindukusch waren Flugplätze, die von Transportmaschinen angeflogen werden konnten, Mangelware. Abgesehen von den Feldlagern in Masar-e Scharif, Kundus und – mit Einschränkung – Faisabad gab es sie nicht. In Afghanistan zeigte sich, dass die Bundeswehr mit Helikoptern mangelhaft ausgerüstet war. Darum war sie sehr oft auf die Hilfe der Amerikaner und anderer Verbündeter angewiesen. Gerade wenn es darum geht, Verwundete aus der Kampfzone zu evakuieren und schnellstmöglich in ein Lazarett zu bringen, sind Hubschrauber unverzichtbar. Man nennt dieses Verfahren der Luftrettung unter Gefechtsbedingungen auch Medevac (Medical Evacuation) oder Combat Medical Evacuation. Für die Soldaten am Boden ist es ein gutes Gefühl, zu wissen, dass diese »fliegenden Rettungswagen« Tag und Nacht für sie da sind. In Afghanistan waren die veralteten Bell UH-1D der Bundeswehr für diese Aufgabe nicht zu gebrauchen. Reichweite, Anzahl der einsatzbereiten Maschinen und deren begrenzte Nachtflugfähigkeit reichten nicht aus, um für das gesamte Mandatsgebiet der Bundeswehr eine eigene Medevac-Bereitschaft zu stellen. In meinem zweiten Afghanistan-Einsatz, den ich im Großraum Kundus verbrachte, war dieses Problem oft ein Gesprächsthema unter den Kameraden. Wenn wir unsere Vorgesetzten darauf ansprachen, bekamen wir zu hören: »Wir haben doch die Amerikaner, warum sich also Sorgen machen …« Das stimmte zwar insoweit, als die Amerikaner tatsächlich in ganz Afghanistan mit ihren Hubschraubern flogen und auch regelmäßig verwundete NATO-Soldaten anderer Nationen vom Gefechtsfeld evakuierten, aber man konnte sich nicht immer darauf verlassen. Was wäre denn, wenn die US-Army mit ihren eigenen Verwundeten alle Hände voll zu tun hatte, weil es beispielsweise einen großen Angriff auf eine Patrouille oder eines ihrer Camps gab? Würde sie dann auch noch für einen verletzten Soldaten der Bundeswehr kommen? Darauf hatten meine Vorgesetzten keine Antwort. Wir hatten uns intern darauf geeinigt, im Falle von Problemen über Funk zu melden, dass amerikanische Soldaten mit uns zusammen am Boden im Einsatz sind. Wir haben die Erfahrung gemacht, dass die Amerikaner niemals ihre Soldaten im Stich lassen und alles möglich machen, um ihnen zu helfen. Das bedeutet aber nicht, dass deutsche Piloten deutsche Soldaten im Stich lassen würden. Im Gegenteil! Doch es war einfach nicht immer möglich, schnell genug vor Ort zu sein. Es gab nicht genügend deutsche Hubschrauber, die dann auch noch mit bewaffneter Luftunterstützung zu Hilfe hätten kommen können. Für mich war es schon sehr befremdlich, dass wir uns mit so einem Trick ein gewisses Maß an Sicherheit organisieren mussten.

Ein Hubschrauber, den man nicht benutzen soll

Im Verteidigungsministerium war man sich dieses Defizits wahrscheinlich bewusst. Zumindest hatte man schon 1995 die Verträge unterzeichnet, um einen mittelschweren Transporthubschrauber – den man unter anderem auch als Forward Air Medevac, also zur Rettung Verwundeter, einsetzen konnte – als Nachfolger für die Bell UH-1D zu bekommen. Dieser Hubschrauber nennt sich NH90 und wurde von einem europäischen Konsortium entwickelt. 1992 gründete sich die NATO Helicopter Industries (NHI), an der Firmen aus Deutschland, Frankreich, den Niederlanden, Italien und Spanien beteiligt sind. Später wurde NHI ein Teil der European Aeronautic Defence and Space (EADS) und ist nach deren Umstrukturierung heute ein Teil von Airbus SE, Europas größtem Luft- und Raumfahrtkonzern. 1993 begann die Planung des NH90. Die NATO hatte dazu eine Reihe von Vorgaben gemacht, die festlegten, wozu man den Hubschrauber braucht und was er können muss. Zu den Anforderungen gehören die Forward-Air-Medevac-Fähigkeit, aber auch Luftunterstützungs- und taktische Transportaufgaben, das Absetzen von Fallschirmjägern, das Verbringen und die Unterstützung von Spezialkräften. Dazu kommt eine weitere Variante des NH90, der Marine Helicopter 90

(MH90), der als Bordhubschrauber größerer Marineschiffe zur U-Boot- und Schiffsbekämpfung geeignet sein soll. Der Erstflug eines Prototypen fand Ende 1995 statt. Die Technik, neue Materialien und ein digitales Cockpit waren im Vergleich zu den Vorgängermodellen der Bundeswehr innovativ. Eine Reihe europäischer Nationen – darunter Deutschland – bestellten anfangs mehr als 500 Maschinen. Für die europäische Rüstungsindustrie war das im Bereich der militärischen Hubschrauber der bislang größte Erfolg. Während der Entwicklung und der Produktionsphase kam es immer wieder zu Verzögerungen und technischen Problemen. Erst im Dezember 2006 wurden die ersten drei (!) von 122 bestellten NH90 TTH – der Transportvariante – an Deutschland ausgeliefert. Nach der Erprobung durch die Truppe kamen die Experten der Luftlande- und Lufttransportschule der Bundeswehr allerdings zu einem vernichtenden Urteil: »Wann immer möglich, sind alternative Luftfahrzeuge zu nutzen.« Die Bundeswehr hatte also einen Hubschrauber gekauft, den ihre Soldaten nach Möglichkeit nicht benutzen sollten! Zum Glück gab es noch Alternativen: die veralteten UH-1D oder den CH-53, die man eigentlich hatte ersetzen wollen. Natürlich konnte man sich aber auch gleich – wie in Afghanistan – darauf verlassen, dass die Verbündeten aushalfen. Ich habe 2011 im »Schwarzbuch Bundeswehr« die gravierenden Mängel des NH90 beschrieben und tue es an dieser Stelle noch einmal, da sich leider bis heute (!) nicht viel geändert hat. Wenn der NH90 als Transporthubschrauber eingesetzt wird, muss eine Infanterie-Gruppe – das sind in der Regel neun oder zehn Soldaten – samt Waffen und Ausrüstung darin Platz finden. Nur leider – so die Experten der Bundeswehr – ist die Heckrampe des NH90 konstruktionsbedingt instabil. Das bedeutet, dass die Soldaten mit Waffen und Ausrüstung – da kommt einiges an Gewicht zusammen – nicht über die Heckrampe ein- und aussteigen können. Unter Gefechtsbedingungen aber muss das Ein- und Aussteigen schnell vonstattengehen, da braucht man die Rampe. Ähnlich mangelhaft sind die Sitze im Innenraum des Hubschraubers: Sie können kein Gewicht über 110 Kilo tragen. Nun wiegt aber bereits die Ausrüstung eines Infanteristen zwischen 25 und 30 Kilo, und wenn der Kamerad dann noch 80 oder 90 Kilo auf die Waage bringt, kann er den Sitz im Hubschrauber nicht benutzen. Schwere Waffen – wie Maschinengewehre, Granatwerfer, Panzerfäuste – und Ähnliches könnte man ja auch auf dem Boden ablegen, doch dazu ist der Innenraum des NH90 zu klein, und es gibt auch keine Halterungen, um die Gegenstände irgendwie zu sichern. Gerade unter Gefechtsbedingungen, aber auch bei Turbulenzen, kann es zu extremen Flugbewegungen kommen, und da ist es wichtig, dass keine schweren Objekte unkontrolliert durch die Gegend taumeln. Kurz gesagt, ein gleichzeitiger Transport von Lasten und Soldaten ist mit dem NH90 nicht möglich. Der Bodenbelag des Hubschraubers ist leider auch viel zu empfindlich für einen feldmäßigen Einsatz. Schon verschmutzte Kampfstiefel – wo schon mal ein Steinchen im Profil der Sohle klemmt – können ihn dauerhaft beschädigen. Unter dem Bodenbelag gehen die Probleme des NH90 weiter: Die Bodenfreiheit des Hubschraubers beträgt nur 16 Zentimeter. Damit kann man auf einer asphaltierten Fläche problemlos landen, aber auf einem steinigen Hang des Hindukusch oder einem Acker in Europa kann man es vergessen. Dann wäre da noch die Bewaffnung. Hubschrauber, die im militärischen Einsatz fliegen und Truppen in eine Kampfzone verbringen, haben normalerweise einen oder gleich mehrere Bordschützen dabei. Der Black Hawk (UH-60) der US-Streitkräfte ist dem NH90 vergleichbar und auf beiden Seiten mit Maschinengewehren oder auch einem Maschinengranatwerfer bewaffnet. Im NH90 ist dafür kaum Platz. In den Seitentüren lassen sich zwar

Lafetten – sehr flexibel schwenkbare Halterungen zur Waffenaufnahme – für Maschinengewehre montieren, aber dann wird es zum einen richtig eng in der Kiste, und auch das Ein- und Aussteigen über die Seiten wird nahezu unmöglich. Der Bordschütze hat ein sehr ungünstiges Schussfeld und kann die Waffe nicht effektiv zum Einsatz bringen. Und zu guter Letzt erhielt der NH90 keine Erlaubnis für spezielle Einsatzverfahren, dazu gehört das Abseilen oder Aufnehmen von Personen mittels Winde – eigentlich Standard bei der Bundeswehr und beispielsweise im maritimen Einsatz oder bei Hochwasser unverzichtbar – und das Absetzen von Fallschirmjägern mittels automatischer Auslösung (dabei ist die Reißleine mit dem Helikopter verbunden und wird so beim Absprung »automatisch« ausgelöst). All diese Dinge sind im taktischen Einsatz wichtig und für die Soldaten unverzichtbar – mit dem NH90 fehlen der Truppe diese Fähigkeiten! Darum lautete mein Fazit damals – und daran hat sich bis heute nichts geändert: Der NH90 ist als militärischer Hubschrauber vollkommen ungeeignet! Das ist in etwa so, als wollten Sie ein Formel-1-Rennen fahren und bekommen dafür ein Wohnmobil – nur dass bei einem Formel-1-Rennen niemand auf Sie schießt. Anfang 2013 wurden die ersten NH90 als Forward-Air-Medical-Evacuation-Helikopter nach Afghanistan verlegt. Dort sollten sie den Soldaten der Bundeswehr und auch ihren Verbündeten rund um die Uhr zur Verfügung stehen. Man spricht in diesem Fall von einem ständigen Bereitschaftsauftrag. Vier NH90 des Transporthubschrauberregiments 10 wurden dazu nach Masar-e Scharif verlegt. Eine Maschine war mit medizinischem Equipment als Medevac ausgestattet, eine weitere sollte bewaffneten Begleitschutz fliegen, zwei weitere NH90 bildeten die technische Reserve. Für den NH90 der Bundeswehr war es der erste Auslandseinsatz, und die Besatzungen machten ihre Erfahrungen mit dem Helikopter. Vonseiten der

Bundeswehr hörte man damals nichts Kritisches über den NH90, allerdings blieben in dieser Zeit die ebenfalls als Medevac ausgestatteten CH-53 weiterhin im Einsatz.

Der Fall 78+18

Im Nachbarland Usbekistan unterhielt die Bundeswehr den Strategischen Lufttransportstützpunkt Termez. Von dort aus wurden Truppen und Material, die aus Deutschland kamen, auf die verschiedenen Feldlager verteilt und auch wieder von dort ausgeflogen. Am 19. Juni 2014 befand sich ein NH90 der Bundeswehr mit dem taktischen Kennzeichen »78+18« auf einem Medevac-Übungsflug. Die Maschine war in Termez gelandet, und die Piloten hatten die Motoren abgestellt. Der NH90 wird von zwei Triebwerken des Typs RTM322 angetrieben. Nachdem die Piloten sie wieder angelassen hatten, um ihre Mission fortzusetzen, erreichten beide Triebwerke nicht die erforderliche Drehzahl. Die ist aber nötig, um den Helikopter in die Luft zu bringen. Daraufhin brach die Crew den Startvorgang ab. Die Bodencrew in Termez belüftete die Triebwerke. Beim zweiten Startversuch lief alles wie gewünscht, und die »78+18« hob in Richtung Masar-e Scharif ab. Einige Minuten nach dem Start – in etwa 300 Metern Höhe – hörte die Besatzung eine Explosion an Bord. Das Triebwerk Nummer zwei war explodiert. Der Helikopter verlor an Höhe, und im Cockpit wurde ein Feueralarm ausgelöst. Brennende Teile stürzten zu Boden. Der NH90 ist – wie die meisten modernen Luftfahrzeuge – so konstruiert, dass er im Notfall auch mit dem verbleibenden Triebwerk in der Luft bleiben und sicher landen kann. Die Piloten schalten daraufhin wie vorgeschrieben die Feuerlöschfunktion in Triebwerk Nummer zwei ein. In einer solchen Notlage ist es wichtig, zu verhindern, dass sich das Feuer auf das andere Triebwerk oder die Benzintanks ausbreitet. Was nach dem Aktivieren des eingebauten Feuerlöschers passierte, beschreibt die Air Force Technical Order (AFTO) vom 19.6.2014, die ich kurz zusammenfasse: Nachdem die Crew den Feuerlöscher betätigt hatte, kam es in einer Art Kettenreaktion gleich zu einer ganzen Reihe von schwerwiegenden Fehlfunktionen, die jedoch ursächlich nichts mit dem Brand in Triebwerk zwei zu tun haben konnten. So fielen drei der Multifunktionsdisplays im Cockpit aus. Die Piloten schauten plötzlich auf schwarze Bildschirme. Wir erinnern uns, dass eine der Neuerungen des NH90 ein »gläsernes«, also digitales, Cockpit ist. Wenn da nichts mehr geht, ist das katastrophal. Besonders dann, wenn die Crew versucht, eine Maschine mit brennendem Triebwerk notzulanden. Mehrere Warnleuchten sowie die Kabinenbeleuchtung blinkten und flackerten unkontrolliert. Die Scheibenwischer der Frontscheibe schalteten sich ein, und zu allem Überfluss geriet auch noch die Heckrampe in Bewegung. Nur mit größter Mühe gelang es den Piloten, die »78+18« in Termez notzulanden. Bei einer ersten Untersuchung des zerstörten Triebwerks zwei wurden »viele abgerissene Schaufeln der Turbine im Auspuff entdeckt«. Alles furchtbar!, fasse ich die Situation in zwei Worten für den Laien zusammen.

Fünf Monate später stand die Maschine immer noch in Termez und wurde von Experten der Bundeswehr und der Herstellerfirma untersucht. Bereits kurz nach dem Beinahe-Absturz hatte das Verteidigungsministerium in einer Stellungnahme geäußert, dass es sich um einen Einzelfall handle. Kurz nach der Notlandung hatten Experten in dem explodierten Triebwerk Nummer zwei eine verbogene Kompressionswelle gefunden. Einfach erklärt, kann eine verbogene Kompressionswelle dazu führen, dass die an der Welle befestigten Verdichterschaufeln nicht mehr rundlaufen und am Verdichtergehäuse entlangscherbeln. Das würde sich in einem Abfall der Drehzahl bemerkbar machen. Im schlimmsten Fall reißen die Verdichterschaufeln ab und zerstören das Triebwerk. All das scheint in Termez der Fall gewesen zu sein. Wir erinnern uns, dass abgerissene Turbinenschaufeln im Abgassystem des NH90 gefunden wurden und dass es vor dem Start Probleme mit der Drehzahl gab. Experten sprechen bei diesem Fehler von einer Stagnation des Triebwerks. Sie kann verschiedene Ursachen haben: Materialermüdung, Materialfehler, Hitzeeinwirkung und noch einiges mehr. Man sieht schon, dass man mit Spekulationen nicht weit kommt. Damit war zumindest die Explosionsursache des Triebwerks irgendwie erklärt – auch wenn offenblieb, was eigentlich zu der Stagnation geführt hatte. Doch der Ausfall der Multifunktionsdisplays, die unkontrollierte Bewegung der Rampe und alles, was sich kurz vor der Notlandung noch an Bord der »78+18« ereignet hatte, konnte unmöglich dadurch verursacht worden sein. Das Verteidigungsministerium blieb dabei, dass es sich um einen Einzelfall gehandelt habe. Mitte November 2014 kam die Kommission aus Experten der Bundeswehr und der Herstellerfirma in Termez zu einem vorläufigen Ergebnis.

Kurz zusammengefasst und erklärt, kommt der Kontingentführer der Bundeswehr in seinem Zwischenbericht zu dem Schluss, dass nach dem Auslösen des Feuerlöschsystems eine Platine an Bord durchgeschmort ist. Das hat ursächlich nichts mit dem Triebwerksschaden zu tun, und man kann – so der Bericht ausdrücklich – nicht ausschließen, dass es wieder passiert! Für mich hört sich das ziemlich alarmierend an. So sahen es wohl auch einige der Verantwortlichen in der Bundeswehr und sprachen, einen Tag nachdem sie den Zwischenbericht des Kontingentführers erhalten hatten, die Empfehlung aus, *»vorerst keinen Flugbetrieb mit dem Waffensystem NH90 durchzuführen«*. Mittlerweile war auch bekannt geworden, dass es sechs Tage nach der Notlandung der »78+18« bei einer Maschine gleichen Typs ebenfalls einen Triebwerksausfall gegeben hatte. Auch andere Nationen, die den NH90 flogen, berichteten von Triebwerksstagnationen. Dass die Bundeswehr und das Verteidigungsministerium angesichts dessen von einem Einzelfall sprachen, erscheint mir fahrlässig gegenüber den Kameraden, die mit dem NH90 in einem Auslandseinsatz fliegen mussten. Drei Tage nach der dringenden Empfehlung, den Flugbetrieb einzustellen, wurde er erstaunlicherweise wieder aufgenommen. Am 18. November 2014 schrieb der »General Flugsicherheit in der Bundeswehr« an den Heeresinspekteur Bruno Kasdorf und das Kommando Heer, dass alles in Ordnung sei. Hier möchte ich aus dem Schreiben des Generals zitieren: *»Bei NHI* [NATO Helicopter Industries] *wurde am 18.11.2014 ein Airworthiness Meeting zur Meldung gem. Bezug durchgeführt. Die Kombination eines Triebwerksausfalls in Verbindung mit der durch einen fehlerhaften Squib ausgelösten Fehlfunktion im OHCP* [Overhead Control Panel, hier handelt es sich um die Platine, die vermutlich wegen zu hoher Spannungsbelastung durchgeschmort ist], *die dann auch noch das Shut off Valve auslöst, wurde seitens der Firma als extremely improbable eingestuft und liegt damit innerhalb der akzeptierten Ausfallwahrscheinlichkeit.*

Empfehlungen zur Einhaltung/Wiederherstellung der Flugsicherheit:

In der Bewertung des FSA wird der Vorfall als Einzelfall eingestuft. Aus dem Vorfall ergeben sich keine Einschränkungen für den Flugbetrieb mit dem WaSys NH90.«

Na super, der Hersteller NATO Helicopter Industries sagt, dass mit seinem beinahe abgestürzten Hubschrauber alles in Ordnung ist. Da kann man ja wirklich beruhigt sein – oder vielleicht besser nicht? Die Experten der Bundeswehr, die mit der Untersuchung des Vorfalls in Termez beauftragt waren, haben die Zuverlässigkeit des NH90 offensichtlich kritischer gesehen. Und mal ehrlich gesagt: Welches Interesse sollte die Herstellerfirma auch daran haben, ihrem Hubschrauber eine konstruktionsbedingte Flugunsicherheit zu bescheinigen, wenn sie gerade mit dem Verteidigungsministerium über eine neuerliche Bestellung des gleichen Modells in Milliardenhöhe verhandelt?

Konsequenzen, welche Konsequenzen?

Verteidigungsministerin Ursula von der Leyen plante Ende 2014 den Kauf von 186 Helikoptern der Firma NATO Helicopter Industries – darunter die Typen NH90, MH90 und Tiger – im Gesamtwert von beinahe neun Milliarden Euro. Dabei hatte die Bundeswehr schon die Zahl der NH90, die sie anschaffen wollte, um mehr als 20 Maschinen reduziert. Der Bundestag musste dem Kauf zustimmen, was angesichts des Sparkurses für die Bundeswehr ohnehin schwierig zu werden drohte. Da kam es äußerst ungelegen, dass sich Unfälle mit dem NH90 ereigneten und – zusätzlich zu seinen bekannten Defiziten in der Einsetzbarkeit – nun auch öffentlich Zweifel an seiner Sicherheit laut wurden. Reinhard Schlepphorst, damals Vorsitzender der Interessengemeinschaft des fliegenden und luftfahrzeugtechnischen Personals der Transport- und Hubschrauberverbände (IGTH), sagte: »Die Soldaten zweifeln an der Zuverlässigkeit des Helikopters und misstrauen den Einschätzungen der offiziellen Stellen.« Widersprüchliche Aussagen ebendieser offiziellen Stellen und ein Wechsel von Flugverboten und Wiederaufhebung dieser Flugverbote machten es in der Tat unübersichtlich. Wenn es um die Sicherheit und Zuverlässigkeit von Ausrüstung geht, sollte die Bundeswehrführung gegenüber ihren Soldaten und Soldatinnen schon verbindlich – sprich eindeutig – sein. Das kann man als Soldat verlangen, wenn der Dienstherr von seinen Untergebenen erwartet, dass sie mit dem Gerät in lebensgefährliche Einsätze gehen. Doch genau das vermied die Bundeswehr. Sie vermied jede klare Aussage zur Sicherheit des NH90. In einer Stellungnahme des Verteidigungsministeriums hieß es Anfang 2015:

»*Bei dem Zwischenfall mit einem NH90 am 19. Juni 2014 in Termez/Usbekistan kam es im Zusammenhang mit einer Triebwerksstagnation beim Auslösen der Feuerlöschanlage des Triebwerks zu einem Kurzschluss im Overhead-Control-Panel. Hierzu teilte die Firma AIRBUS Helicopter dem Bundesministerium der Verteidigung und dem Bundesamt für Ausrüstung, Informationstechnik und Nutzung der Bundeswehr am 6. Februar 2015 mit, dass Ursache für den Kurzschluss ein Designfehler im Overhead-Control-Panel sei. Die zur Beseitigung dieses Fehlers notwendigen technischen Nachbesserungen werden derzeit vom Hersteller entwickelt. Die Umsetzung der konstruktiven Änderung bei allen betroffenen NH90 durch die Industrie wird allerdings nicht kurzfristig möglich sein [!]. Zur Überbrückung dieses Zeitraumes hat die Bundeswehr die bestehenden Verfahren analysiert und in enger Abstimmung aller beteiligten Stellen Anpassungen entwickelt. Eine von mehreren Anpassungen ist beispielsweise das Ventilieren vor jedem Triebwerksstart, um eine Vorschädigung auszuschließen. Das Risiko einer Triebwerksstagnation und die damit zusammenhängenden Fehlfunktionen im OHCP können so auf ein verantwortbares Maß minimiert werden. Bei Anwendung dieser angepassten Verfahren ist ein Interimsflugbetrieb des NH90 bis zur Umsetzung einer konstruktiven Lösung möglich.* [Kurz zuvor wurde noch davon gesprochen, dass eine Umsetzung konstruktiver Lösungen kurzfristig, also absehbar, nicht möglich sei!] *Folglich hat der Flugsicherheitsausschuss beim Luftfahrtamt der Bundeswehr am 20. Februar 2015 dem Inspekteur des Heeres empfohlen, den Flugbetrieb NH90 als Interimsflugbe-*

trieb unter Anwendung der geänderten Verfahren sukzessiv wieder aufzunehmen.«

Zum besseren Verständnis wiederhole ich hier, wozu sich die Bundeswehr entschieden hat: zu einem »Interimsflugbetrieb« bis zu einer »konstruktiven Lösung«. Hier wären wir also wieder einmal bei einer Zwischenlösung angelangt, die eigentlich überhaupt keine Lösung ist und bei der auch keine Mängel behoben werden! Den Hubschrauberbesatzungen wurde weiterhin zugemutet, mit einem Fluggerät zu fliegen, dem einige ihrer Vorgesetzten konstruktionsbedingte Sicherheitsmängel bescheinigen! Was das in der Truppe anrichtet, habe ich damals aus Insiderkreisen mitbekommen. In Afghanistan versuchten etliche Piloten, Flüge mit dem NH90 nach Möglichkeit zu vermeiden. Die einzige Ausnahme, die sie machten, war der Fall, dass sich ein Kamerad in Not befand. Die Moral war am Boden – genau wie der NH90. In Deutschland ließen sich Besatzungen vorsorglich fluguntauglich schreiben, um nicht mit dem Hubschrauber fliegen zu müssen. Hatte der NH90 schon wegen der Mängelliste der Luftlande- und Lufttransportschule der Bundeswehr einen schlechten Ruf, so war es, nachdem auch noch gravierende Sicherheitsmängel hinzukamen, richtig schlecht um ihn bestellt. Vielleicht auch darum sah sich Verteidigungsministerin von der Leyen im März 2015 zu einer beruhigenden Stellungnahme genötigt: »Der Hubschrauber fliegt seit zehn Jahren, 13 Nationen haben ihn, fliegen ihn, er hat 70.000 Flugstunden hinter sich bereits – und ja, Triebwerksstagnation hat stattgefunden: 19-mal. Und wenn wir das gegen 70.000 Flugstunden setzen, dann weiß man auch: Ja, Stagnation – in den 19 Fällen –, das ist ein Problem, das behoben werden muss, aber in der Relation zu dem, was der Hubschrauber seit zehn Jahren leistet, müssen wir auch die Kirche im Dorf lassen. Das Gleiche beim Thema Korrosion. Die Holländer fliegen mit diesem Hubschrauber natürlich auch auf See, haben festgestellt, dass sie in bestimmten Punkten Korrosionsprobleme haben, haben das mit der Firma geklärt und haben jetzt nachbestellt. Und das zeigt eben auch: Ja, Probleme treten auf – das sind auch am Anfang Kinderkrankheiten, wie sie bei jeder neuen Autoserie zum Beispiel auch passieren –, die muss man ernst nehmen und beheben, aber sie bedeuten nicht, dass das ganze Gerät nicht in Ordnung ist.«

Ich würde mir kein Auto kaufen, bei dem ich damit rechnen muss, dass der Motor in die Luft fliegt. Allerdings hinkt der Vergleich mit der Autoserie, denn er verharmlost die Realität eines Kampfeinsatzes und spielt die Probleme in unverantwortlicher Weise herunter. Wir sprechen hier immerhin über ein Luftfahrzeug, mit dem Soldaten in einem Kriegsgebiet unterwegs sind. Das ist etwas ganz anderes als ein Pkw, bei dem man sich im Alltag ans Steuer setzt.

Kurzum, die Bundeswehr bestellte weitere Helikopter bei NATO Helicopter Industries. Der Hersteller versuchte, die Probleme bei den schon gelieferten Helikoptern zu beheben, was aber wiederum zu massiven Einschränkungen in deren Einsatzbereitschaft führte. Mittlerweile waren auch die Gründe genauer bekannt, die zu einer Triebwerksstagnation führen können. Einfach ausgedrückt: Die Kompressionswelle erhitzt sich während des Flugbetriebs. Stellt der Pilot dann nach der Landung das Triebwerk ab, kann es vorkommen, dass sie sich ungleichmäßig abkühlt. Erfolgt dann kurze Zeit später ein Neustart, kann sich die Welle verformen, was dann – wie in Termez – unter Umständen katastrophale Folgen hat. Für mich ist das eindeutig ein Konstruktionsfehler. Die Bundeswehr reagierte darauf, indem das Kommando Unterstützungsverbände der Luftwaffe eine sogenannte Vordringlich Technische Anweisung (VTA) erließ. Darin wird den Piloten vorgeschrieben, dass sie nach jedem Flug die Triebwerke ausreichend abkühlen lassen müssen. Das bedeutet, die Maschine muss für einen vorgeschriebenen Zeitraum am Boden bleiben. Und das schließt den NH90 in meinen Augen für den Einsatz als Forward Air Medevac mit einem ständigen Bereitschaftsauftrag aus. Gerade da müssen die damit rechnen, mehrere Einsätze kurz hintereinander zu fliegen. Sollen sie etwa den Kameraden, die – einige von ihnen möglicherweise verwundet – auf ihre Evakuierung warten, sagen: Geht gerade nicht, wir müssen warten, bis die Motoren abgekühlt sind? Wohl kaum! Es gilt eines für sämtliche militärischen Verwendungen eines Helikopters: Sie sollten jederzeit einsatzbereit sein. Die Bundeswehr sieht das offenbar anders und schickt weiterhin Soldaten und Soldatinnen mit dem NH90 in Auslandseinsätze. Am 14. September 2017 musste in Mali wieder ein NH90 mit einem Triebwerksausfall notlanden. Laut einer Sprecherin des Einsatzführungskommandos in Potsdam »war überhaupt keine Gefahr im Verzug«. Schön, dass man das bei der Bundeswehr so locker sieht. Wahrscheinlich waren darum im Jahr 2018 von insgesamt 48 Maschinen der Bundeswehr auch nur ganze neun einsatzbereit. Daran hat sich bis heute nicht viel geändert. Die Einsatzbereitschaft der Hubschrauber neuen Typs liegt laut dem jüngsten Rüstungsbericht (Dezember 2021) bei etwa 19 Prozent. Mit anderen Worten: Weniger als ein Viertel aller neu gekauften Hubschrauber sind flugfähig. Und da kann die Bundeswehr noch froh sein, wenn sie überhaupt etwas geliefert bekommt. Denn die Auslieferungen der NH90 schleppen sich nämlich erbärmlich langsam dahin. Im Rüstungsbericht des Verteidigungsministeriums wird die Lieferverzögerung beim NH90 mit 134 Monaten angegeben. Um es anschaulicher zu machen: Das sind etwas mehr als elf Jahre Verspätung! Von den 131 bestellten Maschinen der Typen NH90 und MH90 waren bis Ende 2019 erst 80 bei der Bundeswehr angekommen, und – wie gesagt – nur ein kleiner Teil davon ist einsatzbereit. Außerdem sind die Kosten für den NH90 gegenüber den ursprünglichen Angaben nun deutlich höher. Von einer bis anderthalb Milliarden Euro Mehrkosten ist die Rede. Wie viel es am Ende sein werden, ist noch nicht abzusehen. Der NH90 sei wartungsintensiver als gedacht, störanfällig, und der Nachschub mit Ersatzteilen – viele Teile eines Hubschraubers müssen nach einer gewissen Anzahl von Flugstunden periodisch ausgewechselt werden – stockt. Wie viel mehr als ursprünglich geplant die NH90-Helikopter die Bundeswehr kosten werden, ist insgesamt nur sehr schwer einzuschätzen. Denn abgesehen von dem, was an die Herstellerfirma gezahlt werden muss, spielen noch weitere Faktoren eine Rolle. Da der NH90 nur sehr eingeschränkt einsatzbereit ist, müssen die älteren Hubschraubermodelle – die die Bundeswehr ja eigentlich außer Dienst stellen wollte – nun deutlich länger geflogen werden. Wir liegen hier mittlerweile, wie gesagt, bei mehr als zehn Jahren. Da fallen auch dort zusätzliche Kosten an, beispielsweise für Wartung und Ersatzteile. Zusätzlich muss neues Personal, absurderweise auch noch für die alten Helikoptertypen ausgebildet werden, da im Zeitraum eines Jahrzehnts ja mancher Pilot, Flugmechaniker und Angehöriger des Bodenpersonals pensioniert wird. Die Marine wollte eigentlich ihre Sea Kings bis 2023 durch 18 MH90 NTH Sea Lion ersetzen. Der Sea Lion oder MH90 ist die maritime Variante des NH90. Leider ist er für den militärischen Einsatz genauso ungeeignet wie die Landversion. Neben den schon genannten Mängeln – Heckrampe, Gewicht, Wartung und so weiter – ist der Hubschrauber auch nicht für den Einsatz über See geeignet. Die niederländische Marine, die das Modell ebenfalls fliegt, berichtet von schwerwiegenden Korrosionsproblemen. Abgesehen davon gibt es ein Problem mit der Zulassung als Marinehubschrauber. Um auf dem Deck eines Schiffes oder einer Bohrinsel zu landen, hat ein Helikopter deutlich weniger Platz, als es an Land normalerweise der Fall wäre. Darum gelten besondere Anforderungen an die Leistungsfähigkeit der Triebwerke, da das Luftfahrzeug bei Start oder Landung mehr Zeit im Schwebeflug verbringt. Sollte ein Triebwerk ausfallen – was, wie wir ja wissen, beim NH90 durchaus schon mal vorkommen kann –, muss das andere immer noch genug Leistung bringen, damit der Pilot den Helikopter landen kann. An Land hätte er dazu eine größere Fläche zur Verfügung, und der Hubschrauber könnte im Notfall »ausrollen«. Auf dem engen Flightdeck einer Fregatte geht das schlecht. Die Triebwerke von Helikoptern sind in Flugleistungsklassen unterteilt. Für den Flugbetrieb über See ist aus den dargestellten Gründen Flugleistungsklasse 1 – die höchste – vorgeschrieben. Der MH90 wird jedoch nur in die Flugleistungsklasse 3 eingestuft und erhält daher keine Zulassung nördlich des 45. Breitengrads – kann also nicht über der Nord- und Ostsee eingesetzt werden. Für einen Marinehubschrauber der Bundeswehr ist das schlecht, würde ich sagen. Aus dem Verteidigungsministerium wurde dazu geäußert, dass zivile Zulassungsverfahren für militärische Luftfahrzeuge nicht gelten, man könne sich hier um eine Ausnahmeregelung bemühen. Die Experten des Luftfahrtamtes der Bundeswehr – unter anderem zuständig für die Zulassung der Luftfahrzeuge – sehen das allerdings anders: Für ein »neu zu beschaffendes Luftfahrzeug dürften keine Ausnahmen notwendig sein«. Eine Möglichkeit wäre, stärkere Triebwerke in den Hubschrauber einzubauen. Damit würde er aber höchstwahrscheinlich schwerer. Wie sich ein höheres Abfluggewicht auf die ohnehin anfällige Konstruktion auswirkt, lässt sich beim besten Willen nicht sagen. Wann der NH90 einsatzbereit sein wird und wie viel er letztendlich kostet, bleibt also auch nach beinahe 20 Jahren vollkommen offen. Dadurch ergeben sich auch Probleme für die Fluglizenzen der Bundeswehrpiloten. Die müssen eine bestimmte Anzahl von Flugstunden unter verschiedenen Bedingungen nachweisen. Wenn die Helikopter aber nicht in dem gewünschten Maße funktionieren, wird das schwierig. Hier behilft sich die Bundeswehr damit, dass ihre Piloten auf Maschinen des ADAC trainieren dürfen.

Warum unbrauchbares Material nicht einfach zurückgeben?

Ich frage mich ernsthaft: Gibt es wirklich keinen anderen Weg, als weiterhin immer neue Verträge – beispielsweise über eine verbesserte Wartung und die schnellere Lieferung von Ersatzteilen für den NH90 – mit Airbus abzuschließen? Die Bundeswehr hat mit mehr als zehn Jahren Verspätung zu einem deutlich höheren Preis etwas bekommen, was sie so nicht bestellt hat – der NH90 und auch der MH90 erfüllen die ursprünglichen Anforderungen nicht – und was auch nicht funktioniert: Drei Viertel der Hubschrauber sind nicht einsatzbereit. Außerdem hinkt die Herstellerfirma mit den gelieferten Stückzahlen hinterher. Was wäre in so einer Situation am vernünftigsten? Wenn ich als Otto Normalverbraucher ein Gerät kaufe, das mir mehr als ein Jahrzehnt später geliefert wird, zu einem deutlich höheren Preis, und nicht funktioniert, dann gebe ich den Trödel zurück. Vielleicht sollte das die Bundeswehr auch mit dem NH90 und dem MH90 tun: Die bereits gelieferten Maschinen an die Herstellerfirma zurückgeben und die bereits gezahlten Milliardenbeträge zurückfordern – ohne »Zögern und Zaudern«. Manch einer wird jetzt vielleicht denken: Das geht nicht. Doch, es geht, wenn man nur will: »Bedauerlicherweise sind wir zu dem Schluss gekommen, dass der NH90, egal wie viele Stunden unsere Techniker arbeiten und wie viele Teile wir bestellen, niemals in der Lage sein wird, die Anforderungen der norwegischen Streitkräfte zu erfüllen«, sagte der norwegische Verteidigungsminister Bjørn Arild Gram im Juni 2022. Den Worten folgten auch gleich Taten. Norwegen gibt alle seine NH90- und MH90-Hubschrauber an Airbus zurück und will sein Geld wiederhaben – plus Zinsen und der Erstattung angefallener Kosten! Der Direktor der norwegischen Behörde für Verteidigungsmaterial – in etwa dem Beschaffungsamt der Bundeswehr vergleichbar – Gro Jære findet ebenfalls deutliche Worte: »Wir haben wiederholt versucht, die Probleme im Zusammenhang mit dem NH90 in Zusammenarbeit mit der NHI zu lösen, aber mehr als 20 Jahre nach der Vertragsunterzeichnung verfügen wir immer noch nicht über Hubschrauber, die in der Lage sind, die Aufgaben zu erfüllen, für die sie gekauft wurden, und ohne dass die NHI in der Lage war, uns realistische Lösungen zu präsentieren.« Das nenne ich gesunden Menschenverstand und eine klare Ansage, der auch konsequentes Handeln folgt! Vielleicht sollte man auch im Verteidigungsministerium mal über diese Option nachdenken. Norwegen ist immerhin ein NATO-Partner. Man stände im zu erwartenden Rechtsstreit mit der Herstellerfirma nicht allein da. In meinem »Schwarzbuch Bundeswehr« habe ich schon 2011 über den NH90 geschrieben: »Der NH90 wird irgendwann in die Truppe kommen, mit all seinen Fehlern – leider, wie man aus heutiger Sicht zugeben muss!« Ich habe auch eine Ausweichlösung angeboten: den Chinook! Ich möchte jetzt nicht stolz darauf verweisen, dass ich das alles schon vor mehr als zehn Jahren gewusst hätte, auch dass die Bundeswehr irgendwann den Chinook anschaffen würde. Die Mängel des NH90 waren einfach zu offensichtlich, und jeder, der halbwegs Bescheid wusste, kannte die Alternativen. Auch die Verantwortlichen im Vereidigungsministerium. Darum muss ich auf die Frage von Ex-Verteidigungsministerin Lambrecht zurückkommen: »Ja, warum wurde diese Entscheidung denn nicht früher getroffen? Weil man gezögert und gezaudert hat.« Vielleicht machte es sich die Ministerin hier zu einfach, wenn sie allein dem Beschaffungswesen der Bundeswehr – das zwar erwiesenermaßen Defizite hat – die Schuld zuschob. Es spielten auch handfeste politische Entscheidungen eine Rolle, wenn die Bundesregierung es vorzieht, milliardenschwere Rüstungsaufträge innerhalb Europas zu vergeben. Der NH90 wird zum Teil in Deutschland gebaut, der Chinook in den USA. Hier geht es ganz klar auch um Arbeitsplätze und strategische, wirtschaftspolitische Entscheidungen. Das ist nachvollziehbar – nur sollten diese Entscheidungen nicht wider besseres Wissen zulasten der Truppe – und wie im Fall des NH90 auch zulasten des Steuerzahlers – gefällt werden. Es kann ja nicht das Ziel sein, eine unfähige Rüstungsindustrie planwirtschaftlich zu subventionieren, und die Soldatinnen und Soldaten müssen es dann – unter zum Teil lebensgefährlichen Bedingungen – ausbaden. Wieder stehen wir vor der Frage: Möchte man – Norwegen hat es im Fall des NH90 vorgemacht – eine einsatzbereite Armee haben, oder nimmt man es damit nicht so genau? Letzteres zeigt sich auch an der Personalpolitik der Bundeswehr.

5. Wir? Dienen? Deutschland?

Soldaten ohne Uniform

Die Rekruten warten im Besprechungsraum. Nachzügler trudeln ein und gehen an mir vorbei, während ich das Laptop und den Beamer aufstelle. Es gehört zu meinen Aufgaben, den »Neueinsteigern« die Arbeit des Bundeswehrverbands vorzustellen. Gerade für sie ist es wichtig, dass sie auch außerhalb der Bundeswehr einen Ansprechpartner haben, der ihnen bei Fragen und Problemen weiterhilft. »Sind wir vollzählig?«, möchte ich wissen. 50 junge Menschen sitzen vor mir. Einige haben Schreibzeug dabei. Was mir sofort auffällt, ist, dass alle im Sportanzug erschienen sind. Der blauschwarze Trainingsanzug mit dem Hoheitsabzeichen auf der rechten Brustseite ist zwar bequem, ebenso ist Dienstsport eine gute Sache, aber normalerweise geht man nach dem Sport zum Duschen, zieht die durchgeschwitzten Klamotten aus und den Feldanzug an. Flecktarn ist angesagt und im Dienst angemessen, würde ich meinen. »Kommt ihr gerade vom Sport?«, frage ich. Einige drucksen herum. »Äh, nein, eigentlich nicht«, sagt ein junger Mann. Weiter hinten kichert jemand. »Nee, vom Sport kommen wir nicht«, höre ich. Mir kommt das Erscheinungsbild der Gruppe merkwürdig vor. »Warum seid ihr dann alle im Sportanzug hier?« Wieder geht ein Murmeln und Kichern durch den Raum. »Na, wir haben noch keine Uniformen bekommen«, sagt wieder der junge Mann. »Wie das denn? Wie lange seid ihr denn schon dabei?« Ich denke mir, dass ich in meinen Combat-Hosen und mit dem Tactical Basecap – ein Basecap, bei dem sich auf Klettflächen taktische Patches und IR-Reflektoren anbringen lassen – wahrscheinlich militärischer aussehe als diese angehenden Soldaten und Soldatinnen. Das Outfit ist eher ungewöhnlich für einen Zivilisten, aber bei mir ist es wohl die Macht der Gewohnheit. Wenn jemand klassisch mit Hemd, Krawatte und Sakko vor den Rekruten auftaucht, entsteht von vornherein eine gewisse Distanz. Im Grunde bin ich immer noch Soldat, und genau das spüren die Rekruten auch sehr schnell. Seit dem Ende meiner aktiven Zeit bei der Bundeswehr und meinen Einsätzen in Afghanistan laufe ich so herum. Wann immer ich ehemalige Kameraden treffe, stelle ich fest, dass wir alle nicht von dieser Kleidungswahl loskommen können.

»Wir sind seit vier Wochen in der Grundausbildung.« »Wie bitte?!« Ich bin ehrlich schockiert. Vier Wochen Grundausbildung und immer noch ohne Uniform! Ich kann mir beim besten Willen nicht vorstellen, wie man im Sportanzug eine vernünftige Gefechtsausbildung machen kann. Irgendwie tun mir die Rekruten leid. Um es nicht noch peinlicher zu machen, beginne ich mit meinem Vortrag. Ich zeige in meiner PowerPoint-Präsentation vieles über die Arbeit des Bundeswehrverbandes, aber immer auch einiges aus den verschiedenen Auslandseinsätzen und erzähle davon. Ich möchte ein realistisches Bild zeichnen und die jungen Menschen darauf vorbereiten, was sie bei der Bundeswehr und im Einsatz erwarten kann. Hier lege ich besonders Wert auf die Schilderung der Realität. Den Rekruten wurde zu viel »Utopisches« in Bezug auf Ausrüstung und Bekleidung von manchen Truppenwerbern vermittelt. Immer wieder blicke ich in ungläubige Gesichter. Nachdem ich angefangen habe, bessert sich die Stimmung. Die meisten Rekrutinnen und Rekruten hören konzentriert zu. Kein Wunder, denn es geht ja um ihre Zukunft. Innerlich verfluche ich die Inhouse-Gesellschaft BW-Bekleidungsmanagement GmbH, die es nach vier Wochen immer noch nicht geschafft hat, den angehenden Soldatinnen und Soldaten eine Uniform zu beschaffen. Aber es sind ja nicht nur die Uniformen, es sind auch andere Ausrüstungsgegenstände, die nur zum Teil verfügbar sind. Immer wieder höre ich von fehlender Gefechtsausrüstung. Da sinkt die Motivation schon in den ersten Tagen. Uniform und Erscheinungsbild sind ungeheuer wichtig für die Identität einer Truppe. Ziel der Grundausbildung ist, dass sich der Soldat und die Soldatin mit der Uniform – und dem, wofür sie steht: der militärischen Gemeinschaft – identifiziert. Ich selbst habe sie meistens mit Stolz getragen. Wenn es schon daran hapert, denke ich, während ich ein Bild aus der Wüste Afghanistans an die Wand projiziere, wie sieht es dann erst mit den Inhalten der Grundausbildung aus?

Ein halber Bleistift pro Mann oder die verfehlte Grundausbildung

Nach allem, was ich bei meinen Standortbesuchen zu hören bekomme – vieles davon im Vertrauen und unter der Hand –: nicht sehr gut. Die offiziellen Zahlen der Bundeswehr bestätigen meinen Eindruck. Etwa 40 Prozent aller Neueinsteiger brechen innerhalb der ersten zwei Wochen die Grundausbildung ab. Das liegt nicht etwa daran, dass sie besonders hart oder anspruchsvoll ist. Meiner Meinung nach sollte man gerade zu Beginn der Grundausbildung richtig loslegen, um zu sehen, wer besonders belastbar und wozu er geeignet ist, aber auch, um damit die Rekruten zu motivieren. Es kommt nicht von ungefähr, dass im Konzept der Grundausbildung vorgesehen ist, dass gleich am Anfang auch die Waffen- und Schießausbildung stattfindet. Wenn es hart hergeht und man das irgendwie durchhält, dann steigt auch das Vertrauen in die eigenen Fähigkeiten, und die Truppe wächst zusammen. Beides weiß ich aus eigener Erfahrung, da ich in meiner aktiven Dienstzeit sowohl die Grundausbildung wie auch etliche spezialisierte Ausbildungen durchlaufen habe. Darum kann ich sagen: Wenn sich jemand ernsthaft dazu entschlossen hat, Soldat zu werden, ist das Letzte, was er will, in der Kaserne herumzuhängen. Darum tut es mir in der Seele weh, wenn ich höre, dass es Rekruten gibt, die nach mehreren Monaten Grundausbildung noch keine Waffe in der Hand gehabt haben. Dies erzählte mir ein Feldwebel an einem Standort in Mitteldeutschland. Der Kamerad war ziemlich frustriert, denn abgesehen von der schwindenden Motivation ist die Schießausbildung mit das Wichtigste, das es in der Bundeswehr gibt – oder zumindest geben sollte. Schießen muss intensiv geübt werden, um eine Waffe zu beherrschen und sie sicher zu handhaben. Man kann ja schließlich nicht nur dem Feind Schaden damit zufügen, sondern bei unsachgemäßer Handhabung auch sich selbst und den Kameraden. »Man trifft erst nach dem 1.000. Schuss instinktiv das, was man treffen will«, hat einer meiner Ausbilder bei den Fallschirmjägern einmal gesagt. Der Mann hatte vollkommen recht. Gerade das Schießen unter Gefechtsbedingungen – denn das heißt oft auch unter Stress und Erschöpfung – will wirklich gelernt sein. Und das schafft man nur durch üben, üben, nochmals üben und üben. Um quasi »blind« zu treffen, das sogenannte Deutschießen, ohne durch das Visier der Waffe zu schauen – aus den ungewöhnlichsten Positionen –, braucht man sogar weit mehr als 1.000 Schuss. Diese Spezialdisziplinen muss natürlich nicht jeder Soldat beherrschen, aber mit seiner Waffe sollte er zumindest vertraut sein. Wenn man sich jetzt vor Augen hält, dass eine einzelne Patrone Standardmunition für das G36 etwa einen Euro kostet – plus Abnutzung der Waffe und Unterhalt der entsprechenden Schießanlagen –, kommt man schnell drauf, warum es mit der Schießausbildung im Rahmen der Grundausbildung bei der Bundeswehr nicht mehr weit her ist. Es fehlt an Geld – und nicht so sehr an gutem Willen. Die Schießausbildung wird dann zu einem großen Anteil in den Schießsimulator verlegt. Aus eigener Erfahrung kann ich sagen, dass das nicht ansatzweise der Realität entspricht. Gerade das Durchführen der Schießausbildung zeigt gravierende Defizite der Bundeswehr allgemein. Ein Ausbilder erzählte mir kürzlich eine verrückte Geschichte. Der Stabsunteroffizier war als stellvertretender Zugführer eingesetzt und sollte einen Zug durch die Grundausbildung bringen. Aber irgendwann gab es keine Stifte mehr. So blöd sich das jetzt anhört, aber die Rekruten hatten tatsächlich nichts mehr, womit sie etwas aufschreiben konnten. In der Grundausbildung ist es ein wenig so wie in der Schule, man muss sich auch mal Notizen machen und die Inhalte dann lernen. Normalerweise werden Papier und Schreibgerät zu diesem Zweck von der Bundeswehr gestellt. Doch hier war auf einmal nichts mehr da. Der Stabsunteroffizier wusste, wenn er eine Materialanforderung schreibt, wartet er ewig auf Schreibgerät, und das hilft ihm nicht weiter, wenn er die Grundausbildung zügig fortsetzen will. Gute Soldaten sind gewohnt zu improvisieren, und so ging er kurz entschlossen ins nächste Schreibwarengeschäft und kaufte auf eigene Kosten Bleistifte. Die ließ er dann in der Mitte durchsägen und gab jeweils einen halben Stift pro Mann aus. Problem gelöst, Ausbildung kann weitergehen. Ich bin mir nicht sicher, ob ich bei der Geschichte lachen oder weinen soll. Einerseits sind wir eine der fortschrittlichsten Nationen der Welt, was sich auch in unserer Armee zeigen sollte, andererseits müssen sich zwei Rekruten einen vom Ausbilder privat gekauften Bleistift teilen, weil ebendiese »hochmoderne« Armee keine Schreibgeräte zur Verfügung stellen kann. Ähnliches gilt für Uniformen und Munition. Wem sollte man es da also verdenken, wenn er nach solchen Erfahrungen am Sinn der Grundausbildung zweifelt?

Wer geht zur Bundeswehr?

»Zeitenwende heißt Kampfbereitschaft, heißt schnelle Verfügbarkeit, heißt Durchhaltevermögen«, sagte die damalige Verteidigungsministerin Lambrecht bei der Vereidigung von Rekruten im November 2022. Das bedeutet aber auch, dass man die Rekruten, von denen man diese Eigenschaften verlangt, überhaupt erst einmal richtig ausbildet. Zeitenwende heißt eben nicht automatisch Kampfbereitschaft, Durchhaltevermögen und schon gar nicht – nach all dem, was ich bereits über die Organisationsstrukturen der Bundeswehr gesagt habe – schnelle Verfügbarkeit. Zu diesen Qualitäten möchte man zwar hin, solche Soldaten will man haben. Doch abgesehen davon, dass man dazu eine qualitativ hochwertige Grundausbildung braucht – die es im Moment nicht gibt –, muss man auch gezielt solche Menschen ansprechen, die dazu in der Lage und bereit sind, dies alles zu leisten. Ich muss hier unbedingt erwähnen, dass es nicht an den Ausbildern liegt. Die Ausbilder erfüllen, was in den Vorgaben einer Allgemeinen Grundausbildung der Bundeswehr gefordert wird. Das Problem ist nur, dass diese Anforderungen sehr stark abgeschwächt wurden. Das hat damit zu tun, dass viele Rekruten diesen Anforderungen nicht gerecht werden können. Wenn in der Vergangenheit der Ton und die Vorgehensweise sehr robust waren, beschwerten sich häufig Rekrutinnen und Rekruten. Ganz wichtig: Ich spreche hier nicht von menschenverachtenden oder menschenunwürdigen Ausbildungsmethoden, die gehören, wann immer sie vorkommen, geächtet und streng bestraft. Viele Ausbilder haben selbst Einsatzerfahrung und wissen genau, was einem Soldaten im Ernstfall hilft. Darum wollen sie den Rekrutinnen und Rekruten gewisse Härten und Entbehrungen vom ersten Tage an näherbringen. Damit erhöhen sich deren Chancen, in echten Einsatzszenarien klarzukommen. Es kann einem Soldaten eigentlich nichts Besseres passieren, als von einsatzerfahrenen Vorgesetzten zu lernen. Aber hier treffen mitunter zwei Welten aufeinander. Dazu kommt noch, dass sehr viele junge Menschen nicht mehr in der Lage sind, ihren Lebensalltag ohne familiäre Unterstützung und Obhut zu bestehen. Die älteren Generationen sind noch im Wald, dem Sportverein, in der Natur groß geworden, weil es einfach diese ganzen Spielereien nicht gab, die heute auf die Jugend einprasseln. Es ist ein Generationenproblem. Da sagt sich die Bundeswehrführung natürlich, wir müssen unsere Anforderungen anpassen. So kommen die hohen Absprungquoten auch zustande.

Angesichts der erwähnten Ausfallquote von etwa 40 Prozent in den ersten zwei Wochen zweifle ich daran, dass die Bundeswehr mit ihrer Personalpolitik hier richtigliegt. Wie kommt eigentlich jemand zur Bundeswehr? Wo kann er sich informieren und bewerben? Die Bundeswehr selbst sagt: »Wer eine Karriere bei der *Bundeswehr* anstrebt, hat die *Karrierecenter* als erste Anlaufstelle.« 16 Karrierecenter und 110 sogenannte Karriereberatungsbüros sind flächendeckend über Deutschland verteilt. Karrierecenter hört sich für meinen Geschmack – ähnlich wie Rüstungsmanagement – nicht ganz zutreffend an. Man könnte auf den Gedanken kommen, hier ginge es um die Karriere in einem ganz normalen Unternehmen. Genau diesen Eindruck wollen leider auch viele der Berater in den Karrierecentern den Interessierten vermitteln. Sie sind sozusagen Erstkontakt für die zukünftigen Rekrutinnen und Rekruten. Gerade weil das so ist, wäre es wichtig, dass sie Sachkenntnis, eigene Erfahrungen und korrekte Informationen anbieten könnten. Doch damit können sie in den meisten Fällen nicht dienen. Das merke ich daran, dass Rekruten mit ihren Fragen oft im Nachhinein zu mir kommen. Immer, wenn ich eine Unterrichtung in einer Kaserne abhalte, haben die Soldaten und Soldatinnen die Möglichkeit, besondere Anliegen, Sorgen und Probleme anzusprechen. Dafür habe ich in meinem Vortrag extra einen Puffer eingeplant. Sollte die Zeit nicht ausreichen, gebe ich den Rekrutinnen und Rekruten die Möglichkeit, mich hinterher zu kontaktieren und das Problem ausführlich zu besprechen. Der Bundeswehrverband bietet Hilfe und Beratung an. Viele Kameradinnen und Kameraden nehmen dieses Angebot wahr. Darum habe ich einen ganz guten Überblick darüber, wo der Schuh am meisten drückt. Erschreckend ist, wie oft es den Rekrutinnen und Rekruten darum geht, an eine andere Stelle versetzt zu werden beziehungsweise eine andere Verwendung zu bekommen. Dabei kommen sie doch gerade erst aus einer – wenn man der Bundeswehr glauben will – intensiven und fachkundigen Beratung durch die Karrierecenter.

Dort soll einem Neueinsteiger detailliert personenspezifisch erläutert werden, was die Bundeswehr ihm zu bieten hat und wo sie ihn einsetzen kann. In den Einstellungsgesprächen klingt das auch alles schön und gut, doch wenn die Rekrutinnen und Rekruten dann ihren Dienst antreten, erleben viele von ihnen eine böse Überraschung. So erzählte mir zum Beispiel ein junger Mann, dass er zu den Fallschirmjägern gehen wollte, was ihm auch zugesagt wurde, doch dann hieß es auf einmal, dort seien gerade keine

Dienstposten frei. Die Bundeswehr schickte ihn zur Grundausbildung und wollte ihn für irgendetwas ganz anderes – ich glaube, es war die Artillerie – einsetzen. Der Rekrut hatte sich aber ausdrücklich unter der Voraussetzung – und mit der Zusage des für ihn zuständigen Karriereberaters – verpflichtet, dass er als Fallschirmjäger ausgebildet würde. Da ich selbst den größten Teil meiner Dienstzeit bei der Fallschirmjägertruppe verbracht habe, habe ich dort immer noch den ein oder anderen Kontakt. Darum konnte ich relativ unkompliziert bei meinen ehemaligen Kameraden anfragen, ob sich nicht etwas für den jungen Mann tun ließe. Und siehe da, bei den Fallschirmjägern waren auf einmal doch offene Stellen zu besetzen. Ich freute mich, dass wir zumindest dieses Problem lösen konnten, doch leider ist das nicht immer der Fall und frustrierte Neueinsteiger verlassen die Bundeswehr wieder. Ein weiteres Beispiel, das mir zu denken gibt, ist das eines Rekruten, der als Oberleutnant in einem afrikanischen Land in den dortigen Streitkräften gedient hatte. Er ist sehr erfahren und hat auch bereits als Offizier Soldaten geführt. Der Mann besitzt auch die deutsche Staatsbürgerschaft und hatte sich bei der Bundeswehr beworben, da er aus familiären Gründen zurück nach Deutschland wollte und natürlich seine Chancen bei der Bundeswehr sah. Der fiel nichts Besseres ein, als ihn als freiwillig Wehrdienstleistenden in einem ABC-Abwehrbataillon unterzubringen. Dabei handelt es sich hier um einen voll ausgebildeten Soldaten mit jahrzehntelanger Afrikaerfahrung. Der wäre – so würde ich zumindest als Personalverantwortlicher denken – mit Sicherheit für jeden Planungsstab Afrika oder Ähnliches Gold wert. Wir erinnern uns, dass der größte Auslandseinsatz der Truppe in Mali stattfindet. Sogar innerhalb der Truppe sprach sich diese Vergeudung von Wissen und Fähigkeiten herum. Als ich davon Wind bekam, war mein spontaner Gedanke: »Für den Mann muss man etwas tun!« Auch hier war es zumindest möglich, dem Kameraden die Optionen aufzuzeigen, die für ihn eventuell funktionieren könnten. Ich hoffe, dass er nun gemäß seinen Fähigkeiten in die entsprechende Verwendung kommt. Ich muss erwähnen, dass ich den Rekrutinnen und Rekruten keine Garantien geben kann, aber es ist schon sehr verwunderlich, dass es möglich ist, ihnen mit ein wenig Hintergrundwissen, Kontakten und Engagement zumindest eine Perspektive aufzuzeigen. Letztendlich kann es ja nur im Interesse der Bundeswehr sein, wenn sie fähige Leute auch dort einsetzt, wo sie ihr optimal dienen. Was ich aus allen Gesprächen zu diesen Themen heraushöre, ist, dass in den Karrierecentern sehr oft vollkommen ungeeignetes Personal sitzt. Sehr oft sind das Verwaltungsfachangestellte, die niemals bei der Bundeswehr gedient haben und sich überhaupt nicht auskennen. Sie machen ihren Job schlecht und kümmern sich nicht weiter darum, was für die Menschen, die sie möglicherweise falsch beraten haben, und auch für die Bundeswehr dabei herauskommt. Dabei müsste man doch gerade hier – als »erster Ansprechpartner«, wie die Bundeswehr sagt – besonders erfahrene Soldaten haben, die wissen, wovon sie reden und dem Neuling ein realistisches Bild vom Dienst in der Truppe vermitteln können. Die Bundeswehr hat schließlich immer noch einiges zu bieten. Wenn jemand wirklich motiviert ist, gibt es ziemlich viele Möglichkeiten, etwas aus seiner Dienstzeit zu machen. Stattdessen versprechen die Karriereberater den Leuten das Blaue vom Himmel, ohne zu wissen, wovon sie reden und ob die Bundeswehr diese Zusagen überhaupt einhalten kann – meistens ist das nicht der Fall. Im Jahresbericht der Wehrbeauftragten des Bundestages (2021) heißt es dazu: »*Denn häufig wenden sich Petenten* [Soldatinnen und Soldaten, die eine Eingabe machen] *mit der Kritik an die Wehrbeauftragte, sie seien bei der Beratung im Karrierecenter unzureichend aufgeklärt worden.*

Auch Vorgesetzte äußerten bei Truppenbesuchen Kritik, dass Soldatinnen und Soldaten mit falschen Vorstellungen zu ihnen in die Einheiten geschickt würden.« Ich habe den Eindruck, dass es nur darum geht, eine Art Plansoll zu erfüllen und zahlenmäßig genügend Personal anzuwerben. Ob diese Menschen dann die geeigneten Voraussetzungen mitbringen, spielt in den Karrierecentern auch keine Rolle: Die schon erwähnte Tatsache, dass etwa 40 Prozent der Rekruten innerhalb der ersten zwei Wochen wieder »aussteigen«, spricht für sich.

Zu jung, zu ungeeignet: Die Bundeswehr sucht mit allen Mitteln Rekruten

In diesem Zusammenhang muss ich auch auf die beunruhigende Tatsache eingehen, dass vermehrt Minderjährige den Dienst in der Bundeswehr antreten. Theoretisch ist es möglich, bereits mit 17 Jahren bei der Truppe anzufangen, vorausgesetzt, man hat dazu die Einwilligung der Eltern. Was die Verwendung betrifft – zum Beispiel bei Auslandseinsätzen und im Wachdienst –, gelten gewisse Einschränkungen, doch ansonsten bildet die Bundeswehr Minderjährige zu Soldaten aus. Allein im Jahr 2021 hat die Bundeswehr 1.239 minderjährige Rekruten aufgenommen. Laut internationalem Recht ist das zumindest fragwürdig, wenn nicht sogar illegal. Denn bereits im April 1992 hat die Bundesrepublik Deutschland dem Übereinkommen über die Rechte des Kindes der Vereinten Nationen zugestimmt. Damit ist die sogenannte UN-Kinderrechtskonvention (UN-KRK), die seit 1990 völkerrechtlich gilt, in Deutschland verbindlich – oder sollte es zumindest sein. In der Kinderrechtskonvention wird ganz klar ein Mindestalter für den Militärdienst und einen Beitritt zu Streitkräften auf 18 Jahre festgelegt. Die Bundeswehr setzt sich darüber hinweg. Meiner Ansicht nach ist das in diesem Zusammenhang tatsächlich völkerrechtswidrig. Die Wehrbeauftragte des Bundestages Eva Högl ist sich der Problematik offensichtlich bewusst: »Es ist daher sehr kritisch zu sehen, dass die Bundeswehr weiterhin Minderjährige einstellt«, sagt sie. Und weiter: »Die Bundeswehr sollte ihre Einstellungspraxis im Hinblick auf Minderjährige überdenken, zumindest sollten die Ausbildung und der Dienst an der Waffe erst mit dem Erreichen der Volljährigkeit durchgeführt werden.« Das berühmte Hintertürchen lässt die Wehrbeauftragte mit dieser Aussage bedauerlicherweise offen. Die Kinderrechtskonvention spricht ganz klar von Militärdienst an sich, und unterscheidet nicht zwischen einer »Ausbildung« und »Dienst an der Waffe« oder anderen Formen von Militärdienst. Dienst in den Streitkräften ist Militärdienst, und der ist nichts für Minderjährige. Punkt. Ich weiß nicht, wem Frau Högl da etwas vormachen will, aber ich finde es peinlich. Gerade bei der Umsetzung von Kinderrechten sollte man keine faulen Kompromisse eingehen und sich irgendwie um die völkerrechtlich verbindlichen Bestimmungen herummogeln wollen. Doch beinahe alle Verantwortlichen tun das. Der ehemalige Wehrbeauftragte Hans-Peter Bartels schrieb dazu ebenfalls in einem Jahresbericht: *»Die Einstellung Minderjähriger sollte die Ausnahme bleiben, Volljährigkeit die Norm.«* Abgesehen davon, dass man auch hier wieder dazu bereit ist, bei der Wahrung von Kinderrechten »Ausnahmen« zu machen, stimmt das sachlich so nicht. Die Tendenz bei der Einstellung Minderjähriger in der Bundeswehr steigt. Nur einmal ging sie im Corona-Jahr 2020 kurzfristig zurück. Im Jahresbericht der Wehrbeauftragten (2021) heißt es dazu: *»Im Berichtsjahr wurden 1.239 17-Jährige eingestellt (7,4 Prozent aller Dienstantritte), ein Plus von 91 gegenüber 2020. Davon waren 1.000 Männer (81 Prozent) und 239 Frauen (19 Pro-*

zent).« Bei 1.239 minderjährigen Rekrutinnen und Rekruten würde ich nicht mehr von »Ausnahmen« sprechen. Sie stellen immerhin 7,4 Prozent aller Dienstantritte in diesem Zeitraum dar. Zum Vergleich: Das Verteidigungsministerium gibt den Anteil der Soldatinnen in der gesamten Bundeswehr mit »mehr als 13 Prozent« (2022) an. Sind das auch Ausnahmen, die da bei der Einstellung von Frauen gemacht werden? Wohl kaum. Es ist bewusst gewollte und geplante Personalpolitik. Die Missachtung der Rechte Minderjähriger, wie sie die UN-Kinderrechtskonvention vorschreibt, wird in der Bundeswehr zwar als »Ausnahme« schöngeredet, doch sie ist angesichts der aktuellen Zahlen leider fast zur Regel geworden.

Die Bundeswehr sucht offensichtlich mit allen Mitteln Rekruten. Dazu wurden Online-Offensiven gestartet und aufwendige Werbekampagnen – oftmals entwickelt von externen Beratern – geschaltet. Eine Art Geheimwaffe ist die sogenannte »Pop-Up-Karriere-Lounge«. Wer sich jetzt wundert, dass er im militärischen Sprachgebrauch auf einen derart bizarren Begriff stößt: Es kommt noch besser. Denn die Pop-Up-Karriere-Lounge ist Teil der »Recruiting-Eventkultur«. Recruiting-Eventkultur! Mal ernsthaft: Was hat sich die Bundeswehr hier wieder einfallen lassen? Welche Zielvorgabe und was genau sich hinter den Begriffen verbirgt, wird im Jahresbericht der Wehrbeauftragten erläutert:

»Das Instrument der temporären Pop-Up-Karriere-Lounge als Bestandteil der Recruiting-Eventkultur will die Personalgewinnungsorganisation ebenfalls verstetigen, um gezielt Interessierte für eine Beschäftigung bei der Bundeswehr in Mangelverwendungen zu gewinnen. So betrieb sie im Berichtsjahr eine derartige Lounge während der Bundesgartenschau in Erfurt. Einheiten aus der Region präsentierten ihre Berufs- und Ausbildungsmöglichkeiten, und Interessierte konnten sich umfassend über Berufswege und Karrieremöglichkeiten bei der Bundeswehr informieren. Insgesamt wurden in

der Pop-Up-Karriere-Lounge 13.264 Kontakt- und Beratungsgespräche gezählt, aus denen sich 2.787 sogenannte Qualitätskontakte ergaben (Abgabe von personenbezogenen Daten von denjenigen, die ein konkretes Einstellungsinteresse in die Bundeswehr bekunden). Aus diesen resultierten seit Ende September 2021 bereits rund 500 formelle Erstberatungsgespräche bei der Karriereberatung. Bis Ende 2021 erhielt die Bundeswehr 91 konkrete Bewerbungen für Mangelbereiche. Damit erweist sich die Pop-Up-Karriere-Lounge als sehr erfolgreiches Instrument der Personalgewinnung.«

Im Ernst? 91 konkrete Bewerbungen – was auch immer das heißen mag – aus 13.264 Beratungsgesprächen finde ich nicht sehr erfolgreich. Außerdem wird nichts darüber gesagt, wie viele der Bewerber dann tatsächlich ihren Dienst bei der Truppe angetreten haben – und wenn, wie lange sie überhaupt dabeigeblieben sind. Was für mich am problematischsten ist, ist, dass man hier gezielt Menschen anspricht, die möglicherweise für den Soldatenberuf total ungeeignet sind: Das Militär ist keine Eventkultur und auch nicht Teil einer Spaßgesellschaft. In der Bundeswehr geht es um ganz andere Werte. Muss es auch, denn vom Soldaten werden Disziplin, Kameradschaft und Opferbereitschaft verlangt. Oder um es mit den Worten der früheren Verteidigungsministerin Lambrecht zu sagen: »Zeitenwende heißt Kampfbereitschaft, heißt schnelle Verfügbarkeit, heißt Durchhaltevermögen.« Anders geht es nicht, wenn man beispielsweise in einem abgelegenen Außenposten in Afghanistan seinen Auftrag erfüllen soll. Soldatinnen und Soldaten müssen sich Härten aussetzen, die es im Zivilleben meist so nicht gibt. Ich spreche hier nicht einmal von Risiken durch Kampfhandlungen, bei denen Verwundung oder schlimmstenfalls Tod drohen können, sondern erst einmal von körperlichen Strapazen und Unbequemlichkeiten. Wenn ich die Standorte der Bundeswehr besuche, klagen mir fast immer die Ausbilder ihr Leid. Ein altgedienter Feldwebel – Veteran mehrerer

Auslandseinsätze – brachte es einmal so auf den Punkt: »Achim, ich habe hier Leute, die, wenn sie in die Kaserne kommen, als Erstes nach dem W-LAN fragen, wann sie am nächsten Wochenende nach Hause dürfen. ›Wie, hier gibt's kein Wi-Fi?‹ Das können die gar nicht fassen. So was kennen die von zu Hause nicht. Jetzt sag mir mal, wie soll ich so jemanden ausbilden?« Das ist sicherlich keine einfache Aufgabe, um es mal vorsichtig auszudrücken. Die Vertreter der Generation, die jetzt der Bundeswehr als Rekruten zur Verfügung stehen, haben wahrscheinlich mehr Zeit vor dem Computer als beim Sport oder im Freien verbracht. Die einhellige Meinung der Ausbilder geht jedenfalls dahin, dass die körperliche Leistungsfähigkeit sehr zurückgegangen ist. Damit sinkt natürlich auch die Verwendbarkeit dieser Menschen für bestimmte Aufgaben. Jemand, der nach einem Lauf von sieben Kilometern so kaputt ist, dass er nicht mehr klar denken oder zielsicher schießen kann, ist eben kein einsatzbereiter Soldat. Sobald es unbequem oder unangenehm wird, sind viele Rekruten nicht mehr willens, ihre Ausbildung fortzusetzen. Ich wurde Zeuge davon, wie während der Gefechtsausbildung ein junger Mann zu seinem Unteroffizier sagte: »Ich bin als IT-Spezialist eingestellt worden, mit dem ganzen Kampfkram habe ich nichts zu tun.« Der »ganze Kampfkram«, damit meint der junge Mann das soldatische Handwerk, das ihm die Grundausbildung vermitteln soll. Ich habe großen Respekt vor dem Ausbilder, denn er blieb in dieser Situation erstaunlich ruhig. Ich wäre dazu nicht so ohne Weiteres in der Lage gewesen. Er erklärte anschaulich und mit vernünftigen Worten den Rekruten, dass sie auch dann, wenn sie im rückwärtigen Raum eingesetzt werden – in einem Lager, an einem Computer, in einer Küche oder wo auch immer –, in der Lage sein müssen, diesen Ort zu verteidigen. Auch dann, wenn sie nicht zu den Kampftruppen gehören. Denn in dem Moment, in dem diese Örtlichkeit angegriffen und möglicherweise zerstört wird, da wird auch die Gesamtsituation bedroht. In den Feldlagern der Bundeswehr wird dieser Gedanke – zum Teil hervorragend – umgesetzt. Wenn aber nun jemand zur Bundeswehr geht und von vornherein sagt »Ich bin IT-Spezialist, und mit dem Kampf will ich nichts zu tun haben«, dann ist er eigentlich nichts weiter als ein störender Faktor in der Grundausbildung. Das kann den ganzen Zug herunterziehen und eine vernünftige Ausbildung unmöglich machen. Man mag jetzt das für Kleinigkeiten halten, einzelne Punkte, doch das Problem ist, dass sich diese Kleinigkeiten summieren. Und wenn dies der Fall ist, dann haben die Ausbilder keine Chance, sich auf das Wesentliche – die Vermittlung des soldatischen Handwerks – zu konzentrieren, sondern sie müssen sich damit aufhalten, den Leuten zu erklären, was sie überhaupt machen und wozu das gut sein soll. Hier macht die Bundeswehr einen großen Fehler, weil sie Menschen anspricht, die für den Soldatenberuf ungeeignet sind. Die Truppe braucht zwar Techniker, IT-Spezialisten und dergleichen, aber – wie ich erklärt habe – sinn- und auftragsgemäß solche, die sich in erster Linie als Soldaten verstehen und diese Leistung auch bringen. Für viele Neueinsteiger ist das Gehalt am attraktivsten. Die Bundeswehr zahlt nicht schlecht. Ein freiwillig Wehrdienstleistender fängt an mit 1.400 bis 1.500 Euro, das ist weit mehr als ein übliches Azubi-Gehalt. Ein Zeitsoldat mit niedrigem Dienstgrad erhält zu Anfang 1.950 Euro im Monat. Man kommt also recht schnell auf eine ziemlich gute Besoldung. Die Bundeswehr stellt sich bei der Nachwuchsgewinnung als Arbeitgeber mit den erwähnten Vorteilen dar. Hier präsentiert sie sich fast so wie ein x-beliebiger ziviler Arbeitgeber, und oftmals werden die besonderen Anforderungen des militärischen Alltags oder gar die Gefahren der Auslandseinsätze verschwiegen. Das inkompetente Personal in den Karrierecentern tut ein Übriges. So kommen viele Menschen mit vollkommen falschen Vorstellungen und ohne die nötigen Voraussetzungen zur Truppe.

Zu viele Häuptlinge, zu wenig Indianer?

In Kapitel 2 habe ich aufgezeigt, dass die Personalkosten den Löwenanteil des Wehretats verschlingen. Die Bundeswehr gibt Milliarden für Personal aus, hat aber trotzdem Nachwuchsprobleme. Wie passt das zusammen? Die Erklärung liegt darin, dass überproportional viele höhere Dienstgrade einer abnehmenden Zahl von Mannschaftsdienstgraden gegenüberstehen. Unter Mannschaftsdienstgrad versteht man alles ab dem Einstiegsdienstgrad – Schütze, Flieger, Matrose, je nach Teilstreitkraft – über die Ränge der Gefreiten bis hin zum Korporal und Stabskorporal. Darauf folgen in der Rangordnung die Unteroffiziersdienstgrade und Feldwebeldienstgrade, die entsprechend ihrer Verwendung den Mannschaftsdienstgraden recht nahestehen. Die Bundeswehr selbst bezeichnet die Mannschaftsdienstgrade als »das Rückgrat der Truppe«. Die Mannschaften, Unteroffiziere und Feldwebel sind die Soldaten, die kämpfen sollen und in vielen Bereichen den Laden am Laufen halten. Die Verwendung als Mannschaftsdienstgrad kann bis zu 23 Jahren betragen. In dieser Zeit kommt eine Menge an Erfahrung zusammen. Tatsächlich stammen aus diesem Bereich die meisten Ausbilder in der Bundeswehr. Es sind die Soldatinnen und Soldaten, die meines Erachtens am besten über den Zustand der Truppe Bescheid wissen. Sie sind nämlich am nächsten dran. Dem gegenüber stehen die höheren Dienstgrade, alles vom Offizier aufwärts bis zum General. Verwendungsgemäß haben diese Dienstgrade mehr mit administrativen und abstrakten Aufgaben zu tun. Sie sollen die Truppe von oben führen und nicht nur einen Zug, einen Panzer oder einen Trupp. Wenn ich mir die aktuellen Personalzahlen des Verteidigungsministeriums (Oktober 2022) anschaue (ich beziehe mich auf die Zahlen der Soldatinnen, deren Anteil 13 Prozent der Bundeswehr beträgt, in Zahlen 24.047), dann sehe ich, dass es 5.663 Mannschaftssoldatinnen gibt, daneben 3.519 Unteroffizierinnen ohne Portepee. Außerdem 8.121 Unteroffizierinnen mit Portepee. Der traditionelle Begriff Portepee bezeichnete eine Schlaufe am Säbel, die die höheren Unteroffiziersdienstgrade (Feldwebel, Oberfeldwebel, Hauptfeldwebel, Stabsfeldwebel und Oberstabsfeldwebel) in früheren Jahrhunderten getragen haben. Als dienstgradhöchste Gruppe dienen 6.744 Offizierinnen in der Bundeswehr. Bei den männlichen Soldaten ist das Verhältnis ähnlich. Ich bringe die Rechnung jetzt einmal sehr vereinfacht auf den Punkt: In der Bundeswehr gibt es mehr Offiziere als Mannschaftssoldaten. Abgesehen davon, dass das sehr viel Geld kostet (ein Offizier bezieht etwa 4.000 Euro Sold brutto im Monat), ist dieses Missverhältnis nicht sehr sinnvoll, da die Bundeswehr ja selbst sagt, dass die Mannschaftsdienstgrade »das Rückgrat der Truppe« sind. Hier trägt das Rückgrat offensichtlich einen überdimensional großen Kopf. Das kann nicht gut gehen.

Dieser Überhang an höheren Dienstgraden wird im Wesentlichen durch zwei Faktoren bestimmt. Seit Jahrzehnten wird die Zahl aller Soldaten, die in der Bundeswehr dienen, stetig reduziert. Die Verkleinerung der Truppe trifft aber nicht etwa alle Dienstgradgruppen in gleichem Maße, sondern überwiegend die Mannschafts- und Unteroffiziersdienstgrade. Verträge von Zeitsoldaten werden nicht verlängert, man will offensichtlich dort Personal abbauen, wo es am einfachsten ist. Bei den höheren Dienstgradgruppen ist das schwieriger. Außerdem werden mehr

Soldatinnen und Soldaten befördert als im Gegenzug neue mit niedrigen Dienstgraden eingestellt werden. Ich habe bereits darauf hingewiesen, dass gerade in der Rekrutenausbildung die Feldwebel und Unteroffiziere fehlen. Das führt dazu, dass die Grundausbildung – ohnehin nur drei Monate – noch weiter in ihren Inhalten gestrafft wird. So finden aus Personal- und Zeitmangel kaum noch längere Märsche und dergleichen statt. Die braucht es aber, um die körperliche Leistungsfähigkeit der Rekruten zu steigern und ein Gemeinschaftsgefühl zu entwickeln. Ein weiterer Faktor für den Überhang an höheren Dienstgraden sind die sogenannten Seiten- oder Quereinsteiger. Hier handelt es sich um Soldatinnen und Soldaten, die vor dem Eintritt in die Bundeswehr ein Studium oder eine Berufsausbildung abgeschlossen haben. Sie werden direkt mit einem höheren Dienstgrad – der natürlich auch höher besoldet ist – eingestellt. So werden beispielsweise Ärzte oder Ingenieure direkt als Offiziere verpflichtet, wer eine Berufsausbildung – die natürlich für die Bundeswehr interessant sein muss – abgeschlossen hat, als Unteroffizier oder Unteroffizier mit Portepee. Zwar müssen die Seiteneinsteiger auch die Grundausbildung absolvieren, doch im Wesentlichen geht es der Bundeswehr darum, sie entsprechend ihrer Berufe einzusetzen. Hierin liegt ein ganz wesentliches Problem, denn die Seiteneinsteiger sind – obwohl sie einen hohen Dienstgrad haben – keine qualifizierten Soldaten. Ein Offizier, Feldwebel oder Unteroffizier hat definitionsgemäß die Aufgabe, Soldaten zu führen. Das bedeutet, er muss dazu in der Lage sein, ihnen möglicherweise auch unter schwierigen Bedingungen zu befehlen, was sie zu tun haben. Das wird den einzelnen Dienstgraden in den entsprechenden Ausbildungen bei der Bundeswehr beigebracht. In einer zivilen Ausbildung oder einem Hochschulstudium lernt man das nicht. Ich musste in Afghanistan mehrfach erleben, wie höhere

Dienstgrade in einer Gefechtssituation versagten. Die Männer froren förmlich ein, als die ersten Schüsse fielen, und waren nicht mehr dazu in der Lage, ihre Aufgabe zu erfüllen. Zum Glück waren andere Soldaten zur Stelle, die einen klaren Kopf und die Fähigkeit zum Handeln behielten. Ich möchte hier niemandem einen Vorwurf machen. Es kann durchaus vorkommen, dass Personen bei einer hohen Belastungslage zusammenbrechen. Das ist eine ganz normale menschliche Reaktion, zeigt aber auch, dass die Kameraden, von denen ich spreche, auf solche Situationen nicht vorbereitet waren. Gerade dann, wenn Schüsse fallen und Explosionen zu hören sind, reagiert der Mensch nicht immer gleich. Aus diesem Grund ist es vielen Armeen wichtig, ihre Soldaten bereits im Übungsbetrieb an solche Szenarien heranzuführen. Man setzt die Soldatinnen und Soldaten in der Ausbildung regelmäßig Extremsituationen aus, in denen Schusswechsel und Lautstärke dargestellt werden. Das hat unter anderem den Grund, dass der Mensch sich an diese extremen Sinneseindrücke »gewöhnt« und sie ihn im Ernstfall nicht vollkommen unvorbereitet treffen. Bei der Bundeswehr ist das in Bezug auf die Seiteneinsteiger nicht der Fall. Man will diese Personen stattdessen schnellstmöglich in Führungsverantwortung bringen und kürzt darum die Ausbildung ab. Bei den Streitkräften anderer Nationen ist es üblich, dass möglichst schon am Anfang der Ausbildung festgestellt wird, ob ein Soldat überhaupt den Anforderungen eines Gefechtseinsatzes gewachsen ist. Wie verhält er sich angesichts einer Bedrohung? Wie geht er mit Stress um? Wenn die Ausbilder sehen, dass er damit nicht zurechtkommt, wird er auch sehr schnell wieder entlassen. Nach meiner Zeit bei der Bundeswehr habe ich in Israel bei verschiedenen Einheiten eine Ausbildung zum Personenschützer absolviert. Dort konnte ich eine ganz andere Mentalität kennenlernen. Es ging in erster Linie um die soldatischen Qualitäten im Kampfeinsatz. Es gibt dort Einheiten, in die kommt man nur, wenn man nachweisen kann, dass man bereits an Gefechtshandlungen teilgenommen hat. Die Verantwortlichen wollen sicher sein, dass der Soldat im Ernstfall entsprechend reagiert. Der Kampfeinsatz ist grundsätzlich gefährlich, und darauf muss sich die Bundeswehr zwingend bei der Personalauswahl und in der Ausbildung einstellen. Es mag brutal klingen, aber man sollte einem Rekruten auch sagen, wenn er dazu nicht geeignet ist. Alles andere ist fahrlässig. Was ich hier beschreibe, kann man nicht dem einzelnen Seiteneinsteiger zur Last legen. Es ist nicht sein persönliches Versagen, sondern vielmehr das des Systems Bundeswehr. Dieses System schafft Soldatinnen und Soldaten, die für die Verantwortung, die ihr Dienstgrad mit sich bringt, überhaupt nicht ausgebildet – und möglicherweise in manchen Fällen mental ungeeignet – sind. Außerdem haben laut Wehrbericht viele Seiteneinsteiger ein Problem damit, dass die Bundeswehr ihre Soldaten an jeden Standort versetzen kann, an dem sie sie benötigt. Was das für die Verwendung bei Auslandseinsätzen bedeutet, kann man sich vorstellen. Irgendwie habe ich den Eindruck, dass es sich bei diesen Soldaten mehr um »Zivilisten in Uniform« handelt. Der Führung der Bundeswehr ist es offenbar egal, dass sich ein überproportional großer Teil der Streitkräfte auf einem fetten Gehalt ausruht und nicht das tut, was er eigentlich soll: dem Auftrag der Bündnis- und Landesverteidigung nachkommen. Jede Soldatin und jeder Soldat legt einen Eid (§ 9, Soldatengesetz) ab. Darin heißt es: *»Ich schwöre, der Bundesrepublik Deutschland treu zu dienen und das Recht und die Freiheit des deutschen Volkes tapfer zu verteidigen, so wahr mir Gott helfe.«* Für mich bedeutet das, dass ich auch notfalls mit meinem Leben für diese Aufgabe eintrete. Jeder, der das nicht mit sich vereinbaren kann, gehört meiner Ansicht nach nicht in die Bundeswehr. Man kann die Aufgaben und Risiken, denen sich ein Soldat aussetzen muss, ziemlich unkompliziert auf den Punkt bringen: »Kämpfen. Töten. Sterben.« Die Bundeswehr tut sich damit schwer. Sie möchte sich lieber als Arbeitgeber präsentieren. »Wir. Dienen. Deutschland.«, ist der Slogan mit dem sie um Nachwuchs wirbt. Was die verfehlte Personalpolitik für die Einsatzbereitschaft bedeutet, wird leider weniger wahrgenommen. Umso mehr beunruhigen mich die Pläne der Bundesregierung, die Bundeswehr angesichts einer veränderten Bedrohungslage und möglicher Naturkatastrophen auch im Inneren Deutschlands einzusetzen. Angesichts der Tatsache des mangelhaften Ausbildungsstands frage ich mich, welche Art von Soldaten wir dann auf den Straßen erwarten können?

6. Hilfe, der Heimatschutz!

Stellen Sie sich vor, dass durch eine Naturkatastrophe oder einen Cyberangriff die kritische Infrastruktur in Ihrer Umgebung zerstört wird. In so einer Situation stehen Sie möglicherweise von jetzt auf gleich ohne Strom, ohne Wasser und ohne Heizung da. Vielleicht haben Sie noch für einige Tage Lebensmittel. Es trifft nicht nur Sie allein, Ihre Stadt oder die ganze Region sind betroffen. Viele Szenarien beschäftigen sich damit, was sich nach solchen Katastrophen noch alles ereignet. Es ist ja leider nicht so, dass die Bedrohungen vollkommen aus der Luft gegriffen sind. Naturkatastrophen häufen sich, Cyberangriffe auch, von Terroranschlägen rede ich gar nicht erst. Verschlimmert wird der Schlamassel dadurch, dass die Digitalisierung viele Gesellschaften – darunter die Bundesrepublik – wesentlich angreifbarer gemacht hat. Man kann fast alles von außen sabotieren. Wasserversorgung, Elektrizität und Kommunikation können schwer beschädigt werden, ohne dass sich der Angreifer überhaupt in die Nähe des Ziels begeben muss. Sämtliche Szenarien haben eines gemeinsam: Auf die Katastrophe folgt der zeitweilige Zusammenbruch der öffentlichen Ordnung. Wenn lebenswichtige Ressourcen knapp werden, gehen die meisten Menschen dahin, wo sie etwas zu finden hoffen. Öffentliche Einrichtungen – Krankenhäuser, Verwaltungsgebäude zum Beispiel – haben meistens Vorräte und auch eine eigene Energieversorgung. Es ist naheliegend, dass Sie sich irgendwann dorthin auf den Weg machen. So wie Ihnen ergeht es vielen Menschen. Alle sind verzweifelt, möglicherweise verletzt und auf der Suche nach Hilfe. In so einer Situation geht es ums nackte Überleben. Solch einem Ansturm ist kein Krankenhaus gewachsen. Die Menschen lassen sich aber auch nicht einfach abweisen und gehen zurück nach Hause – wenn sie überhaupt noch eins besitzen. Es kommt zu Plünderungen. Ab jetzt herrscht das Recht des Stärkeren. Die Lage ist brisant und gefährlich.

Dass so etwas sehr schnell passieren kann, zeigt uns der Ukrainekonflikt. Die Auswirkungen des Angriffskrieges in den ersten Tagen waren exakt so wie zuvor beschrieben. Ich hatte und habe in diese Krisenregion sehr gute Kontakte. Da ich immer wieder Journalisten in Fragen der Eigensicherung berate und dadurch ungefiltert Informationen über die Gegebenheiten vor Ort erhalte, habe ich einen ganz guten Überblick und kann Folgendes berichten: Nach einem Tag war in vielen Bereichen das Handynetz gestört, nach drei Tagen die Stromzufuhr, was auch dazu führte, dass kein Bargeld mehr verfügbar war und man nicht mehr in Geschäften einkaufen konnte. Dadurch gingen ab dem vierten Tag die Plünderungen los, weil sich die Menschen mit Gewalt das besorgten, was sie für sich und ihre Familien benötigten. Das ist also kein Endzeitszenario, das ist die Realität. Als ich diese Szenarien in der Vergangenheit im Rahmen meiner Tätigkeit als Krisenberater unterrichtete, waren die Reaktionen sehr gemischt. Viele glaubten, dass so etwas in Deutschland nie passieren würde. Jetzt denken alle anders darüber.

Die Bundeswehr als Katastrophenhelfer

Nun stellen Sie sich diese Ereignisse aus der Sicht eines Soldaten vor. Die Bundeswehr hat ihn und seine Kameraden gleich zu Beginn der Ereignisse in Alarmbereitschaft versetzt. Das kann sie, wenn die rechtlichen Voraussetzungen dafür gegeben sind. Wegen der Erfahrungen während des Nationalsozialismus und im Zweiten Weltkrieg waren die Verfasser des Grundgesetzes vorsichtig, was ganz generell einen Einsatz der Bundeswehr im Inneren betrifft. Die Regierung sollte die größtmögliche politische und parlamentarische Kontrolle behalten, wenn es darum ging, Truppen im In- oder Ausland einzusetzen. Seinerzeit dachte man jedoch in erster Linie an den bewaffneten und weniger an den humanitären Einsatz der Truppe. Doch schon 1960 – fünf Jahre nach der Gründung der Bundeswehr – zeigte sich nach einem Erdbeben in Marokko die Notwendigkeit, Soldaten auch für Hilfseinsätze in Katastrophenlagen zu gebrauchen. Mehrere NATO-Staaten schickten damals Truppen nach Nordafrika, um die Erdbebenopfer zu versorgen. Die Bundeswehr, als neues NATO-Mitglied, wollte dabei nicht zurückstehen und verlegte Sanitätssoldaten und ein Feldlazarett. Das war rechtlich kompliziert, denn laut Grundgesetz durften deutsche Soldaten nur im klar definierten Verteidigungsfall – also im Kriegsfall, den das Parlament feststellen musste – in einen internationalen Einsatz geschickt werden. Die Führung der Bundeswehr unter dem damaligen Verteidigungsminister Franz Josef Strauß deklarierte darum den ersten humanitären Einsatz der Truppe als »Übung« – und umging wissentlich die Vorgaben des Grundgesetzes. Obwohl das seinerzeit keinen Schaden anrichtete – vermutlich war sogar das Gegenteil der Fall –, handelt es sich doch um ein fragwürdiges Vorgehen, da Öffentlichkeit und Parlament getäuscht wurden.

Heute bezeichnet die Bundeswehr ihren ersten humanitären Einsatz als »traditionswürdig«. Die Verschleierungstaktik des Verteidigungsministeriums, diesen Einsatz als »Übung« zu bezeichnen, halte ich zumindest für fragwürdig, da sich nicht ausschließen lässt, dass sich auch in Zukunft etwas ereignen kann, bei dem ein Einsatz der Bundeswehr durch das Grundgesetz zwar nicht legitimiert ist, sich aber ein Führungsverantwortlicher auf diese »Tradition« bezieht. Dabei sind die Möglichkeiten, die Bundeswehr auf humanitäre Missionen zu schicken und sie auch im Inland einzusetzen, heute viel größer, als es 1960 der Fall war.

Im Februar 1962 brach nach einem Orkan eine verheerende Sturmflut über Teile der deutschen Nordseeküste herein. Besonders Hamburg und Umgebung waren betroffen, da gigantische Wassermassen aus Richtung Meer in die Elbe gedrängt wurden. Große Teile der Stadt wurden überflutet, Deiche brachen. Andere drohten zu brechen. Viele Menschen wurden damals sprichwörtlich von der Katastrophe im Schlaf überrascht. Vielen blieb nichts anderes übrig, als sich auf die Dächer ihrer Häuser zu flüchten. Dort saßen die Verzweifelten und warteten auf Hilfe. Angesichts des Ausmaßes der Katastrophe wurde den Verantwortlichen – und den Politikern – schnell klar, dass Polizei, Feuerwehr, das Technische Hilfswerk und der Bundesgrenzschutz überfordert waren. Diese Organisationen hatten weder das nötige Personal noch die erforderliche Ausrüstung, um Tausenden innerhalb kurzer Zeit zu helfen. Die Bundeswehr dagegen besaß eine große Zahl von Helikoptern, Booten, Pioniergerät und die notwendige Manpower, um hier tatsächlich etwas zu bewirken. Der damalige Hamburger Innensenator – und spätere Verteidigungsminister sowie Bundeskanzler – Helmut Schmidt bat den Verteidigungsminister um den Einsatz der Bundeswehr. Franz Josef Strauß gab sein O. K., und die Truppe ging in ihren ersten Inlandseinsatz. Neun Kameraden kamen dabei ums Leben. In der Bevölkerung wurden die Rettungsmaßnahmen in Hamburg sehr positiv wahrgenommen. Auch Menschen, die nicht direkt betroffen waren, sahen zum ersten Mal, wozu die Bundeswehr in der Lage war und was sie leisten konnte. Es muss wirklich beeindruckend gewesen sein: Rettung aus der Luft, Brückenlegepanzer, Hunderte Soldaten im Einsatz, bei der Verstärkung von Deichen – und das alles in einer dramatischen Katastrophenlage. Nach den Ereignissen in Hamburg begriffen viele Menschen erst richtig, dass die Bundeswehr nicht nur für einen Krieg, sondern auch im Katastrophenfall gut zu gebrauchen war. Die Truppe hatte danach ein richtig gutes Image. Die Soldaten waren die Helfer in der Not. Das hat das Selbstverständnis und die Außendarstellung der Truppe auf Jahrzehnte geprägt. Selbst beim Afghanistan-Einsatz wurden die humanitären Aspekte vollkommen übertrieben in den Vordergrund gestellt. Der Führung der Bundeswehr war es lieber, dass man die Soldaten beim Bau eines Brunnens oder der Eröffnung einer Schule sah als bei dem, was eigentlich ihr Auftrag war: Aufständische und Taliban zu bekämpfen, um die Sicherheit im Land wiederherzustellen. Obwohl der Einsatz der Bundeswehr bei der Sturmflut in Hamburg unzweifelhaft eine riesige Leistung darstellt, war er doch auf eine zweifelhafte Weise traditionsstiftend: Die Bundeswehr wollte ihre Soldaten lieber als humanitäre Helfer sehen denn als kriegführende Kämpfer. Heute sagen Historiker und Experten, dass es ein Fehler war, die Soldatinnen und Soldaten in den Auslandseinsätzen als eine Art »bewaffnetes THW« darzustellen. Sie waren mit wesentlich gefährlicheren Dingen beschäftigt. In Afghanistan – Verteidigungsminister zu Guttenberg war der Erste, der es aussprach – führte die Bundeswehr Krieg.

Der Hamburg-Einsatz hatte auch zur Folge, dass das Grundgesetz geändert wurde. Für den Katastrophenfall wollte man eine verfassungsrechtliche Grundlage für den Einsatz der Bundeswehr im Inland schaffen. Im Juni 1968 trat die Grundgesetzänderung in Kraft. In Artikel 35 Absatz 2 hieß es nun:

> *»Zur Hilfe bei einer Naturkatastrophe oder bei einem besonders schweren Unglücksfall kann ein Land Polizeikräfte anderer Länder, Kräfte und Einrichtungen anderer Verwaltungen sowie des Bundesgrenzschutzes und der Streitkräfte anfordern.«*

Hier haben wir es mit dem Prinzip der Amts- oder Katastrophenhilfe zu tun. Im schlimmsten Fall sind die zivilen Einrichtungen überfordert und müssen Hilfe anfordern. So kann ein Bundesland, die Polizeikräfte und Feuerwehren der Nachbarländer um sogenannte Amtshilfe bitten. Die Bundesregierung kann das ebenfalls von sich aus veranlassen, wenn sie es für angemessen hält. Das Grundgesetz (Artikel 35 Absatz 2) sagt dazu:

> *»Gefährdet die Naturkatastrophe oder der Unglücksfall das Gebiet mehr als eines Landes, so kann die Bundesregierung, soweit es zur wirksamen Bekämpfung erforderlich ist, den Landesregierungen die Weisung erteilen, Polizeikräfte anderen Ländern zur Verfügung zu stellen, sowie Einheiten des Bundesgrenzschutzes und der Streitkräfte zur Unterstützung der Polizeikräfte einsetzen.«*

Im Sinne des Grundgesetzes sollen aus den erwähnten historischen Gründen – Erfahrungen während des Nationalsozialismus und im Zweiten Weltkrieg – die Streitkräfte nur dann im Inneren zum Einsatz kommen, wenn alles andere bereits erfolglos versucht wurde. Also müssen erst die zivilen Kräfte, die Polizei und dergleichen losgeschickt worden sein, und wirklich erst dann kommt die Bundeswehr ins Spiel. Ihr Einsatz ist als ultimativ letzte Option gedacht. Dann, wenn aus einer Notlage eine richtige Katastrophe geworden ist. Die Bundeswehr ist – zumindest theoretisch – für fast alles am besten ausgerüstet und aufgestellt. Zum Beispiel Helikopter: Zwar werden Hubschrauber auch von der Polizei, dem Bundesgrenzschutz und der zivilen Luftrettung geflogen, doch am besten ausgerüstet – auch zahlenmäßig – ist mit Abstand die Bundeswehr. Der ADAC verfügt zwar über Rettungshubschrauber, aber nicht über eine ganze Flotte von schweren und mittelschweren Transporthubschraubern. Bei der Nachtflugfähigkeit der Maschinen und Besatzungen gelten im zivilen Bereich erhebliche Einschränkungen, die Bundeswehr ist dazu ohne Weiteres theoretisch in der Lage. Außerdem finden sich schweres Pioniergerät – wie Brückenlege- oder Bergepanzer – und modern ausgestattete Feldlazarette nur bei der Truppe. Somit spricht tatsächlich einiges dafür, dass ein Einsatz im Falle einer Krise in Deutschland möglich und sinnvoll ist. Die Dauer eines solchen Einsatzes wird ebenfalls im Grundgesetz Artikel 35 Absatz 3 bestimmt: *»Maßnahmen der Bundesregierung nach Satz 1 sind jederzeit auf Verlangen des Bundesrates, im übrigen unverzüglich nach Beseitigung der Gefahr aufzuheben.«*

Damit scheint grundgesetzmäßig alles geregelt zu sein. Die Bundeswehr selbst hat in den vergangenen Jahren sehr positive Erfahrungen mit den Einsätzen im Inneren gemacht. Bei diversen Flut-, Hochwasser- und Schneekatastrophen haben die Kameradinnen und Kameraden hervorragende Arbeit geleistet. Die Bevölkerung und die Medien haben das ebenfalls lobend zur Kenntnis genommen. Im Jahr 2020 wurde die Bundeswehr bei der Bekämpfung der Corona-Pandemie deutschlandweit eingesetzt. Sanitätssoldaten halfen in Krankenhäusern und Pflegeheimen,

Sanitätseinrichtungen stellten Sauerstoff zur Verfügung, und die Bundeswehrkrankenhäuser bereiteten sich auf einen – zum Glück ausgebliebenen – Ansturm von Covid-Patienten vor. Der Einsatz der Task Force Corona war auch wieder eine Erfolgsgeschichte. Nur der strategische Medikamentenvorrat, den die Bundesregierung während des Kalten Kriegs vorgehalten hatte, fehlte. Wegen des weltweiten Lockdowns waren auf einmal nicht mehr alle Substanzen und Sanitätsmaterial lieferbar. Jeder von uns kann sich daran erinnern, wie schwer es in den ersten Monaten der Pandemie war, chirurgische Masken und Desinfektionsmittel zu bekommen. Das ging der Bundeswehr mangels ausreichender Bevorratung nicht anders. Inwieweit heute ein ausreichender Vorrat an Medikamenten und Sanitätsmaterial bei der Truppe vorhanden ist, um eine richtig große Katastrophenlage zu bewältigen, ist unklar. Da es aber sonst beinahe an allem – Beispiel Munition – zu wenig gibt, bin ich skeptisch.

Ein bewaffneter Heimatschutz?

Wenn wir uns die humanitären Einsätze im Inland in der Geschichte der Bundeswehr anschauen, waren sie sämtlich erfolgreich und trafen auf die breite Zustimmung der Bevölkerung. Jedoch hat sich in den letzten Jahren etwas Grundlegendes geändert, was den Einsatz der Truppe auf deutschem Boden betrifft: Es geht nicht mehr nur darum, Naturkatastrophen zu bewältigen, sondern auch um den Schutz der Heimat mit der Waffe. Wenn Soldatinnen und Soldaten Sandsäcke an einem Deich an der Oder befüllen, Menschen aus dem Ahrtal evakuieren oder in einem Pflegeheim aushelfen, tragen sie dabei keine Bewaffnung. Brauchen sie auch nicht, da sie ihren Auftrag ohne Waffen erfüllen können. Doch die Führung der Bundeswehr hat längst auch für Schlimmeres geplant. Im »Weißbuch Bundeswehr« von 2016 wird unter dem Motto »Zur Zukunft der Bundeswehr – Gestaltungsbereiche für eine zukunftsfähige Bundeswehr« auch über das Thema »Einsatz und Leistungen der Bundeswehr im Inneren« gesprochen. Die Verfasser beziehen sich auf den bereits erwähnten Artikel 35 des Grundgesetzes und die damit verbundene Möglichkeit eines Amtshilfeersuchens. Im »Weißbuch« wird zwar gesagt: *»Solche Maßnahmen sind auf die technisch-logistische Unterstützung – unterhalb der Schwelle zum Einsatz – beschränkt. Die Flüchtlingshilfe ist dafür ein aktuelles Beispiel. Zwangsmaßnahmen und hoheitliche Befugnisse kann die Bundeswehr auf dieser Grundlage nicht ausüben«*, doch wenig später weiten die Verfasser das Aufgabenspektrum bei möglichen Inlandseinsätzen dann doch aus: *»Das Vorliegen eines besonders schweren Unglücksfalls kommt auch bei terroristischen Großlagen in Betracht. Durch das Bundesverfassungsgericht wurde dabei bestätigt, dass die Streitkräfte zur Unterstützung der Polizeikräfte bei der wirksamen Bekämpfung des Unglücksfalls unter engen Voraussetzungen auch hoheitliche Aufgaben unter Inanspruchnahme von Eingriffs- und Zwangsbefugnissen wahrnehmen können.«* Damit finden wir im »Weißbuch Bundeswehr«, herausgegeben vom Bundesministerium für Verteidigung, eine sich widersprechende Aussage: Einmal ist die Bundeswehr nicht dazu berechtigt, Zwangsmaßnahmen und hoheitliche Befugnisse auszuüben, dann ist sie es angesichts besonderer Umstände – in diesem Fall eine terroristische Großlage – doch. Um mich nicht dem Verdacht auszusetzen, ich wolle hier etwas herbeireden, was mit hoher Wahrscheinlichkeit sowieso nicht eintreten wird, möchte ich die Bundeswehr selbst zitieren. Im Jahr 2020 wurde unter Verteidigungsministerin Kramp-Karrenbauer der sogenannte »Freiwillige Wehrdienst im Heimatschutz« (FWD-HSch) ins Leben gerufen. In einer Broschüre der Bundeswehr wird über die Aufgaben der freiwillig wehrdienstleistenden Heimatschützer gesagt:

»In Krisenlagen müssen sich die Heimatschutzkräfte darauf einstellen, die für die Verteidigung wichtige Infrastruktur in Deutschland als rückwärtigem Raum einer möglichen Bündnisverteidigung zu sichern und zu schützen. Dazu zählen beispielsweise Häfen und Bahnanlagen, Güterumschlagplätze, die NATO-Pipeline, Marschstraßen, Brücken, Verkehrsknotenpunkte und digitale Infrastrukturen. Aufmarschierende Verbände der Bundeswehr und auch befreundeter Streitkräfte, die sich für einen Transfer in die Einsatzräume zeitlich befristet in Deutschland aufhalten, können ebenfalls geschützt werden. Angesichts heute vorstellbarer hybrider Bedrohungen gilt es hier, sich auch auf verdeckt operierende irreguläre Gruppierungen einzustellen. Die Heimatschutzkräfte werden daher mit Infanteriewaffen ausgestattet sein und z. B. über Mittel zur lokalen Aufklärung verfügen.«

Die Heimatschutzkräfte werden demnach also sehr wohl für einen bewaffneten Einsatz im Inland ausgebildet – und nicht nur für die humanitäre Katastrophenhilfe. Dass so ein Einsatz zunehmend wahrscheinlicher werden könnte, unterstreicht, was Bundeskanzler Olaf Scholz im Dezember 2022 in einem Gastbeitrag der Zeitschrift *Foreign Affairs* schrieb: *»Jetzt wird man sich an der Frage orientieren, welchen Bedrohungen wir und unsere Verbündeten in Europa gegenüberstehen, in erster Linie ausgehend von Russland. Dazu gehören potenzielle Angriffe auf das Bündnisgebiet, Cyberkriegsführung und sogar die entfernte Möglichkeit eines nuklearen Angriffs, mit dem Putin auf wenig subtile Weise gedroht hat.«* Zeitenwende und Cyberkriegsführung, die auf einmal als reale Bedrohung angesehen wird, passen meiner Ansicht nach wirklich gut zusammen. Wir haben es tatsächlich mit neuen Formen der Kriegsführung zu tun, und die Bundesrepublik sieht sich auch diesen Bedrohungen ausgesetzt. Seit Jahren gibt es Cyberangriffe auf die bundesdeutsche Infrastruktur. Als die

Verfasser des Grundgesetzes die Bestimmungen für den Inlandseinsatz der Bundeswehr formuliert haben, gab es so etwas wie hybride- oder Cyberkriegsführung nicht. Sie hatten tatsächlich nur den Katastrophenfall – Flutkatastrophen, Überschwemmungen, Großbrände, Chemieunfälle, Erdbeben, all dies ereignete sich in den 1950er-Jahren – oder den Verteidigungsfall vor Augen. In Letzterem hätte offiziell Krieg geherrscht, und in Ersterem wären keine Waffen nötig gewesen. So etwas wie Cyberangriffe gab es damals wegen der fehlenden technischen Möglichkeiten einfach nicht. Bestenfalls Sabotageakte feindlicher Staaten, aber die wären umgehend als Kriegserklärung aufgefasst worden. Dass jemand per Mausklick einer Großstadt den Strom abdreht oder ein Chemiewerk explodieren lässt, weil er das Kühlsystem herunterfährt, und man den oder die Verantwortlichen erst einmal nicht ausmachen kann, ist heute jedoch absolut im Bereich des Vorstellbaren. Im Zuge des Ukrainekonflikts haben wir gesehen, dass so etwas durchaus versucht wird. Es ist also ganz richtig, dass die Bundesregierung und das Verteidigungsministerium sich auf diese veränderten Bedrohungsszenarien einstellen. Außerdem haben wir es spätestens seit 2001 mit Terroristen zu tun, die ein Maximum an Zerstörung anrichten wollen und denen dies auch manchmal gelingt. Nachdem es in den vergangenen Jahrzehnten in Belgien und Frankreich zu verheerenden Anschlägen gekommen war, schickten die Regierungen unserer Nachbarländer dort das Militär auf die Straßen, um die Sicherheitskräfte zu unterstützen. Ein gutes Beispiel aus der jüngeren Vergangenheit ist der Fall des belgischen Soldaten Jürgen Conings. Der Mann war als rechtsextrem bekannt, war als Gefährder gelistet und sprach im Zuge der Corona-Pandemie Morddrohungen gegen Virologen aus. Conings deckte sich in seiner Kaserne unter einem Vorwand mit Waffen ein und versteckte sich in den Wäldern des Nationalparks »Hoge Kempen«. Tagelang versuchte die belgische Polizei, ihn zu finden, doch sie hatte keine Chance gegen einen hochspeziell ausgebildeten Elitesoldaten, mit Bewaffnung und der Fähigkeit, sich entsprechend zu tarnen und vorzugehen. Um einen solchen Elitesoldaten zu verfolgen, braucht es mehr als Polizeikräfte, die dafür überhaupt nicht ausgebildet sind. Was hat die belgische Regierung gemacht? Sie hat militärische Spezialkräfte sowie die deutsche Polizeieinheit GSG 9 angefordert. Letztendlich nahm sich Conings im Wald das Leben, nachdem er in die Enge getrieben worden war. So etwas könnte auch in Deutschland passieren. Ich weiß aus Gesprächen mit Kameraden, dass die Bundeswehr schon in der Vergangenheit für verschiedene Aufträge in Deutschland eingesetzt wurde, um die Polizei auch bei »spezielleren« Vorgehensweisen zu unterstützen.

Irrweg Freiwilliger Heimatschutz

Jetzt komme ich wieder zum Szenario des Anfangs zurück: Sie sind Opfer einer Katastrophe – möglicherweise eines groß angelegten Cyberangriffs – geworden. Dort, wo Sie leben, herrschen chaotische Zustände. Die Bundeswehr leistet Amtshilfe und schickt bewaffnete Soldatinnen und Soldaten los, um kritische Infrastruktur zu schützen und die Ordnung wiederherzustellen. Sie sind mehr oder weniger verzweifelt auf der Suche nach Hilfe, während um Sie herum Unruhen ausbrechen. Schließlich stoßen Sie auf einen Trupp Soldaten der Bundeswehr. Was für einem Soldaten stehen Sie in dieser brisanten Situation gegenüber? Wenn Sie Pech haben, einem solchen, der den Aufnahmetest der Bundeswehr nicht geschafft hat – obwohl aus meiner Sicht wirklich nicht sehr viel dazu nötig ist, aber das macht es für Sie nicht besser – und sich darum als Freiwillig Wehrdienstleistender im Heimatschutz verpflichtet hat. Im Fall der FWD-HSch macht man zwar auch einen Test oder, wie man es bei der Bundeswehr nennt, absolviert ein »Eignungsfeststellungsverfahren«. Das wird aber recht locker gesehen, da man ja dringend Personal braucht. Es müssen lediglich folgende Kriterien erfüllt werden: Interesse an gesamtgesellschaftlichem Engagement, charakterliche und gesundheitliche Eignung, Besitz der deutschen Staatsbürgerschaft und Erfüllung der Vollzeitschulpflicht. Das hört sich so weit gut an, aber ich kann sagen, dass es in vielen Fällen sehr fragwürdig ist, wie so mancher Anwärter diese Auflagen erfüllt haben soll. Nachdem dann noch eine Sicherheitsüberprüfung durchgeführt wurde, bekommt der angehende Heimatschützer eine Waffe in die Hand. Viele Kameraden sprechen darum auch von »Wehrdienst light« oder »Bundeswehr light«, wenn sie den FWD-HSch meinen. Die Heimatschützer können sich für zwölf Monate verpflichten – auch hier wieder ab dem Alter von 17 Jahren – und durchlaufen zunächst eine dreimonatige Grundausbildung, die sich nicht von der unterscheidet, die sämtliche Rekruten der Bundeswehr absolvieren. Danach folgt eine viermonatige Spezialausbildung Heimatschutz. Anschließend können sie in einer der etwa 30 über das Bundesgebiet verteilten Heimatschutzkompanien eingesetzt werden oder haben die Möglichkeit, diese Zeit innerhalb von sechs Jahren als Reservedienstleistung abzudienen. Ich betreue auch Standorte, an denen die Heimatschützer – wie wir sie umgangssprachlich nennen – ausgebildet werden und habe darum einen gewissen Einblick in die Truppe. Es sind nicht wenige dabei, die zuvor als Bewerber von der Bundeswehr abgelehnt wurden und die nun hoffen, über den Umweg FWD-HSch doch noch einen Platz in der Truppe zu finden. In einer Broschüre der Bundeswehr heißt es dazu: »*Eine Dienstzeitverlängerung im Status*

FWDL ist grundsätzlich – Eignung und Bedarf vorausgesetzt – bis zu einer max. Dienstzeit von 23 Monaten möglich. Darüber hinaus besteht die Möglichkeit für eine Übernahme in ein anderes Dienstverhältnis bzw. in eine andere Laufbahn …« Für diejenigen, bei denen es mit den Eignungstests nicht geklappt hat, ist das eine gute Sache. Wenn die Bundeswehr sieht, dass es sich bei dem Bewerber um einen »Heimatschützer« handelt, wird er schnell durchgewunken. Was ist das für eine Klientel? Ehrlicherweise muss ich sagen, dass ich viele FWD-HSch getroffen habe, die wirklich das Bedürfnis hatten, ihre Heimat zu schützen und die dafür etwas tun wollen. Das ist aber auch schon das einzig Positive, das ich über die Heimatschützer sagen kann. Viele, denen ich bei meinen Veranstaltungen begegne, schätze ich so ein, dass sie zwar von der Bundeswehr abgelehnt wurden, nun aber doch eine Möglichkeit sehen, irgendwie in ein Dienstverhältnis zu gelangen und vielleicht sogar als Zeitsoldat übernommen zu werden. Daran ist ja zunächst nichts grundsätzlich Verwerfliches, doch ich sehe häufig schon auf den ersten Blick – oft ist es die mangelnde körperliche Leistungsfähigkeit –, dass diese Menschen für den Dienst in der Bundeswehr eher nicht geeignet sind. Anderen geht es schlicht um die Kohle. Es sind solche, die im Zivilleben schlechte Chancen haben, die 1.500 Euro im Monat – so viel verdient ein Heimatschützer – zu bekommen. In solchen Fällen hapert es natürlich manchmal auch an einigen Voraussetzungen, zum Beispiel an den vertieften Kenntnissen der deutschen Sprache. Hier muss ich unbedingt kurz erwähnen, dass ebenso wie sämtliche Rekruten auch Heimatschützer vom Militärischen Abschirmdienst (MAD) sicherheitsüberprüft werden. Die Sicherheitsüberprüfung ist unabdingbar für die Teilnahme an einer Schießausbildung bei der Bundeswehr. Von jedem, der Zugang zu Waffen und Munition hat, wird sie verlangt. Trotzdem äußern einige Ausbilder den Verdacht, manche der Freiwilligen wollten nur eine Ausbildung an der Waffe und einen Einblick, wie es bei der Bundeswehr so läuft. Was sie dann mit ihren Kenntnissen machen, eröffnet aber einen sehr großen Spielraum für Spekulationen. Wenn jemand gelernt hat, mit einer Waffe umzugehen, kann er mit diesen Kenntnissen natürlich auch Unheil anrichten. Menschen, die extremistischen Ideologien anhängen oder einfach nur kriminell sind, sollten besser keine Schießausbildung erhalten. Tatsächlich funktioniert im Übrigen eine Sicherheitsüberprüfung bei jemandem, der keinen nachvollziehbaren Lebenslauf hat, weil er beispielsweise aus einem Bürgerkriegsland kommt, nur begrenzt. Ich habe in Gesprächen mit diesen Rekruten öfter vernommen, dass schon Erfahrungen in kriegerischen Konflikten vorlagen. Das lässt Zweifel an der tatsächlichen Motivation der Freiwilligen aufkommen.

In den Reihen der Truppe fehlt einfach das Vertrauen in die freiwilligen Heimatschützer. Nach mehr als drei Jahren FWD-HSch hat sich gezeigt: Es kommen nicht die, die kommen sollten. Meiner Ansicht nach ist das Experiment gescheitert, doch es wird trotzdem weitergeführt. Dadurch entsteht eine große organisatorische Belastung für die Ausbilder, da die Heimatschützer im normalen Grundausbildungsbetrieb mitlaufen. Nach dem, was ich erfahren habe, bringen sie das Gefüge eines Ausbildungszuges mitunter ganz schön durcheinander. Hier treffen die Heimatschützer mit dem von mir beschriebenen Hintergrund auf Soldatinnen und Soldaten mit einer hohen Motivation, die im Gegensatz zu ihnen auch eine Perspektive bei der Bundeswehr haben. Verschiedene Ausbilder sagten mir, dass dadurch ein hohes Aggressionspotenzial entsteht. »Einige von denen sind einfach nur schießgeil«, sagte ein Ausbilder. »Richtige Feierabend-Cowboys. Von solchen Kandidaten geht sogar eine Gefahr aus. Die ticken anders, würde ich sagen.« Die meisten Ausbilder haben nicht viel übrig für die Heimatschützer. Egal wo ich hinkomme und mit welchem Dienstgrad ich über das Thema spreche, viele verdrehen gleich die Augen. Einmal habe ich etwas sehr Merkwürdiges erlebt. Ich war an einem Standort, um eine meiner Unterrichtungen abzuhalten. Bevor es losging, nahm mich der Verantwortliche für einen Moment zur Seite. Mir war schon aufgefallen, dass auf den Tischen Namensschilder standen. Das ist sehr unüblich. »Achim, pass mal auf. Bei dem und dem musst du vorsichtig sein, der kann schon mal aggressiv werden, wenn ihm was nicht gefällt«, sagte mir der Unteroffizier. Es war quasi eine Einweisung. Ich war ziemlich verdutzt. Normalerweise muss man sich im Umgang mit Soldaten über derartige Befindlichkeiten keine Gedanken machen. Da geht es nach dem Prinzip »Befehl und Gehorsam«. Wenn die Soldatinnen und Soldaten dieses Prinzip verstehen wollen, und darum sind sie ja beim Militär, dann wissen sie: Der da vorne steht, ist definitiv der, der hier das Sagen hat. Dass mich ein Unteroffizier vor aufmüpfigen Rekruten warnt, lässt mich den Kopf schütteln. Wenn früher – in meiner aktiven Dienstzeit – jemand aus der Reihe getanzt ist, dann musste er sofort 50 Liegestütze machen, endlos um den Block laufen, den Unterricht im Stehen genießen oder was auch immer. Meine Ausbilder waren da recht einfallsreich. Ich meine, bei allem Ausbildungsgeschehen geht es ja darum, dass eine funktionierende Truppe entsteht, die diszipliniert ihren Auftrag erfüllen kann. Doch bei den FWD-HSch lohnt sich laut Aussage vieler Ausbilder die Mühe nicht, denn die Freiwilligen sagen sich: »Was willst du denn überhaupt von mir? Du kannst mir gar nichts.« Das sagen sie sogar ganz konkret zu den Vorgesetzten, weil sie wissen, sie sind sowieso nur wenige Monate dabei. Außerdem können sie jederzeit wieder aussteigen, wenn es ihnen nicht mehr gefällt. Mir wurde berichtet, dass es Fälle gab, in denen Freiwilligen wegen Verstößen gegen die Sicherheitsbestimmungen oder der Androhung von Gewalt gegenüber den Ausbildern und den Kameraden fristlos gekündigt wurde, aber nichtsdestotrotz ist das mental für die Ausbilder belastend. Organisatorisch ist es ebenfalls ein hoher Aufwand: Die Heimatschützer müssen ja, wie alle Rekruten, nicht nur ausgebildet, sondern auch eingekleidet, eingewiesen und medizinisch betreut werden. Doch im Gegensatz zu den übrigen Soldatinnen und Soldaten bleiben sie nur für kurze Zeit bei der Bundeswehr. Das lohnt den ganzen Aufwand eigentlich nicht. In diesem Zusammenhang bin ich auf ein weiteres Problem gestoßen. Oft werden die Heimatschützer an Standorten eingesetzt, die von ihrem Wohnort weit entfernt sind. So soll jemand aus Dortmund oder Duisburg zum Beispiel in Berlin seine Heimat schützen. Diesen Leuten – selbst wenn sie guten Willens sind – fehlt dann der Bezug zu ihrer Heimat.

Letztendlich ist die Idee des FWD-HSch entstanden, weil man Lücken füllen wollte, die durch den Personalabbau bei der Bundeswehr entstanden sind. Sogenannte Heimatschutzkompanien hatte es bei der Bundeswehr schon lange gegeben. Sie wurden oftmals von Reservisten gestellt und waren für den Objektschutz zuständig. Im Zuge der neuen Bedrohungslagen gewinnt der Einsatz der Bundeswehr im Inland, wie wir gesehen haben, jedoch zunehmend an Bedeutung. Darum wurde im September 2022 das Territoriale Führungskommando der Bundeswehr (TerrFüKdoBw) aufgestellt. Wie sein Vorgänger, das Kommando Territoriale Aufgaben der Bundeswehr, ist es in Berlin angesiedelt. Grob gesagt ist das neue Territoriale Führungskommando für die operative Führung aller Bundeswehreinheiten im Inlandseinsatz zuständig. Damit sind die Aufgaben der Einsatzführung relativ klar verteilt. Die Führung sämtlicher Auslandseinsätze liegt wie bisher beim Einsatzführungskommando der Bundeswehr (EinsFüKdoBw) in Potsdam. In beiden Kommandos sitzen Vertreter der Teilstreitkräfte. In seiner jetzigen Form wird das Territoriale Führungskommando etwa 800 Mann stark sein. Neben den Soldatinnen und Soldaten sind auch Zivilangestellte Teil des Kommandos. Es ist direkt dem Generalinspekteur und somit dem Verteidigungsministerium unterstellt. Erster Befehlshaber des Territorialen Führungskommandos ist Generalleutnant Carsten Breuer, der auch schon den Corona-Krisenstab der Bundesregierung geleitet hatte. Das Kommando soll unter anderem den Heimatschutz koordinieren, ist aber auch für die Logistik der NATO-Verbündeten auf dem Territorium der Bundesrepublik zuständig. Gerade im Zuge der umfangreichen Waffenlieferungen durch Deutschland und die NATO-Partner an die Ukraine liegt darin eine gewisse Brisanz. Es ist nicht auszuschließen, dass es wegen der Ukraine-Unterstützung auch in Deutschland zu Sabotageakten und Anschlägen kommt. Diese Befürchtung ist auch einer Verlautbarung des Verteidigungsministeriums zur Aufstellung des neuen Territorialen Führungskommandos zu entnehmen: *»Der russische Einmarsch in der Ukraine hat die Notwendigkeit unterstrichen, die Führungsorganisation der Streitkräfte beschleunigt auf die Anforderungen der Landes- und Bündnisverteidigung auszurichten. Hierzu hat die Bundesministerin der Verteidigung, Christine Lambrecht, entschieden, die Führungsorganisation der Streitkräfte als Reaktion auf die aktuelle Sicherheitslage anzupassen.«* Die Bundeswehr rechnet also tatsächlich mit mehr als nur mit Umwelt- oder Naturkatastrophen. Sollte sich in Deutschland eine terroristische Bedrohungslage größeren Ausmaßes oder ein massiver Cyberangriff ereignen, wird die Bundeswehr alle ihr zur Verfügung stehenden Einheiten einsetzen und nicht nur die Heimatschutzkompanien. Nach allem, was ich im vorhergehenden Kapitel über den mangelhaften Ausbildungsstand in der gesamten Bundeswehr gesagt habe, kann man sich bei den Heimatschützern, aber auch bei vielen Soldatinnen und Soldaten, nicht sicher sein, wie professionell sie in einer Extremsituation reagieren werden. Warum ist es wichtig, sich diese Mängel in aller Deutlichkeit vor Augen zu führen? Nun, zum einen, weil mit einer veränderten sicherheitspolitischen Bedrohungslage – wie das Verteidigungsministerium selbst sagt – ein bewaffneter Einsatz der Bundeswehr im Inneren – im Rahmen der Amtshilfe – wahrscheinlicher wird. Dann wird das, was ich hier anhand abstrakter Szenarien beschreibe, bittere Realität. Und deswegen sollte jeder Bundesbürger darüber nachdenken, auf wen er in einer Krisensituation treffen möchte: auf einen hervorragend trainierten und motivierten Berufssoldaten, oder einen schlecht ausgebildeten Freiwilligen, der im schlimmsten Fall den Eignungstest der Bundeswehr nicht bestanden hat, aber nun trotzdem eine Waffe in der Hand hält und Entscheidungen treffen muss. In einem solchen Einsatz tragen die Kameradinnen und Kameraden sehr viel Verantwortung, die Führung der Bundeswehr und die Regierung sollten das ebenfalls tun, wenn sie die Kontrolle und die Befähigung zur Professionalität nicht aus der Hand geben wollen. In einem anderen Bereich hat das bereits nachhaltig zum Verlust wichtiger Fähigkeiten in der Bundeswehr geführt.

7. Outsourcing »Verantwortung und Sicherheit«

Der Tiger soll wie ein Stein vom Himmel gefallen sein. Ein zweiter Kampfhubschrauber der Bundeswehr gleichen Typs flog den Einsatz in Mali mit. Die Piloten berichteten, wie die Maschine ihrer Kameraden aus etwa 550 Metern Höhe erst mit der Nase nach unten gekippt und dann in einen sehr steilen Sinkflug übergegangen sei. Als Nächstes lösten sich die Rotorblätter vom Helikopter. Nach wenigen Sekunden schlug der Tiger am Boden auf und brannte aus. Die Besatzung – ein Major und ein Stabshauptmann – kamen ums Leben. Über der Wüste Malis stand noch für einige Zeit eine Rauchsäule in der Luft. Die Kameraden waren mit ihren Kampfhubschraubern vom Camp Castor in Gao gestartet. Im Norden Malis ist das Kontingent der Bundeswehr stationiert. Im Rahmen einer Friedensmission der Vereinten Nationen, MINUSMA (Multidimensionale Integrierte Stabilisierungsmission der Vereinten Nationen in Mali) sind dort seit 2013 auch Soldatinnen und Soldaten der Bundeswehr im Einsatz. Das ist eine multinationale Mission, bei der mehr als ein Dutzend Staaten Truppen zur Bekämpfung islamistischer Aufständischer entsandt haben. Für die Bundeswehr ist Mali nach Afghanistan zum größten Auslandseinsatz geworden. Bis zu 1.400 deutsche Soldatinnen und Soldaten sind dort stationiert. Neben den infanteristischen Operationen betreibt die Bundeswehr in Gao ein Feldlazarett und hat etliche Hubschrauber – darunter den bereits erwähnten NH90 und auch den Tiger – im Einsatz. Am Morgen des 26. Juli 2017 sollten die beiden Tiger des Kampfhubschrauber-Regiments 36 »Kurhessen« aus Fritzlar eine Operation in Tabankort unterstützen. Der Tiger ist ein mit Raketen und Bordwaffen ausgestatteter, zweisitziger Kampfhubschrauber, der von der Firma Airbus Helicopters entwickelt und gebaut wird. Schon 2011 habe ich in meinem »Schwarzbuch Bundeswehr« über die Schwachstellen des Tigers geschrieben. Vor allem habe ich bemängelt, dass der Tiger für die Einsatzgebiete der Bundeswehr außerhalb der europäischen Klimazonen nicht besonders gut geeignet ist. Die Maschine wurde während der 1980er-Jahre für eine mögliche Auseinandersetzung mit den Truppen des Warschauer Pakts in Europa konzipiert. Man wollte einen Unterstützungshubschrauber, der bestückt mit Panzerabwehrraketen der Infanterie im Bodenkampf gegen feindliche Panzer Feuerunterstützung bieten konnte. Fliegende Artillerie sozusagen. Auf die Idee, eine schwenkbare Bordkanone – wie sie beispielsweise der amerikanische Apache AH-64 besitzt – einzubauen, kam damals niemand. Bei der Bekämpfung kleiner Gruppen von Aufständischen, wie in Mali und Afghanistan, ist so eine schwenkbare Bordkanone zur Unterstützung der eigenen Truppen am Boden eigentlich unverzichtbar. Hier wird der Besatzung die Möglichkeit eingeräumt, die Bordkanone mit einem im Helm eingebauten Visier zu bewegen und schneller zu reagieren. Doch am bedenklichsten von allem, was den Tiger betrifft, ist, dass Triebwerke und Rotorblätter in heißer und sandhaltiger Luft, wie sie beispielsweise in der Sahelzone typisch ist, einem übermäßigen Verschleiß ausgesetzt sind.

Nachdem der Tiger am 26. Juli 2017 etwa 70 Kilometer von Gao entfernt abgestürzt war, herrschte erst einmal Unklarheit über die Absturzursache. In der Gegend waren Aufständische unterwegs und lieferten sich Gefechte mit den MINUSMA-Truppen. War die Maschine abgeschossen worden? Die Kameraden hatten zwar den Absturz des Tigers gesehen, doch von Feindbeschuss nichts bemerkt. Der Hubschrauber sei eben einfach vom Himmel gefallen. Experten der Bundeswehr untersuchten die Absturzstelle, bargen die Toten und Trümmer und machten sich auf die Suche nach den Ursachen. Nachdem Beschuss als Absturzursache ausgeschlossen werden konnte, richtete sich der Verdacht auf den Autopiloten des Tigers. Der war vor dem Absturz eingeschaltet gewesen. Die Bundeswehr schränkte den Flugbetrieb mit Autopilot bei dem Luftfahrzeug vorsorglich ein. Mehr als ein Jahr später legte die Flugsicherheitsbehörde der Bundeswehr einen abschließenden Unfallbericht vor. Das Dokument ist zwar als vertraulich eingestuft, doch ein Sprecher des Verteidigungsministeriums benannte die Absturzursache klar: »Die allein unmittelbare und direkt wirkende Ursache des Flugunfalls war eine fehlerhafte Einstellung der Flugsteuerung des Hubschraubers durch die betreuende Industrie.« Auf SPIEGEL online fanden sich wenig später weitere Einzelheiten aus dem 95 Seiten starken Untersuchungsbericht. Demnach hatten drei zivile Flugmechaniker der Firma Airbus die Hauptrotorsteuerung des Tigers falsch eingestellt. Dies, so der Bericht, war ein »direkt wirkender Faktor« für den Absturz. Sehr vereinfacht ausgedrückt geschah Folgendes: Wegen der falschen Einstellung der Hauptrotorsteuerung – dem sogenannten Rigging – kamen die Rotorblätter während des Fluges in eine extreme Stellung, und der Autopilot erhielt falsche Informationen. Darum schaltete er sich ab, und die Maschine geriet in eine Art Sturzflug. Die Piloten, so der Unfallbericht weiter, hätten keine Chance gehabt, da noch einzugreifen: »Der Hubschrauber geriet abrupt und unvorhersehbar in einen unkontrollierten Flugzustand, der von der Besatzung nicht abgefangen werden konnte.«

Das Problem des Outsourcing

Doch der Bericht der Flugsicherheitsbehörde der Bundeswehr bringt noch ein weiteres beunruhigendes Detail ans Licht: Demnach hätten die drei Airbus-Techniker ihre »vorgegebene Ausbildung noch nicht abgeschlossen«, die sie dazu berechtigt hätte, die Arbeit zu machen, für die sie die Bundeswehr beauftragt hatte. Die Techniker, so wird zitiert, verfügten nicht »über die erforderliche Qualifikation zur Durchführung bzw. der Abnahme der Einstellarbeiten an der Hauptrotor-Steuerung«. Offensichtlich hatte das keiner der Verantwortlichen bei der Bundeswehr bemerkt. Diese Tatsache wird ebenfalls in dem Bericht bemängelt, denn die Arbeiten »hätten unter Anleitung von erfahrenem Personal durchgeführt werden müssen«. Ob damit erfahrenes Personal der Bundeswehr oder der Firma Airbus gemeint ist, bleibt offen. Allerdings ist bei der Bundeswehr ausreichend qualifiziertes Personal möglicherweise gar nicht mehr vorhanden, denn in den vergangenen Jahrzehnten wurden gerade Wartungs- und Instandhaltungsarbeiten an zivile Unternehmen abgegeben. Das sogenannte Outsourcing an Subunternehmer ist in der freien Wirtschaft ein weitverbreitetes Prinzip, um Personalkosten zu reduzieren. Wahrscheinlich schwebte das auch den Verantwortlichen im Verteidigungsministerium vor, als sie die Weichen für diese groß angelegte Umstrukturierung der Truppe stellten. Heute hat die Bundeswehr nur noch bei rund der Hälfte ihrer Großwaffensysteme das Recht, Wartung und Instandhaltung selbst durchzuführen. Die Herstellerfirmen haben sich vertraglich zusichern lassen, diese Arbeiten selbst auszuführen. Das betrifft nicht nur Helikopter und anderes Fluggerät, sondern tatsächlich beinahe alles vom Panzer bis zum Marineschiff. Es bedeutet aber auch, dass die Bundeswehr kein eigenes Personal mehr ausbildet, das dazu in der Lage wäre, diese Wartungs- und Instandhaltungsarbeiten im Bedarfsfall wieder zu übernehmen oder diese – wie im Untersuchungsbericht angemahnt – zu beaufsichtigen und zu kontrollieren. Hier gehen der Bundeswehr wichtige Fähigkeiten verloren. Das führt letztendlich dazu, dass sie die Kontrolle aus der Hand gibt. Zwar bildet die Bundeswehr an einigen Standorten immer noch Fluggerätemechaniker – darunter Zivilisten – aus, doch das Problem, so höre ich aus der Truppe, ist, dass viele von ihnen nach Beendigung ihrer Ausbildung lieber in der privaten Wirtschaft arbeiten. Die zahlt nämlich besser. Manche kommen dann als private Dienstleister zur Bundeswehr zurück. Inwieweit das Kosten sparen soll, verstehe ich nicht.

In jedem Fall geht dieses Verfahren – gleich in mehrfacher Hinsicht, ich komme später noch darauf – zulasten der Sicherheit. Dass ein Kampfhubschrauber während eines Einsatzes aufgrund eines Wartungsfehlers abstürzt, ist natürlich nicht nur der Herstellerfirma und ihren zivilen Technikern anzulasten. Sie haben den Unfall zwar verursacht, aber die Verantwortung, dass dies so geschehen konnte, liegt letztendlich auch bei der Bundeswehr, da sie ja strukturell diese wichtigen Arbeiten in zivile Hände gegeben hat. Aus juristischer Sicht ist das nicht so einfach. Wenn ein ziviles Unternehmen am Geschehen beteiligt ist, sind die Verantwortlichkeiten auch nach Zivilrecht geregelt. Unter anderem dann, wenn es um Entschädigungsforderungen geht, ist darum nicht nur die Bundeswehr, sondern auch die Firma Airbus Helicopters zuständig. Zu allem Unglück, das sie schon erlitten haben, macht es das für die Angehörigen der beiden Piloten nicht einfacher. Nachdem die Untersuchungen zur Absturzursache des Tigers abgeschlossen waren, leitete die Staatsanwaltschaft Kempten ein Verfahren ein:

»Nach nunmehr aufgrund eines aktuellen Berichts des Luftfahrtamtes der Bundeswehr vorliegenden Erkenntnissen wurden vor dem Einsatz an dem Hubschrauber in Deutschland Arbeiten bei der Einstellung der Hauptrotorsteuerung fehlerhaft ausgeführt. Die fehlerhafte Justierung des Rotors führte demnach zu einer Situation, die im Rahmen des Routineflugs von der Hubschrauberbesatzung nicht mehr kontrolliert werden konnte, und damit zum Absturz. Die Staatsanwaltschaft Kempten (Allgäu) hat ein Verfahren wegen des Verdachts der fahrlässigen Tötung gegen drei Personen eingeleitet, die diese Arbeiten durchgeführt haben sollen, und wird den vorgenannten Bericht des Luftfahrtamtes der Bundeswehr gründlich auswerten. Sie prüft ferner, ob im Rahmen ihrer Zuständigkeit die Einleitung von Ermittlungsverfahren gegen weitere Personen im Zusammenhang mit diesen Einstellungsarbeiten geboten ist.«

Irgendwann übernahm die Staatsanwaltschaft Kassel das Verfahren. Die Witwen und Familien der Getöteten traten mittlerweile als Nebenkläger auf. Sie klagten gegen die drei Techniker und gegen die Firma Airbus Helicopters, um eine Entschädigung zu erhalten, aber auch um die Vorkommnisse, die zum Absturz geführt hatten, vollständig aufzuklären. Im März 2022 wurde das Verfahren eingestellt. Die drei Angeklagten zahlten jeweils 2000, 1000 und 500 Euro. Damit kam es nicht einmal zu einer Hauptverhandlung in dem Fall. Die Angehörigen der Kameraden lässt das ziemlich fassungslos zurück. Ich kann es ihnen gut nachfühlen, doch es empört mich auch, dass die Bundeswehr – und das Justizministerium – die Gelegenheit verstreichen lässt, den Vorfall genauer zu untersuchen. Das wäre man den Soldaten und ihren Familien meiner Ansicht nach schuldig gewesen. Mindestens ebenso schwer wiegt, dass hier die Gelegenheit vertan wurde, sich kritisch mit der Praxis der Instandhaltung und Wartung durch private Unternehmen auseinanderzusetzen, um möglicherweise zukünftige Unfälle zu verhindern. Dazu wäre man den Soldatinnen und Soldaten der Bundeswehr gegenüber grundsätzlich verpflichtet. Doch dem Verteidigungsministerium scheint das nicht besonders wichtig zu sein. Etwa ein Jahr nach dem Tod der beiden Soldaten in Mali, wurde ihnen posthum in Berlin die Dag-Hammarskjöld-Medaille verliehen. Es handelt sich um eine Auszeichnung der Vereinten Nationen, die allen im Einsatz unter UN-Mandat gefallenen Soldaten verliehen wird. Generalinspekteur Eberhard Zorn übergab die Medaille an die Angehörigen. Dabei sagte er auch, dass die beiden Verstorbenen – bis heute wird auf der Website des Verteidigungsministeriums nicht von Gefallenen gesprochen – für immer Teil der großen Bundeswehrfamilie seien, Gleiches gelte für ihre Angehörigen. »Wir stehen an ihrer Seite und unterstützen sie, wo wir können.« Ich denke, die Angehörigen sehen das heute nach der Einstellung des Verfahrens anders. Aber Airbus Helicopters ist eben auch kein Teil der großen Bundeswehrfamilie. Da gelten andere Regeln.

An der juristischen Aufarbeitung des Tiger-Absturzes zeigen sich die Probleme, die entstehen, wenn die Bundeswehr wichtige Fähigkeiten, aber auch Verantwortung, in zivile Hände abgibt. In einem Auslandseinsatz kann jede Menge schiefgehen. Die Rechtslage ist meistens kompliziert. Die Soldatinnen und Soldaten der Bundeswehr sind im Einsatzland rechtlich geschützt, wenn sie sich mit der Zustimmung der dortigen Regierung dort aufhalten. Für die zivilen Angestellten privater Firmen, die lediglich für die Bundeswehr arbeiten, sieht es dagegen anders aus. Sie wären nach dem Gesetz des jeweiligen Einsatzlandes zu belangen. Ich weiß nicht, was geschehen wäre, wenn der Tiger nicht auf ein unbewohntes Stück Wüste, sondern auf ein Wohnviertel von Gao gestürzt wäre. Hätte sich in so einem Fall die Bundeswehr schützend vor den Airbus-Konzern gestellt? Oder hätte sie zugelassen, dass die Regierung Malis Entschädigungsforderungen von Airbus Helicopters einklagt und deren Angestellte inhaftiert? Hier wird man vielleicht sagen, dass es sich bei dem Absturz um einen tragischen Einzelfall gehandelt hat und es höchst unwahrscheinlich ist, dass sich so etwas wieder ereignet. Dem ist leider nicht so, denn dazu ist das System der zivilen Dienstleister in der Bundeswehr viel zu weit verbreitet – und noch dazu in Bereichen, wo die meisten Außenstehenden es nicht für möglich halten.

Wenn Zivilisten für die Bundeswehr fliegen

In Afghanistan haben zivile Piloten die Aufklärungsdrohne Heron für die Bundeswehr geflogen. In Mali tun sie das meines Wissens nach auch heute. Bei der Heron-Drohne handelt es sich um ein in Israel entwickeltes, etwa anderthalb Tonnen schweres, unbemanntes Fluggerät mit mehr als 16 Metern Spannweite und 8 Metern Länge. Die Bundeswehr hat mehrere Heron verschiedener Typen – das neuste Modell ist die Heron TP – im Einsatz. Doch die gehören nicht etwa der Bundeswehr, sondern der Firma Airbus Defense and Space und werden von ihr betrieben. Die Bundeswehr hat lediglich Anspruch auf eine vertraglich vereinbarte Anzahl von Flugstunden. Die Drohnenaufklärung war in Afghanistan von so grundlegender Bedeutung, dass zum Teil die Patrouillentätigkeit eingestellt wurde, wenn »die Heron nicht flog«. Mir ist es unverständlich, dass man aus Kostengründen ein so wichtiges Gerät in zivile Hände gibt. In Afghanistan sind mindestens fünf Heron abgestürzt. Eine kollidierte bei der Landung in Masar-e Scharif mit einer geparkten Transall der Bundeswehr. Dass dabei auch Menschen getötet oder verletzt werden können, liegt auf der Hand. Ein Mensch muss sich nicht immer an Bord des Fluggerätes befinden, um bei einem Absturz zu Schaden zu kommen. Es reicht, wenn ihm eine Heron auf den Kopf fällt. Wäre in so einem Fall ein ziviler Pilot am Steuerknüppel, könnte die Polizei des Einsatzlandes – wieder Beispiel Mali – in den Liegenschaften der Bundeswehr gegen ihn ermitteln. Unter Sicherheitsaspekten wäre das eine Katastrophe. Gerade militärische Aufklärungs- und Drohnentechnologie gelten gemeinhin als streng geheim und besonders geschützt. Nun sagt die Bundeswehr, die zivilen Drohnenpiloten dürften die Heron nur bei Start und Landung fliegen, aber auch das ist ja nicht risikolos. Und wie genau diese Vorschriften dann möglicherweise im Ernstfall – unter Zeitdruck und erschwerten Bedingungen – eingehalten werden, lässt sich auch nicht lückenlos kontrollieren. Dem Vernehmen nach waren etliche der zivilen Drohnenpiloten vorher bei der Bundeswehr. Was sie tun, mag ja gar nicht so viel anders sein, ihr rechtlicher Status – und im Zweifelsfall die Loyalität zum Arbeitgeber und nicht gegenüber der Bundeswehr – ist jedoch ein grundsätzlich anderer. Es handelt sich um Zivilisten, die Zugang zu besonders geschützten militärischen Bereichen und Operationen haben. Hier entsteht innerhalb der Bundeswehr eine Grauzone, in der Verantwortung, Kompetenz und Zuständigkeit nicht mehr eindeutig definiert sind. Das geht zulasten der Sicherheit.

Eine Armee, die von Zivilisten bewacht wird

Das Thema Sicherheit gilt für alle militärischen Bereiche, nicht nur für Feldlager und Auslandseinsatz. In Deutschland lässt die Bundeswehr mittlerweile ihre Standorte von privaten Sicherheitsdiensten bewachen. Früher gingen meistens Soldatinnen und Soldaten Streife, heute werden fast ausschließlich Zivilkräfte dafür bezahlt. Hätte mir das in den 1990er-Jahren, während ich bei den Fallschirmjägern diente, jemand gesagt, ich hätte ihm wahrscheinlich nicht geglaubt. Wachdienst, Eigensicherung und alles, was damit zusammenhing, gehörten einfach fest zum militärischen Alltag. Heute ist das bei der Bundeswehr nicht mehr der Fall. Zivilisten sitzen an der Wache, führen Personenkontrollen durch und laufen Streife. Sie tragen dabei Waffen und sind erstaunlicherweise ein unverzichtbarer Bestandteil der Sicherheit der militärischen Liegenschaften. Umsonst gibt es das natürlich auch nicht. Etwa 431 Millionen Euro hat die Bundeswehr im Jahr 2019 an private Sicherheitsdienste gezahlt. Das Verteidigungsministerium antwortete Anfang 2020 auf eine Kleine Anfrage der Bundestagsfraktion der Linkspartei zu dem Thema. Demnach wurden in den vergangenen Jahren jährlich mehr als 400 Millionen Euro für diese Dienste ausgegeben. 2014 waren es noch etwa 236 Millionen, heute ist es beinahe doppelt so viel. Dabei wurden in diesem Zeitraum etliche Standorte geschlossen. Es sind also weniger geworden, die bewacht werden müssen. Auf die Frage 14 der Kleinen Anfrage: »Was ist der Grund dafür, militärische Liegenschaften verstärkt von privaten Unternehmen betreiben bzw. bewachen zu lassen, und wann wurde diese Entscheidung von wem getroffen?«, antwortete das Verteidigungsministerium:

»Die kontinuierliche Reduzierung der Streitkräfte und des Zivilpersonals der Bundeswehr seit der Wiedervereinigung, die Konzentration der Streitkräfte auf ihre Kernaufgaben, die Fokussierung der Streitkräfte auf Auslandseinsätze, die Aussetzung der Pflicht zur Ableistung des Grundwehrdienstes ab Juli 2011, die Neuausrichtung der Bundeswehr ab April 2012, die politi-

sche Vorgabe, das bundeswehreigene zivile Wachpersonal im Rahmen der Reduzierung des Zivilpersonals der Bundeswehr bis zum Jahr 2017 sozialverträglich abzubauen sowie die Umsetzung der EU-Arbeitszeitrichtlinie für Soldatinnen und Soldaten ab dem Jahr 2016 machten es erforderlich, für die Bewachung und Absicherung von Liegenschaften der Bundeswehr auf Unternehmen der Sicherheitswirtschaft zurückzugreifen. Die Entscheidung dazu wurde im Jahr 2012 durch die Leitung des BMVg getroffen, verbunden mit dem Auftrag an die Abteilung IUD [Organisationsbereich Infrastruktur, Umweltschutz und Dienstleistungen], *das oben bereits genannte Konzept ›Neuausrichtung von Bewachung und Absicherung in der Bundeswehr‹ bis zum ersten Quartal 2014 zu erarbeiten.«*

Aus dieser Antwort wird deutlich, dass es sich beim Einsatz privater Sicherheitskräfte nicht um die Behebung eines vorübergehenden Personalengpasses handelt, sondern um eine langfristige Strategie, mit der die Bundeswehr diese Befähigungen komplett in zivile Hände abgegeben hat. Das erklärt natürlich auch, warum sich die Zahlungen dafür seit der Beschlussfassung in etwa verdoppelt haben. Auf die Frage, ob es nicht möglich sei, diese Gelder einzusparen, indem die Bundeswehr wieder wie früher diese Aufgaben selber übernimmt, antwortete das Verteidigungsministerium:

»Derzeit sind für die Bewachung und Absicherung von Liegenschaften der Bundeswehr 8.042 gewerbliche Wachpersonen eingesetzt. Diese Wachpersonen haben ausschließlich Wachaufgaben im Schichtdienst 24 Stunden pro Tag an sieben Tagen in der Woche. Da Soldatinnen und Soldaten neben dem Wachdienst vielfältige militärische Aufgaben zu erfüllen haben, wäre ein Vielfaches von ca. 8.000 gewerblichen Wachpersonen erforderlich. Darüber hinaus bedürfte eine solche Entscheidung einer kompletten Wiederherstellung nicht mehr existierender Strukturen in der Organisation der Streitkräfte, wie z. B. neue Ausbildungseinheiten, ausreichende Anzahl von Ausbildern, In-

frastruktur zur Unterbringung. Dazu kämen Kosten für Ausbildung, Verwaltung und Ausstattung.«

Einen ehemaligen Soldaten wie mich muss die Formulierung »nicht mehr existierende Strukturen« in diesem Zusammenhang beunruhigen. Es ist bitter, wenn ich hören muss, dass eine Armee sich auf einmal nicht mehr selbst bewachen kann. Tatsächlich sind ja das Erste, was ich bei all meinen Standortbesuchen sehe, die Mitarbeiter ziviler Wachdienste. Wie jeder, der kommt oder geht, muss auch ich mich an der Wache melden. So gut wie nie habe ich es dabei mit Soldatinnen oder Soldaten zu tun. Meine Ausweise und die Zugangsberechtigungen händige ich in der Regel keinem Zivilisten aus. Natürlich wechsle ich dabei immer einige Worte mit meinem Gegenüber. So habe ich einen ganz guten Überblick, um was für eine Art von Personal es sich handelt. Oft ist schon das äußere Erscheinungsbild fragwürdig, um es mal vorsichtig auszudrücken. Ich finde, dass die Leute nicht besonders auf Zack sind. Die körperliche Leistungsfähigkeit spielt auch bei der Aufmerksamkeit und Konzentrationsfähigkeit eine Rolle. Auf der Wache ist Wachsamkeit angesagt, würde ich sagen. Bei der Bundeswehr wird regelmäßig Dienstsport gemacht, die Teilnahme daran ist Pflicht. Bei einem privaten Sicherheitsdienst wird das nicht so gehandhabt. Wahrscheinlich aber nicht nur das, denn auch was die Ausbildung angeht, habe ich meine Zweifel, wenn ich sehe, wie sie sich verhalten. Die meisten Wachleute schieben – wieder vorsichtig ausgedrückt – einen ruhigen Dienst. Dabei können – ja sogar dürfen– sie nicht davon ausgehen, dass ich ein harmloser Besucher bin. Ich könnte genauso gut ein Terrorist oder Spion sein. Außerdem: Wenn ich als Außenstehender eine militärische Wache sehe, habe ich doch einen ganz anderen Eindruck. Das Gesamtbild ist entscheidend. Das ist es, was auch die meisten Soldatinnen und Soldaten daran stört. Einerseits sollen sie auf ihre Außendarstellung Wert legen, aber die Bundeswehr tut es in ihren eigenen Liegenschaften nicht. Fairerweise muss ich aber auch sagen, dass ich Wachleute antreffe, die einen guten Eindruck machen. Wenn ich mich mit ihnen unterhalte, kommt dann aber auch immer ziemlich schnell raus, dass es sich in diesen Fällen um ehemalige Soldaten handelt. Es gibt in dieser Hinsicht große Qualitätsunterschiede. Doch ist es tatsächlich so, dass alle Liegenschaften der Bundeswehr – Flugplätze, Kasernen, Truppenübungsplätze – von Zivilisten bewacht werden? »Es werden bereits sämtliche zu bewachende Liegenschaften der Bundeswehr gewerblich bewacht«, lautet die Antwort des Verteidigungsministeriums. Na super, da fühlt man sich doch als Soldat gleich sicherer, wenn man von Zivilisten bewacht wird! Viele Kameradinnen und Kameraden, mit denen ich über das Thema spreche, sehen das komplett anders.

Die Sicherheitsbedenken, was eine gewerbliche Bewachung betrifft, sind in der Truppe massiv vorhanden. Wie fast alle Aufträge, die die Bundeswehr zu vergeben hat, müssen auch diese öffentlich ausgeschrieben werden. Das Verteidigungsministerium sagt, dass die infrage kommenden Bewerber – ebenso wie die später eingesetzten Wachleute – sehr gründlich sicherheitsüberprüft werden:

»Die Sicherheitsunternehmen bzw. Subunternehmen müssen sich in der Geheimschutzbetreuung des Bundesministeriums für Wirtschaft und Energie (BMWi) befinden. Alle Mitarbeiterinnen und Mitarbeiter sind mehrfach überprüft. Sie benötigen die Überprüfung nach § 34a der Gewerbeordnung, die Überprüfung der Zuverlässigkeit und persönlichen Eignung nach den §§ 5 ff. des Waffengesetzes und die nach den Verhältnissen in den zu bewachenden Liegenschaften jeweils erforderlichen Sicherheitsüberprüfungen zum Geheim- und/oder Sabotageschutz nach dem Sicherheitsüberprüfungsgesetz. Das Vorliegen der erforderlichen Bescheinigungen wird vor erstmaligem Dienstantritt

durch das jeweils zuständige BwDLZ überprüft.« Allerdings dauert diese Sicherheitsüberprüfung den privaten Unternehmen zu lange. Das räumt sogar das Verteidigungsministerium ein: *»Eine Sicherheitsüberprüfung dauert in der Regel mindestens sechs Monate. BMVg und* BMWi [Bundesministerium für Wirtschaft] *haben die Klagen der Sicherheitsbranche aufgenommen und erarbeiten aktuell eine Lösung, die sowohl den Belangen der Sicherheitsbranche, aber auch dem Sicherheitsbedürfnis der Bundeswehr gerecht werden.«* Ich finde es erschreckend, dass die Bundeswehr auch hier wieder zu Kompromissen bereit zu sein scheint. Ich habe bereits beschrieben, dass Rekruten ihre Grundausbildung wiederholen müssen, weil die erforderliche Sicherheitsüberprüfung des MAD nicht rechtzeitig vorlag. Aber hier überlegt das Verteidigungsministerium, dass für Zivilisten – die Waffen tragen und mit sicherheitsrelevanten Aufgaben betraut sind – die Regeln gelockert werden sollen.

»Die Feinde der freiheitlichen demokratischen Grundordnung schlafen nicht«, sagte Verteidigungsministerin Kramp-Karrenbauer im April 2021 bei der Vorstellung des Entwurfs für das »Gesetz zur intensivierten erweiterten Sicherheitsüberprüfung mit Sicherheitsermittlungen von Soldatinnen und Soldaten und zur Sicherheitsüberprüfung von Reservistinnen und Reservisten«. Wohlgemerkt, das Gesetz bezieht sich auf Angehörige der Bundeswehr, nicht auf Zivilpersonal. Angesichts aller möglichen Extremisten – von Reichsbürgern bis zu islamistischen Terroristen –, Spionen und gewöhnlichen Kriminellen, die gerne Zugang zu Waffen, Sprengstoff und Informationen aus dem Bereich der Bundeswehr hätten, ist ein Überdenken der bisherigen Praxis der Sicherheitsüberprüfung bestimmt sinnvoll. Der Gesetzentwurf wurde dann auch im Juli 2021 ratifiziert und umgesetzt. Es ist ja nicht so, dass in den vergangenen Jahren keine Waffen, Sprengstoffe und Munition aus den Beständen der Bundeswehr abhandengekommen wären. Ebenso ist es sinnvoll, sich wegen der Konfrontation mit Russland und der Aktivitäten Chinas besser abzuschotten.

Es gibt drei Kategorien der Sicherheitsüberprüfung durch den MAD: die Ü1 bis Ü3. Ich selbst habe mich mehrfach den verschiedenen Sicherheitsüberprüfungen unterziehen müssen, denn es gibt sie schon länger in der Bundeswehr. Die Ü1 müssen sämtliche Rekrutinnen und Rekruten durchlaufen. Bei diversen Behörden – Polizei, Verfassungsschutz, Staatsanwaltschaft, Bundeszentralregister – wird geprüft, ob Erkenntnisse über die entsprechende Person vorliegen. Die Ü2 geht mehr in die Tiefe, zum Beispiel werden die Wohnsitze der letzten fünf Jahre überprüft. Bei der Ü2-Verschlusssachenschutz werden auch Ehegatten oder Lebenspartner mit eingeschlossen. Die erweiterte Sicherheitsüberprüfung mit Sicherheitsermittlungen – die sogenannte Ü3 – soll neben den Erkenntnissen der Ü1 und Ü2 auch noch einen Einblick in das soziale Umfeld einer Person geben. Dazu werden Personen aus dem Bekanntenkreis befragt. Außerdem hat der MAD heute auch die Möglichkeit, in den sozialen Medien zu ermitteln. Das alles hört sich erst einmal gründlich und nach einer richtig vertrauenerweckenden Maßnahme an. Doch wie es das Verteidigungsministerium ganz richtig sagt: Die Sicherheitsüberprüfungen sind immer nur eine Momentaufnahme. Darum werden sie nach dem neuen Gesetz nicht nur intensiviert, sondern auch in kürzeren Abständen – alle fünf Jahre – wiederholt und alle 30 Monate aktualisiert. Damit hat der MAD natürlich ziemlich viel zu tun, und es kommt zu Zeitverzögerungen. Doch was sein muss, muss sein. Dazu die damalige Verteidigungsministerin Kramp-Karrenbauer: »Wir sind es ihnen [den Soldatinnen und Soldaten der Bundeswehr] schuldig, dass wir diejenigen, die es nicht so sehen, aus der Bundeswehr auch konsequent entfernen beziehungsweise verhindern können, dass sie den Weg in die Bundeswehr finden.« Offen bleibt dabei, wie mit den zivilen Beschäftigten verfahren wird. Hier handelt es sich um Zigtausende von Angestellten, die in allen Bereichen und an sämtlichen Standorten der Truppe beschäftigt sind. Das Gesetz für die intensivierte Sicherheitsüberprüfung – ich wiederhole es noch einmal – wird nur auf Angehörige der Bundeswehr angewandt. Wer jetzt sagt, die Bundeswehr würde es auch bei den Zivilangestellten mit der Sicherheit genau nehmen, irrt sich gewaltig. Warum, das zeigt das nachfolgende Beispiel.

Sicherheit im zivilen Bereich der Bundeswehr

Im August 2020 fand ein Cyberangriff auf die BwFuhrparkServive GmbH statt. Hier handelt es sich grob gesagt um den Fahrdienst der gesamten Bundeswehr. Ich werde später noch genauer auf das Thema eingehen. Eigner des BwFuhrparkservices sind zu 75,1 Prozent das Verteidigungsministerium und zu 24,9 Prozent die Deutsche Bahn AG. Es handelt sich hier um ein ziviles Unternehmen, das an sämtlichen Standorten der Bundeswehr wie in einigen Auslandseinsätzen und für den Fahrdienst des Bundestages Fahrzeuge und Fahrer bereitstellt. Dass der Hackerangriff überhaupt bemerkt wurde, kann man als Glück im Unglück verstehen, denn nur dadurch wurde ein weiterer Missstand publik: Da es sich bei der BwFuhrparkServive GmbH um ein ziviles Unternehmen handelt, hat deren Computer- und IT-System einen weit geringeren Sicherheitsstandard, als es innerhalb der Bundeswehr der Fall wäre. Innerhalb der Streitkräfte gelten strenge Vorschriften, was die Weitergabe von schützender Software – im Fall der Attacke auf den BwFuhrparkservice ging es um ein Programm gegen die Schadsoftware Emotet – betrifft. Man kann ein Top-Secret-Computerprogramm, das die Bundeswehr aufwendig entwickelt hat, eben nicht einfach auf dem zivilen Computersystem einer gewerblichen Firma installieren. Zumal dann auch überhaupt nicht mehr zu kontrollieren ist, wer von den Beschäftigten Zugriff darauf hat und was er damit macht (besonders dann nicht, wenn davon auszugehen ist, dass nicht alle Angestellten entsprechend sicherheitsüberprüft wurden). Ein Sprecher des Bundesamtes für Sicherheit in der Informationstechnik (BSI) sagte denn auch dazu: »Die BwFuhrparkservice hat kein Schutzprogramm gegen die bei dem Angriff verwendete Erpressersoftware erhalten, weil sie weder eine staatliche Behörde ist noch als Unternehmen zum Bereich der sogenannten Kritischen Infrastruktur gezählt wird. Das Programm gegen die Schadsoftware Emotet wird nur einem eingeschränkten Nutzerkreis zur Verfügung gestellt, um einen besonderem Vertraulichkeitsschutz zu wahren und mögliche Angreifer nicht ins Bild zu setzen.« Dies gilt so für alle (!) zivilen Firmen – auch wenn sie anteilig dem Verteidigungsministerium gehören –, die für die Bundeswehr arbeiten. Wie wir gesehen haben, sind von der Bekleidung über den Drohnenpiloten und Flugzeugmechaniker bis zum Wachmann vor der Kaserne sämtliche Bereiche der Bundeswehr betroffen. Darunter auch solche, die geheim und sicherheitsrelevant sind. Die Bundeswehr ist gewissermaßen durchdrungen von Zivilangestellten – und das ist auch im Hinblick auf die Sicherheit ein ziemlich großer Risikofaktor. Wie der Cyberangriff auf den Fahrdienst zeigt, müssen ja nicht mal einzelne Personen ins Visier eines Übeltäters oder eines gegnerischen Nachrichtendienstes geraten. Es reicht der Firmencomputer, der irgendwo in einem Privatgebäude herumsteht und nicht nach den Sicherheitsstandards geschützt ist, wie sie innerhalb der Bundeswehr Vorschrift sind – weil es eben die Vorschriften des Verteidigungsministeriums verbieten! Hier zeigt sich eine extrem gefährliche Schwachstelle des bestehenden Systems. Auf den Firmencomputern findet sich bekanntermaßen alles Mögliche: Dienstpläne, Personaldaten, technische Informationen. Für einen gegnerischen Nachrichtendienst ist es kein Problem, mit diesen Informationen Schaden anzurichten. Die Bundeswehr selbst steht durch ihre entstandene Abhängigkeit von zivilen Dienstleistern ungeschützt – also auch hier »blank« – da.

Die Bundeswehr lässt fahren: der BwFuhrparkservice

Um auf den BwFuhrparkservice zurückzukommen: Vor dem großen Outsourcing hatte jede Einheit, jedes Regiment, jedes Bataillon und jede Brigade einen eigenen Fuhrpark. Zusätzlich zu den Panzern und gepanzerten Fahrzeugen, die sie möglicherweise für ihren Auftrag brauchte, standen im Fuhrpark Pkw, Busse und Kleinbusse bereit, um Personen von A nach B zu befördern. Zusätzlich zu den Fahrzeugen gab es die sogenannten Kraftfahrer vom Dienst (KvD). Sehr oft waren das Wehrdienstleistende, nicht wenige davon hatten vorher in einer der Militärfahrschulen der Bundeswehr ihren Führerschein gemacht. Beides gibt es heute nicht mehr (einen Führerschein kann man bei der Bundeswehr nur noch in sehr wenigen Fällen machen). Ich erinnere mich an meinen Dienst als KvD, als ich in dieser Zeit auf Abruf bereitstand, und wenn ein Kamerad eine Fahrt machen musste und der nötige Befehl dazu kam, fuhr ich ihn, wohin auch immer. Das lief ziemlich glatt und geschmeidig, ohne großen Zeitverzug. Die Fahrzeuge waren ebenfalls immer einsatzbereit, denn jede Einheit besaß auch eine eigene Instandhaltung. Unter Instandhaltung (Inst) ist eine Werkstatt mit qualifiziertem Personal zu verstehen. Der Schirrmeister – ein Begriff, den es in der Bundeswehr noch gibt – hat die Instandhaltung unter sich und ist »fürs Geschirr« zuständig. Die Soldatinnen und Soldaten in der Inst sind dazu in der Lage, die Fahrzeuge ihrer Einheit mit dem, was sie vor Ort haben, zu reparieren, wie der Name sagt: instand zu setzen. Das haben sie bei Tag und bei Nacht notfalls auch an Sonn- und Feiertagen gemacht. Es ging darum, jederzeit eine möglichst vollständige Einsatzbereitschaft zu gewährleisten. Die kann man beim BwFuhrparkservice so ziemlich vergessen. Erstens gibt es wesentlich weniger Fahrzeuge (der BwFuhrparkservice hat aktuell etwa 37.600 Fahrzeuge) und Fahrer. Kraftfahrer vom Dienst waren ja allein schon wegen der vielen Wehrpflichtigen überall in der Truppe vorhanden. Der Fuhrparkservice wirtschaftet als gewerbliches Unternehmen und kann es sich darum gar nicht leisten, Personal nur für den Fall, dass jemand ein Fahrzeug braucht, rund um die Uhr an sämtlichen Standorten vorzuhalten. Das würde mit Sicherheit mehr kosten, als wenn die Bundeswehr das selbst machen würde. Für die Truppe war das System mit den KvDs deshalb gut, weil eine Soldatin oder ein Soldat, der als Kraftfahrer vom Dienst eingeteilt ist, parallel – wenn er nicht gebraucht wird – auch noch anderen Aufgaben nachgehen kann. Außerdem lebt er in der Kaserne. Ein zivilangestellter Fahrer wohnt nicht am Standort und macht nichts anderes als Fahren. Möglichst effizient – für seinen Arbeitgeber, versteht sich. Darum erstellt der BwFuhrparkservice eine Art Einsatzplan. Die Bundeswehr muss vorab ihren Bedarf anmelden. Also zu welcher Zeit, an welchem Datum eine Fahrt wohin stattfinden soll. Die Kapazität ist begrenzt, und es darf auch nichts Unvorhergesehenes dazwischenkommen. Ein Beispiel: Ein Kamerad lebt in meiner Nähe. Er ist aktiver Soldat, und der Standort ist ebenfalls nicht allzu weit von unserem Zuhause in der Nähe von Wolfsburg entfernt. Durch ein Missgeschick hatte er sich einen Finger gebrochen und musste zum Truppenarzt gehen. Ich war gerade zur Stelle und bot mich an, ihn zur Kaserne zu fahren. Dort angekommen, ging er zu seiner Untersuchung, und ich setzte mich ins Wartezimmer, da ich ihn ja auch wieder zurückbringen wollte. Ich vertrieb mir die Zeit, indem ich im *Y-Magazin* – einer Zeitschrift der Bundeswehr für ihre Soldaten – blätterte. Irgendwann tauchte der Kamerad wieder auf. »Achim«, sagte er, »ich muss zu einer weiteren Untersuchung ins Bundeswehrkrankenhaus nach Hamburg.« Hamburg, das bedeutete etwa zwei bis drei Stunden Autofahrt, und möglicherweise stand dort auch ein längerer Aufenthalt an. »Was machen wir?«, wollte ich von ihm wissen. Er wusste es auch nicht. »Früher hätte es den Sanitätskraftfahrer vom Dienst gegeben …«, überlegte ich laut. »Vielleicht gibt's den ja immer noch. Ich frag mal«, sagte der Kamerad. Kurz darauf kam er ziemlich genervt zurück. »Jetzt geht's erst richtig mit den Problemen los«, sagte er. Wie für sämtliche Fahrdienste war auch für den Sanitätsfahrdienst mittlerweile der BwFuhrparkservice zuständig. Solange es sich nicht um einen medizinischen Notfall handelt, sollen sich die Soldatinnen und Soldaten durch ihn zum Bundeswehrkrankenhaus transportieren lassen. Dazu, so erklärte mir der Kamerad, müsse er aber zuerst eine Anfrage an seine Vorgesetzten richten, die diese Fahrt daraufhin beim Fuhrparkservice beantragen würden. Gesagt, getan, ein Vorgesetzter leitete die Anfrage weiter, wir holten uns am Automaten einen Kaffee und warteten. Später tranken wir einen weiteren Kaffee. Die Zeit verging – leider nicht im Flug, sondern im Schneckentempo. Das Smartphone des Kameraden schellte. Ich hörte mit, dass es ein Problem damit gab, einen Termin für die Hamburg-Fahrt zu finden. Der Wochenplan des Unternehmens war voll. Es hörte sich echt kompliziert an. Schließlich wurde eine Lösung gefunden: In der kommenden

Woche sollte der Soldat seinen Termin wahrnehmen können. In seinem Fall lag es aber nicht etwa daran, dass die Ärzte im Bundeswehrkrankenhaus ausgebucht waren, sondern die Fahrer des BwFuhrparks einen vollen Terminkalender hatten. Ich schüttelte den Kopf und versprach, ihn an dem bestimmten Tag um 6.45 Uhr in die Kaserne zu bringen.

Diese Anekdote zeigt, dass das ganze System als solches nicht funktioniert. Das ist durchaus eine ernste Sache, denn es geht ja nicht nur darum, dass Soldaten zum Arzt gefahren werden, sondern auch um den Transport von Waffen und Munition. Ganze Truppenteile werden in zivilen Bussen zum Übungsplatz verlegt. Die Bundeswehr selbst hat dazu mittlerweile weder genügend Fahrzeuge noch genügend Fahrer. Auch hier hat sich eine Abhängigkeit von gewerblichen Unternehmen entwickelt, die die Einsatzbereitschaft der Truppe gefährdet. Ohne sie stünden wir, da ist es wieder: »blank« da.

Aus Erfahrung kann ich sagen, dass Material und Fahrzeuge bei der Bundeswehr besonders beansprucht werden. Man muss nicht einmal von einem scharfen Kampfeinsatz ausgehen, sondern auch im Friedensbetrieb gehen Fahrzeuge und Waffensysteme kaputt. Nach dem Übungsplatzaufenthalt eines Kampfverbandes würde ich vermuten, dass dieser Verband technisch nicht mehr einsatzbereit ist. Wegen der hohen Beanspruchung im Gelände müssen viele Fahrzeuge repariert werden. Dafür hatte man vor der Privatisierungswelle die beweglichen Instandsetzungstrupps. Der Schirrmeister und die dafür zuständigen Soldaten waren meistens dazu in der Lage, das Gerät noch vor Ort – unter Gefechtsbedingungen – wieder einsatzbereit zu machen. So etwas brauchen Streitkräfte meiner Ansicht nach, wenn alles gut funktionieren soll. Heute wird bei der Bundeswehr ein kaputtes Fahrzeug in eine private Werkstatt geschleppt. Dort steht es dann erst einmal auf dem Hof. Der ist meistens schon voll mit Gerät, das auch nicht mehr einsatzbereit ist. Nach und nach arbeiten die zivilen Mitarbeiter der Werkstatt ihr Pensum ab. In der Regel an vertraglich geregelten Acht-Stunden-Tagen mit Pausen und allem Drum und Dran. Dagegen ist ja auch nichts einzuwenden, nur aus Sicht der Truppe funktioniert es so nicht. Ähnliches gilt für die Ersatzteile – hier sind nicht nur Fahrzeuge, sondern auch Schiffe, Fluggerät, Waffen und so weiter betroffen. Die werden nämlich nicht mehr in großen Stückzahlen vorgehalten, damit man bei Bedarf ein schadhaftes Teil möglichst schnell ersetzen kann, sondern meistens beim Hersteller oder einer zivilen Firma »on demand« bestellt. Oder das kaputte Material wird gleich an die Herstellerfirma zur Reparatur geschickt. Dort sind dann die zivilen Mitarbeiter mit ihrem Acht-Stunden-Tag … Ich wiederhole mich. Leider.

Die Privatisierung und die Einsatzbereitschaft der Bundeswehr

Auch nachdem Bundeskanzler Olaf Scholz die Zeitenwende angekündigt hat, geht in der Bundeswehr die Privatisierung weiter – und wird sogar noch auf Bereiche ausgedehnt, die bisher von ihr verschont waren. Im nordhessischen Kaufungen – gar nicht mal so weit von meiner Wolfsburger Heimat entfernt – steht eine Halle, die allein schon durch ihre Größe auffällt. Der Koloss ist mehr als 120 Meter lang und hat um die 12.000 Quadratmeter Grundfläche. Darin befindet sich ein Hochregallager, in dem sämtliche – wirklich alle (!) – Ersatzteile des Heeres zentral gelagert sind. Bei der sogenannten »Zentrale Bundeswehr Ersatzteil Logistik« (ZEBEL) handelt es sich um ein Dienstleistungsprojekt der in München ansässigen Firma Elektroniksystem- und Logistik-GmbH (ESG). Im Jahr 2000 hatte die Bundeswehr beschlossen, ihre Ersatzteillager an sämtlichen Standorten aufzulösen und an einem Ort zentral zivil einzulagern und verwalten zu lassen. Angeblich ließen sich die Kosten durch die Auflösung vermeintlich »überflüssiger« Ersatzteilbestände um ein Vielfaches auf etwa 80 Millionen Euro senken. Dafür, dass die Ersatzteile aus Kaufungen zu den Standorten der Bundeswehr gebracht werden, ist ebenfalls ein ziviles Unternehmen zuständig: die Schenker AG. Das Unternehmen garantiert, dass jedes Ersatzteil innerhalb von 24 Stunden an jeden Standort gebracht werden kann. Ich frage mich jetzt, wie die Computersysteme der Schenker AG wohl geschützt sind. Nach allem, was wir wissen, wahrscheinlich nicht nach militärischen Standards.

Ziel dieser Zentralisierung und Privatisierung wichtiger Heereslogistik ist ganz klar: Kosten sparen. Der Bundesrechnungshof freute sich, dass bei der Kooperation mit den Unternehmen die »wirtschaftlichen Zielwerte« übertroffen wurden. Einen Zusammenhang zwischen der gesunkenen Einsatzbereitschaft von Waffensystemen und Fahrzeugen und der Auflösung der standorteigenen Ersatzteillager sehen Bundesrechnungshof und Verteidigungsministerium wohl nicht. Natürlich lässt sich dafür nicht so ohne Weiteres – und ausschließlich – die »Zentrale Bundeswehr Ersatzteil Logistik« verantwortlich machen. Es spielen auch Faktoren wie fehlende Instandsetzungskapazitäten bei der Bundeswehr selbst und dergleichen eine Rolle. Doch als Soldat halte ich es für einen großen Fehler, sämtliche Ersatzteile des Heeres an einem einzigen Ort unter ziviler Aufsicht zu lagern. Was glauben Sie, wie ein Gegner seine Angriffsziele auswählt? Möglichst große Wirkung und möglichst leicht zu zerstören. Das sind zwei wichtige Kriterien jeglicher Angriffsplanung. Auf eine gigantische Lagerhalle, oberirdisch, die nicht militärisch verteidigt wird, und in der wirklich alle (!) Ersatzteile des Heeres lagern, trifft dies hundertprozentig zu. In der Ukraine wurden und werden vom ersten Tage an Primärziele bekämpft. Mehr »Primärziel« ist kaum möglich. Dennoch zentralisiert die Bundeswehr hier und erteilt quasi eine Einladung für den Falle eines Angriffs. Würde das Ersatzteillager vernichtet, stände die Bundeswehr auch hier wieder »blank« da.

Die Elektroniksystem- und Logistik-GmbH kann auf eine lange Tradition in der Zusammenarbeit mit der Bundeswehr zurückblicken. Sie ist nur um weniges jünger als die Bundeswehr selbst. In den 1960er-Jahren wurde bei der Luftwaffe ein neues Jagdflugzeug eingeführt. Die Lockheed F-104G – als Starfighter bekannt – war extrem schwierig zu fliegen und störanfällig. Bei Unfällen stürzten 269 Maschinen ab und kamen 116 Piloten der Luftwaffe ums Leben. Später klagten einige Familien verunglückter Piloten in den USA gegen die Herstellerfirma und bekamen hohe Entschädigungszahlungen zugesprochen (im Gegensatz zu den Witwen der ums Leben gekommenen Tiger-Piloten, die Airbus Helicopters in Deutschland verklagt hatten). Um die Sicherheit des Starfighters, der in Lizenz in Deutschland gebaut wurde, zu verbessern, bat das Verteidigungsministerium die Elektroindustrie um Hilfe. Firmen wie Siemens, AEG-Telefunken, Rohde & Schwarz und SEL gründeten zu diesem Zweck die Elektronik-System-Gesellschaft mbH (ESG), aus der nach einer Fusion die heutige Elektroniksystem- und Logistik-GmbH hervorging. Die ESG war erfolgreich an verschiedenen Rüstungsprojekten – darunter die Waffensystemelektronik des Tornados, das digitale Feuerleitsystem des Flugabwehrpanzers Gepard und der technischen Betreuung sowie Materialbewirtschaftung der Transall – beteiligt. Nach dem Ende des Kalten Krieges expandierte die ESG in den zivilen Bereich, beispielsweise die Automobilindustrie. Trotzdem bleibt die Bundeswehr der wichtigste Großkunde. Eigentlich wäre der bestehende Vertrag über die »Zentrale Bundeswehr Ersatzteil Logistik« am 31. August 2024 ausgelaufen, nun hat ihn das Beschaffungs-Bundesamt bis zum 31. August 2026 verlängert. Der Haushaltsausschuss hat der Verlängerungsoption mit einem Volumen von 51,9 Millionen Euro zugestimmt. Dabei hat das Verteidigungsministerium die Zusammenarbeit mit ZEBEL sogar noch beträchtlich erweitert: Künftig wird neben dem Heer auch noch eine weitere Teilstreitkraft – die Luftwaffe – betreut.

Das alles geht meiner Ansicht nach komplett in die falsche Richtung. Kameraden sagen mir unter der Hand, dass ohne Airbus Industries kein Flugzeug der Bundeswehr mehr abheben könne. Das mag übertrieben formuliert sein, zeigt aber auch die Erfahrungen, die die Truppe mit den zivilen Dienstleistern macht. Zivile Flugtechniker von Airbus warten die Helikopter, Flugzeuge und Drohnen in einem Ausmaß, das dazu geführt hat, dass die Bundeswehr einfach nicht mehr auf diese Dienstleistungen verzichten kann. Dadurch sind Abhängigkeiten entstanden. Gleichzeitig entwickelt das Verteidigungsministerium mit einigen dieser Unternehmen Rüstungsprojekte, die teurer als vereinbart werden und schlechtere Ergebnisse als geplant und bestellt liefern – wie schon dargelegt. Würde man also – wie in Kapitel 4 beschrieben –, so wie es Norwegen getan hat, den NH90 an die Herstellerfirma zurückgeben wollen, gibt es ein Problem. Denn möglicherweise ist die Bundeswehr von genau dieser Firma, der sie ihr mangelhaftes Produkt zurückschicken will, abhängig, um den Flugbetrieb aufrechtzuerhalten. Was dann? Der Industrie und den zivilen Unternehmen ist das natürlich bewusst, und sie bauen ihren Einfluss ständig aus. Manchmal lese ich Stellenanzeigen wie folgende: »Fahrer Leopard 2 gesucht, mindestens vier Jahre

Dienstzeit und so weiter ...« Hier werden ganz gezielt Soldatinnen und Soldaten abgeworben, die die Bundeswehr ausgebildet hat, um sie dann wieder als zivile Arbeitnehmer an die Bundeswehr zu vermitteln. Ein ehemaliger Kamerad von mir unterrichtet heute als Zivilist und als sogenannter Militärfachlehrer in der Überlebens- und Einzelkämpferausbildung Soldaten der Bundeswehr. Das sind schon recht spezialisierte Ausbildungsinhalte, die für bestimmte Truppenteile sehr wichtig sind. Die Bundeswehr hat dafür einfach keine eigenen Ausbilder mehr und muss sich – wie übrigens auch in manchen Aspekten der Grundausbildung – mit externen Kräften behelfen. Natürlich gibt es die, wie im Falle meines Kameraden, auch nicht gerade wie Sand am Meer, da es sich wirklich um Spezialisten handelt. Darum werden Ausbildungsinhalte gekürzt und zusammengefasst. All das geht zulasten der Ausbildung. Ich kann in der Bundeswehr hinschauen, wo ich will, und sehe: In fast allen Bereichen ist eine strukturelle Abhängigkeit von gewerblichen Anbietern und zivilen Dienstleistern entstanden. In meinen Augen hat sich das Verteidigungsministerium hier gründlich verschätzt.

Außer der Tatsache, dass durch das total überzogene Outsourcing hohe Kosten verursacht werden, die aber in der Gegenrechnung nicht dazu führen, dass bei der Bundeswehr irgendwas besser läuft – sonst wären ja wesentlich mehr Fahrzeuge, Flugzeuge und Schiffe einsatzbereit –, setzt sich auch hier das Verteidigungsministerium über das Grundgesetz hinweg. Im Fall des zivilen Wachpersonals wird dies besonders deutlich. Im bereits von mir zitierten Artikel 87a des Grundgesetzes heißt es in Absatz 1: *»Der Bund stellt Streitkräfte zur Verteidigung auf.«* Hier wird ganz klar gesagt, dass das Gewaltmonopol beim Staat verbleiben muss und es einzig dem Bund vorbehalten ist, Streitkräfte zu unterhalten, die dann im Ernstfall – wir erinnern uns an die Kapitel

2 und 6 – auch exekutiv-hoheitliche Aufgaben übernehmen können. Die Angestellten einer privaten Sicherheitsfirma, die Waffen tragen und eine Kaserne bewachen, können möglicherweise auch in eine Situation kommen, in der sie hoheitliche Aufgaben wahrnehmen müssen. Sonst bräuchte man sie in dieser Form ja auch gar nicht erst. Dazu sind sie aber vom Grundgesetz überhaupt nicht ermächtigt. Streit- und Sicherheitskräfte sollen in der Bundesrepublik Deutschland ganz eindeutig in staatlicher Hand bleiben. Zivile Drohnenpiloten, Ausbilder, Wachmänner und dergleichen – wie schon deutlich geworden ist – widersprechen dieser Vorgabe fundamental. In diesem Zusammenhang ist auch nicht zu unterschätzen, was der Einsatz ziviler Auftragnehmer für die Transparenz bei Auslandseinsätzen bedeutet. Der Bundestag legt in der Regel eine Obergrenze für das jeweilige Kontingent – es handelt sich um die Zahl der Soldatinnen und Soldaten, die die Bundeswehr in den Auslandseinsatz schicken darf – fest. Im Afghanistan-Einsatz waren das zum Beispiel zeitweise um die 3.000, in Mali etwa 1.400 Soldaten. Mehr geht in so einem Fall nicht. Zivile Mitarbeiter der Bundeswehr tauchen in dieser Rechnung jedoch nicht auf. Die Bundeswehr kann also auf diese Weise wesentlich mehr Kräfte ins Einsatzland verbringen, als vom Parlament genehmigt wurden. Das sind dann zwar keine Fallschirmjäger, Gebirgsjäger oder Panzergrenadiere – sondern Techniker, Drohnenpiloten und Mechaniker –, aber eben doch Kräfte, die die Bundeswehr in diesen Auslandseinsatz mit einbezieht und die sonst mitgezählt werden müssten. Ich möchte hier niemandem vorwerfen, dass er diese Möglichkeit bewusst missbraucht, aber ich denke, jeder Leser wird erkennen, dass zumindest die Tür dazu offen ist, Parlament und Öffentlichkeit dadurch zu täuschen. Über Sicherheitslücken bei den privaten Dienstleistern (wenn man Zivilisten in militärische Abläufe mit einbezieht,

wächst das Risiko der Spionage) und deren möglicherweise unklare Loyalität habe ich ja schon gesprochen. In Zeiten der Globalisierung sind viele dieser Firmen international vernetzt. Selbst wenn die Bundeswehr der größte Auftraggeber ist, haben sie auch andere Geschäftspartner. Es ist zumindest vorstellbar, dass sich in Zukunft Konflikte ergeben, bei denen sich die Interessen des Auftraggebers und der Auftragnehmer widersprechen – man denke nur an Embargos und Wirtschaftssanktionen. Ebenso ist es fraglich, ob der Angestellte eines Rüstungskonzerns grundsätzlich dieselben Ziele und Werte verfolgt wie eine Soldatin oder ein Soldat der Bundeswehr. Letztere haben einen Eid abgelegt, Ersterer einen Vertrag anderen Inhalts unterschrieben.

Worauf ich hinauswill: Das ganze System der Zusammenarbeit mit zivilen Dienstleistern, so wie es aktuell in der Bundeswehr existiert, ist auf einen reinen Friedensbetrieb ausgelegt. Es darf sich innerhalb Deutschlands nichts ereignen, was die zivilen Abläufe stört! Solange das zentrale Ersatzteillager steht und die Spedition ausliefert, funktioniert es – zumindest mehr oder weniger. Doch im Verteidigungsfall, wenn Infrastruktur auf unserem Territorium zerstört worden sein sollte, wird hier nichts mehr laufen. Die Zivilangestellten – vom Fuhrpark bis zu den Wachen – werden sich fragen, ob sie nicht lieber ihren Familien helfen sollen, anstatt für die Bundeswehr den Kopf hinzuhalten. Ich kann es ihnen nicht mal verdenken, denn es handelt sich ja schließlich um Zivilisten, die eben keinen Eid abgelegt haben. Was Unterstützung, Material und Instandsetzung angeht, ständen wir im Falle einer Landesverteidigung auch hier wieder komplett »blank« da. Vieles von ihrem Potenzial, von wirklich einzigartigen Fähigkeiten, hat sich die Bundeswehr selbst »weggespart«. In den vergangenen Jahrzehnten hat sie sich an das System der zivilen Dienstleister gewöhnt. Wenn es nun im Zuge der Zeitenwende wieder rückgängig gemacht werden soll – wozu ich dringend rate –, um die Einsatzbereitschaft der Truppe wiederherzustellen, werden Jahre dazu nötig sein. Entsprechendes Personal muss ja auch erst einmal ausgebildet werden. Mit dem 100-Milliarden-Sondervermögen und der sicherheitspolitischen Zeitenwende will man die Bundeswehr wieder »hochfahren«. Im Bereich qualifizierter Soldatinnen und Soldaten ist kein Kaltstart möglich, doch was die Truppe tatsächlich mindestens ebenso dringend braucht, sind funktionierende Großwaffensysteme und Kapazitäten, die auch zukunftstauglich sind.

8. Operation Einkaufsliste

Die 100 Milliarden sind auf dem Konto. Zumindest im Prinzip. Nach einer Änderung des Grundgesetzes kann die Bundeswehr 100 Milliarden Euro zusätzlich ausgeben und damit einkaufen, was sie am dringendsten benötigt. Im Artikel 87a ist nun auch ein Absatz 1a verankert, in dem es heißt: *»Zur Stärkung der Bündnis- und Verteidigungsfähigkeit kann der Bund ein Sondervermögen für die Bundeswehr mit eigener Kreditermächtigung in Höhe von einmalig bis zu 100 Milliarden Euro errichten. Auf die Kreditermächtigung sind Artikel 109 Absatz 3 und Artikel 115 Absatz 2 nicht anzuwenden. Das Nähere regelt ein Bundesgesetz.«* Damit ist die Schuldenobergrenze lediglich einmalig ausgesetzt. Das sogenannte »Sondervermögen Bundeswehr« kann ab sofort ausgegeben werden. In seiner Zeitenwende-Rede kündigte Bundeskanzler Scholz am 27. Februar an, angesichts der Bedrohung durch Russland das Nötige zu tun, um endlich wieder eine einsatzbereite Truppe zu haben. »Das Ziel ist eine leistungsfähige, hochmoderne, fortschrittliche Bundeswehr, die uns zuverlässig schützt«, sagte der Kanzler und bat Finanzminister Lindner, den Weg für die Investition von 100 Milliarden Euro frei zu machen. Wofür das Geld ausgegeben werden solle, sagte der Kanzler ebenfalls: »Die Mittel werden wir für notwendige Investitionen und Rüstungsvorhaben nutzen.« Notwendige Investitionen: Darunter könnte man jetzt mehr qualifizierte Soldatinnen und Soldaten sowie eine bessere Ausbildung verstehen. Der Kanzler ließ das erst einmal offen. Ich habe bisher aufgezeigt, dass in diesem Bereich große bis katastrophale Defizite bestehen. Ebenso habe ich dargelegt, dass sich dies mit Geld allein – und schon gar nicht kurzfristig – [nicht] beheben lässt. In der öffentlichen und politischen Diskussion geriet dieser Punkt auch vollkommen in den Hintergrund. Stattdessen wird von den spektakulären Rüstungsvorhaben gesprochen. Der Bundeskanzler selbst hatte in seiner Rede einige davon ins Spiel gebracht: »Auch die Anschaffung der bewaffneten Heron-Drohne aus Israel treiben wir voran. Für die nukleare Teilhabe werden wir rechtzeitig einen modernen Ersatz für die veralteten Tornado-Jets beschaffen. Der Eurofighter soll zu Electronic Warfare befähigt werden. Das Kampfflugzeug F-35 kommt als Trägerflugzeug in Betracht.«

Drohnen

Beginnen wir einmal mit dem ersten Punkt: Die Heron-Drohne mit Waffen – in diesem Fall Luft-Boden-Raketen – auszustatten, ist keine neue Idee. Im Gegenteil. Es wird seit mindestens fünf Jahren darüber debattiert und gestritten. Im Jahr 2020 lehnte die SPD einen Vorschlag der CDU/CSU ab, die Bundeswehr mit bewaffneten Drohnen auszurüsten. Die Meinung darüber, ob eine waffentragende Drohne einen zusätzlichen Schutz und Vorteil für die Soldaten bedeute oder nicht, war selbst innerhalb der SPD umstritten. Der verteidigungspolitische Sprecher der Partei Fritz Felgentreu gab im Zuge der Diskussion sogar sein Amt auf. SPD-Fraktionschef Rolf Mützenich sagte, dass ein Drohneneinsatz möglicherweise zur Eskalation von Konflikten beitragen könne. Darum, so der SPD-Politiker, sei es moralisch und ethisch geboten, ohne Zeitdruck eine Entscheidung zu dem Thema zu treffen. Das war 2020. Ohne Zeitdruck in die Zeitenwende, würde ich jetzt mal ironisch sagen. Denn dem waren mindestens noch mal acht Jahre parteiinterne und parteiübergreifende Diskussionen zu dem Thema vorausgegangen. »Killer-Drohnen«, wie sie reißerisch genannt werden, sind ein brisantes Thema. Jeder weiß, dass die Amerikaner Kampfdrohnen auch zur Jagd auf Terroristen einsetzen. Die Bundeswehr hat natürlich ganz andere Aufgabengebiete und handelt auf einer anderen Rechtsgrundlage. Doch in der öffentlichen Diskussion werfen das etliche, die unbedingt etwas dazu sagen wollen, leichtfertig in einen Topf. Auch viele Politiker haben meiner Ansicht nach keine Ahnung, worüber sie da eigentlich reden. Soldatinnen und Soldaten sehen mehr den technischen Vorteil des Waffensystems. In der Truppe fragen sich viele, wie es wohl aussehen würde, wenn ein Konvoi während eines Politikerbesuchs angegriffen würde? Möglichst noch mit einem Regierungsvertreter an Bord, der sich aus ethischen Gründen gegen Drohnen ausspricht? Wenn sich so jemand selbst in der Situation wiederfände, dass er schnell Feuerunterstützung bräuchte, wie würde er wohl entscheiden? Moral und Ethik sind mit Sicherheit wichtig, aber man braucht auch realistische Entscheidungsgrundlagen. Bei diesen Themen geht es um Leben oder Tod. Die Drohne hat ein schlechtes Image. Trotzdem handelt es sich – auch nach dem, was ich aus der Truppe höre – um ein sinnvolles Waffensystem, das die Fähigkeiten der Bundeswehr sehr gut ergänzt. Doch auf Soldatinnen und Soldaten hört die Politik ja leider nicht allzu oft. Nachdem aufgrund der Einsatzerfahrungen in Afghanistan die Bundeswehr spätestens 2010 ebenfalls bewaffnete Drohnen anschaffen wollte, blockierte die Politik das Vorhaben über beinahe ein Jahrzehnt. In den Koalitionsverträgen von 2013 und auch 2018 setzte die SPD durch, dass erst eine »ausführliche völkerrechtliche, verfassungsrechtliche und ethische Prüfung« dieser Waffensysteme stattfinden müsse, bevor der Bundestag überhaupt über die Anschaffung dieser abstimmen dürfe. Ich frage mich, was die beteiligten Politiker völkerrechtlich, verfassungsrechtlich und ethisch geprüft haben, wenn sie erst nach fünf Jahren (!) und dann nach weiteren drei Jahren immer noch zu keinem Ergebnis gelangt sind? Es gab öffentliche Anhörungen im Verteidigungsausschuss und jede Menge Debatten, die alle zu nicht viel mehr führten, als dass man weiter »prüfe«. Bis ein SPD-Kanzler im Februar 2022 sagte: Zeitenwende, bewaffnete Drohnen werden angeschafft! Na bitte, geht doch. Na ja, genau genommen sagte der Kanzler, dass man die Anschaffung der Drohnen vorantreiben wolle. Immerhin wurden angeblich bereits zwei Monate später die ersten Verträge über die Anschaffung von Lenkflugkörpern geschlossen, mit denen sich die Heron TP der Bundeswehr bewaffnen lässt. Von 140 Lenkwaffen – sprich Luft-Boden-Raketen – zum Preis von etwa 140 Millionen Euro ist die Rede. Das ist wirklich kein allzu großer Posten innerhalb des Sondervermögens von 100 Milliarden.

Warum die Anschaffung von Kampfdrohnen auf einmal im Rahmen der Zeitenwende derart betont wird, hat für mich auch etwas damit zu tun, dass man von den jahrelangen Versäumnissen ablenken will. Ab 2024 wird damit gerechnet, dass die bewaffneten Drohnen bei der Truppe einsatzbereit sind. Wenn das der Beginn einer Zeitenwende sein soll, fällt er ziemlich mickrig aus. Denn Kampfdrohnen anzuschaffen ist, wie gezeigt, eine mehr als zehn Jahre alte Forderung der Bundeswehr. Ein Jahrzehnt lang diskutiert man lang und breit über Sinn und Nutzen einer Waffe, dann marschiert die russische Armee in der Ukraine ein, und – zack! – plötzlich heißt es Zeitenwende, alles anders, und denselben Politikern, die die Waffe vorher nicht haben wollten, kann es auf einmal nicht schnell genug mit deren Anschaffung gehen. Wenn man auch hier den Einsatzerfahrungen der Soldaten mehr Gehör geschenkt hätte, dann wäre das Waffensystem längst da. Bei Einsätzen wie dem in Mali braucht die Truppe jedenfalls auch bewaffnete Drohnen, um unnötige Risiken für die eigenen Soldatinnen und Soldaten zu vermeiden. Doch wenn wir ernsthaft über eine sicherheitspolitische Zeitenwende sprechen wollen, dann müssen wir uns die richtig großen Posten anschauen. Nicht eine ballistische Rakete, die man unter die Tragflächen einer Drohne montiert, sondern die Dinge, auf denen die gesamte Strategie der Bündnis- und Landesverteidigung basiert: die Nuklearwaffen und ihre Trägersysteme.

Das Drama um die F-35

Bei diesem wichtigen Thema hat ebenfalls ein Zeitenwende-bedingtes Umdenken stattgefunden. Der spektakulärste Posten auf der 100-Milliarden-Einkaufsliste ist nämlich die F-35. Bei der F-35 handelt es sich um eines der modernsten – und teuersten (Stückpreis etwa 100 Millionen Euro) – Kampfflugzeuge der Welt. Sie wird von der Firma Lockheed Martin in den USA gebaut. Man spricht hier von einem Kampfflugzeug der fünften Generation. Die F-35 hat sogenannte Stealth-Eigenschaften. Das bedeutet, dass sie für gegnerisches Radar und andere Sensorik nur schwer zu erkennen ist. Dies bringt aber auch gleich einen Nachteil mit sich: Man kann nicht besonders viele Waffen am Flugzeug anbringen, wenn man die Tarnkappen-Eigenschaften optimal nutzen will. Bordwaffen, Raketen und Bomben sind darum in zwei sogenannten Waffenschächten im Rumpf des Flugzeugs untergebracht. So wird die Silhouette – alles, was Radarstrahlen reflektieren könnte – möglichst unauffällig gehalten. Die F-35 wurde im Rahmen des Joint Strike Fighter Program (JSF) des amerikanischen Verteidigungsministeriums entwickelt. Man wollte die F-16 als Abfangjäger und Kampfflugzeug ersetzen. Die Teilstreitkräfte U.S. Airforce, U.S. Navy und U.S. Marinecorps waren an der Entwicklung des Superflugzeugs beteiligt. Neben der Landversion F-35A gibt es auch die F-35C, die für den Betrieb auf einem Flugzeugträger ausgestattet ist. Dazu hat sie unter anderem einklappbare Tragflächen, ein verstärktes Fahrwerk und einen Fanghaken, mit dem der Pilot beim Abbremsen nach der Landung in eines der über das Flugdeck gespannten Stahlkabel einklinken kann. Die Variante F-35B hat ein besonderes Triebwerk, mit dem sie auch senkrecht starten und landen kann. Sie ist unter anderem für einige Einheiten des Marinecorps gedacht, die auf ihren Landungsschiffen und Hubschrauberträgern weniger Platz haben als auf einem Flugzeugträger. An der Entwicklung der F-35 waren neben den USA, Japan, Kanada und Israel auch mehrere europäische Staaten beteiligt. Großbritannien, die Niederlande, die Türkei, Italien, Norwegen, Dänemark und Belgien sind seit den 1990er-Jahren Geschäftspartner. Diese Nationen haben zugesagt, eine bestimmte Anzahl von Flugzeugen bei Lockheed Martin zu bestellen. Der Erstflug der F-35 fand im Dezember 2006 statt. Etwa fünf Jahre später ging das Flugzeug in die Serienproduktion. Im Juli 2015 meldete eine erste Staffel des US-Marinecorps die volle Einsatzbereitschaft mit der F-35. Das finde ich schon beeindruckend, wenn man die überdurchschnittlich langen Entwicklungszeiten – da können schon mal locker 15 bis 20 Jahre zusammenkommen – der europäischen Rüstungsfirmen damit vergleicht. Seit der Indienststellung haben U.S. Airforce und Marines etliche scharfe Einsätze mit der F-35 in Afghanistan und in Syrien geflogen. Man traut dem Flugzeug und seinen Piloten einiges zu.

Die USA machen, was die Ausstattung ihrer Streitkräfte angeht, keine Kompromisse, weil sie im Gegensatz zur Bundesregierung davon ausgehen, dass sie sie mit Sicherheit einsetzen werden. Allein in die F-35 hat die amerikanische Regierung etwa 400 Milliarden US-Dollar investiert. Damit war das Kampfflugzeug zeitweise das teuerste Rüstungsprojekt der Welt. Nach dem Stand von 2018 ist eine Produktion von 2.700 Maschinen der verschiedenen Varianten geplant. Die Streitkräfte mehrerer europäischer Staaten fliegen die F-35. Bundeskanzler Scholz kündigte in seiner Zeitenwende-Rede an, das Kampfflugzeug F-35 komme »als Trägerflugzeug in Betracht«. Der Bundeskanzler redet hier nicht von einem Luftfahrzeug, das in Zukunft einmal auf einem europäischen – oder sogar bundesrepublikanischen – Flugzeugträger eingesetzt werden könnte, sondern davon, dass die F-35 Atombomben tragen soll. Im Rahmen der nuklearen Teilhabe ist die Bundesrepublik dazu verpflichtet, Flugzeuge vorzuhalten, die im Verteidigungsfall mit amerikanischen Nuklearwaffen bestückt werden können. Zu diesem Zweck lagern – mutmaßlich auf dem Fliegerhorst Büchel in Rheinland-Pfalz – amerikanische Atombomben. Die Bundeswehr hat das offiziell nie bestätigt, aber eine Veröffentlichung des Wissenschaftlichen Dienstes des Bundestages zur nuklearen Teilhabe tut dies doch: »Eine Form der Gegenleistung könnte z. B. in der sog. ›nuklearen Teilhabe‹ bestehen – also ein vertragliches ›Zwei-Schlüssel‹-System für den gemeinsamen Einsatz von Nuklearwaffen, wie es seit Jahren gemeinsam mit den USA (z. B. auf der Militärbasis im pfälzischen Büchel) praktiziert wird.« »Nukleare Teilhabe« heißt: Deutschland lässt zu, dass die USA Atomwaffen auf deutschem Boden stationieren, auch wenn es im Rahmen des Zwei-plus-vier-Vertrags auf die Entwicklung und Herstellung von Atomwaffen verzichtet hat. Deutschlands Beteiligung an der nuklearen Abschreckung besteht dann darin, dass es geeignete Flugzeuge und Besatzungen bereithält, diese zu transportieren. Bis heute ist der Tornado der deutsche Beitrag an der nuklearen Teilhabe. Das Flugzeug wurde jedoch bereits vor mehr als 50 Jahren entwickelt und ist mittlerweile hoffnungslos veraltet. Ich habe bereits an anderer Stelle beschrieben, dass für den Tornado keine Ersatzteile mehr hergestellt werden und dass die Bundeswehr deshalb Maschinen aus ihrem Bestand ausschlachtet, um die Flugfähigkeit der übrigen zu erhalten. Je länger diese Praxis der Kannibalisierung anhält, desto weniger ist allerdings da, was sich noch ausschlachten lässt. Mittlerweile ist es sogar so weit gekommen, dass Piloten nahe dran sind, ihre Fluglizenz zu verlieren, weil sie mangels einsatzbereiter Maschinen nicht genügend Flugstunden zusammenbekommen. Wenn das so ist, könnte man jetzt fragen, warum löst die Bundeswehr dann nicht einfach mit ihren mehr als 140 Eurofightern das Problem? Weil die Amerikaner ein Mitspracherecht haben, an welches Flugzeug sie ihre Atombomben hängen. Und dazu ist der Eurofighter im Gegensatz zum Tornado von ihnen nicht zertifiziert worden. Bei einer solchen Entscheidung spielen eine Vielzahl technischer Überlegungen eine Rolle. Fakt ist: Der Eurofighter hilft nicht bei der nuklearen Teilhabe. Der Eurofighter ist ein Mehrzweckkampfflugzeug, jedoch mit der Indienststellung im Jahr 2006 deutlich jünger als der Tornado. Allerdings auch im Flugbetrieb deutlich teurer. Nach einer Kleinen Anfrage an den Verteidigungsausschuss aus dem Jahr 2010 hat die Luftwaffe die Betriebskosten beider Waffensysteme ermittelt. Beim Tornado liegen sie pro Flugstunde bei 42.834 Euro und beim Eurofighter bei 73.992, also beinahe doppelt so hoch. Die Betriebskosten schließen Wartung, Verschleiß und ähnliche Posten mit ein. Die Kostenrechnung der Luftwaffe stammt aus dem Jahr 2009. Spätestens da müsste es also auch darum gegangen sein, einen Nachfolger für den Tornado zu finden. Mit dem Eurofighter allein ließ sich den Bündnisverpflichtungen ja nicht nachkommen, und andere Nationen – Italien, Belgien, die Niederlande und so weiter – hatten längst die F-35 geordert, und nach allem, was man so hörte, auch gute Erfahrungen mit dem Kampfflugzeug gemacht. Tatsächlich gab es auch innerhalb der Bundeswehr entsprechende Überlegungen. Im Jahr 2017 sagte der damalige Inspekteur der Luftwaffe Generalleutnant Karl Müllner der Nachrichtenagentur Reuters: »Aus militärischen Gesichtspunkten brauchen wir eine geringe Radarsignatur und die Fähigkeit, aus großer Distanz Ziele zu erkennen und zu bekämpfen.« Generalleutnant Müllner ist selbst ausgebildeter Kampfpilot und war vor seiner Verwendung im Verteidigungsministerium Kommandeur Fliegende Gruppe im Jagdgeschwader 73. Der Inspekteur antwortete auf die Frage, wie die Luftwaffe denn nun den Tornado ersetzen wolle, und deutete an, dass die F-35 die beste Lösung sei. Das war, wie gesagt, bereits 2017.

Während des Kalten Krieges hatte die Bundeswehr mehr als 350 Tornados im Einsatz, heute sind es noch etwa 90, und die Maschine ist immer noch nicht ersetzt. Dem Generalleutnant – als Inspekteur der Luftwaffe hat er das Kommando über die Teilstreitkraft – waren die dringenden Fragen bewusst, die die Zukunftsfähigkeit der Bundeswehr betrafen. So hatte er sich auch kurz nach seinem Amtsantritt als erster General der Bundeswehr öffentlich für die Anschaffung bewaffneter Drohnen ausgesprochen. Dass die Bundeswehr immer noch mit beinahe 40 Jahre alten Tornados ihre Verpflichtung zur atomaren Teilhabe erfüllen wollte, sah der General als Problem. Die Lösung bestand nicht darin, es immer weiter vor sich herzuschieben: »Die Risiken und Kosten für den Betrieb des Tornados werden gegen Ende des nächsten Jahrzehnts so erheblich steigen, dass man sich jetzt um eine Nachfolge kümmern muss«, so Müllner. Seinerzeit war Ursula von der Leyen Verteidigungsministerin. Sie hatte sich mehrfach für eine Weiterentwicklung des Eurofighters als Nachfolgelösung für den Tornado ausgesprochen. Damals war allerdings schon längst bekannt, dass die Amerikaner den Eurofighter nicht für Nuklearwaffeneinsätze qualifizieren würden. Es müsste also erst ein vollkommen neues Flugzeug entwickelt werden. Nach allem, was ich über die Entwicklung verschiedener Waffensysteme – wie den NH90 und das Transportflugzeug A-400M – durch die europäische Rüstungsindustrie gesagt habe, ist wohl klar, dass solche Neuentwicklungen mit extrem hohen Kosten verbunden sind und man den Zeitraum, wann man ein einsatzfähiges Produkt erhält, ebenfalls nicht zuverlässig kalkulieren kann. Auch ein ganz »neuer« Eurofighter müsste ja die Anforderungen, die durch die atomare Teilhabe entstehen, erst einmal erfüllen, bevor er in die Serienproduktion geht. Wir sprechen hier locker über mehrere Jahrzehnte. Parallel dazu untersuchte die Luftwaffe seinerzeit die Möglichkeit, den Tornado durch ein bereits existierendes Flugzeug zu ersetzen. Dazu schaute man sich drei amerikanische Produkte – die F-35, die F-15 und die F-18 – und absurderweise immer noch den Eurofighter an. »Aus diesen Optionen wird dann eine Auswahl getroffen werden müssen, weil es für eine Entwicklungslösung eigentlich schon zu spät ist«, so der Generalleutnant. »Es wäre auch ziemlich unsinnig, für den Bedarf der Luftwaffe von vielleicht hundert Flugzeugen oder weniger ein neues Flugzeug zu entwickeln; das kann kein Mensch bezahlen.« Ich würde sagen, der Mann weiß ziemlich genau, wovon er redet. Die etwa 90 noch fliegenden Tornados der Bundeswehr lassen sich ja nicht auf einen Schlag – auch nicht innerhalb eines Monats oder eines Jahres – ersetzen. Die Flugzeuge müssen bestellt, geliefert und Piloten und Bodenpersonal ausgebildet werden. Dabei sind Lieferzeiten zu berücksichtigen. Wenn man also im Jahr 2017 als Verantwortlicher im Verteidigungsministerium plant, dass man möglichst bald damit beginnen will, die Tornados zu ersetzen, landet man beim frühestmöglichen Termin 2025. Der lässt sich aber auch nur einhalten, wenn spätestens 2020 die Verträge über die neuen Jets unterzeichnet werden. Und die entsprechenden Vorlagen müssen vorher noch den Haushaltsausschuss des Bundestages passieren. Das Einzige, was sich jedoch 2018 in diesem Zusammenhang ereignete, war, dass die Verteidigungsministerin den Inspekteur der Luftwaffe in den vorzeitigen Ruhestand versetzte. Obwohl dies offiziell nie zugegeben wurde, sind viele Kameradinnen und Kameraden der Ansicht, dass der Inspekteur seinen Posten aufgeben musste, weil er sich in der Diskussion um die Nachfolge des Tornados für die F-35 aussprach. Verteidigungsministerin von der Leyen hielt am Eurofighter fest, obwohl sie um die Mängel und Nachteile dieses Flugzeugtyps wusste.

Erst mit der Zeitenwende-Rede des Kanzlers kam wieder Bewegung in die Sache. Einige Wochen später, im März 2022, verkündete die damalige Verteidigungsministerin Lambrecht: »Ich freue mich, Ihnen eine Mitteilung machen zu können, auf die wir sehr lange hingearbeitet haben. Es war wichtig, dass intensive Gespräche geführt wurden, denn wir haben eine Entscheidung bezüglich der Nachfolge der in die Jahre gekommenen Tornados zu treffen. Seit über zwei Jahren wird hier eine Lösung gesucht.« Die Formulierung »seit über zwei Jahren« scheint mir ein wenig untertrieben zu sein. Generalleutnant Müllner sprach bereits 2017 – also etwa fünf Jahre zuvor – davon, dass man eine Lösung für die Nachfolge des Tornados suche. Außerdem hatte man ursprünglich einmal vorgehabt, den Tornado bereits in den 1990er-Jahren (!) durch ein anderes Flugzeug zu ersetzen. Wahrscheinlich hatte die Führung der Bundeswehr dabei an den Eurofighter gedacht, aber dessen Entwicklung und Indienststellung verspätete sich massiv. Außerdem war der Eurofighter, wie ich schon sagte, für die nukleare Teilhabe ungeeignet und konnte damit auch kein vollwertiger Nachfolger für den Tornado sein. Christine Lambrecht betonte im März 2022: »Es war wichtig, dass diese Lösung jetzt schnell getroffen wird, und deswegen haben wir die Entscheidung gefällt. Nach sorgfältiger Betrachtung aller Optionen, die auf dem Tisch lagen, habe ich mich entschieden, für die Aufgabe der nuklearen Teilhabe die Beschaffung von Flugzeugen des Typs F-35 einzuleiten.« Der Inspekteur der Luftwaffe Generalleutnant Ingo Gerhartz sagte, es habe keine Alternative zur F-35 gegeben: »Die F-35 ist ein Kampfflugzeug der fünften Generation, und es ist marktverfügbar. Und ich denke, auch hier setzen wir das richtige Zeichen, dass wir uns für ein marktverfügbares System entschieden haben, damit wir die Modernisierung der Streitkräfte beschleunigen können.« Die Worte des Inspekteurs würde ich dahingehend interpretieren, dass es in der Situation, in der sich die Bundeswehr befindet, einfach keine Alternative zu einem marktverfügbaren Flugzeug gibt. Man hat einfach zu lange abgewartet und zugeschaut, wie immer weniger Tornados einsatzbereit wurden, während die eigenen Entwicklungsprojekte nicht funktionierten. Wie praktisch, dass man jetzt in den USA zur Not auch »off the shelf«, wie es so schön heißt, ein vernünftiges Flugzeug kaufen kann. Diesen Kauf »aus dem Regal« hätte man allerdings auch schon viel früher haben können. Die damalige Ministerin war stolz darauf, eine solche Entscheidung getroffen zu haben.

Aus der Truppe werden gelegentlich Zweifel an der F-35 laut. Ich hatte die Gelegenheit, auf einer internationalen Luftfahrtausstellung mit Piloten der Bundeswehr über die F-35 zu sprechen. Sie sagten mir, dass die Reichweite von 2.000 Kilometern relativ gering ist. Den Tornado konnte man mit Zusatztanks ausstatten und damit seinen Aktionsradius bis auf etwa 3.900 Kilometer steigern. Wenn man an einer F-35 Zusatztanks anbringt, kann man die Tarnkappen-Eigenschaften vergessen. Außerdem war der Tornado mit Mach 2.2. (etwa 2716 Stundenkilometer) schneller als die F-35 (Mach 1.6). Ebenfalls sagen einige Piloten, dass die Manövrierfähigkeit der F-35 zugunsten der Stealth-Bauweise verringert worden sei, beispielsweise sei die Sicht aus der Pilotenkanzel eingeschränkt. Die F-16 sei darum der F-35 im Luftkampf überlegen. Auch soll die Wartung der F-35 ziemlich aufwendig sein, was sich wiederum in der Einsatzbereitschaft und in höheren Betriebskosten niederschlägt. Das eigentlich »bessere« Flugzeug, so die Kameraden, sei die F-22, auch Raptor genannt. Die F-22 ist ebenfalls ein Tarnkappen-Mehrzweckkampfflugzeug und kann tatsächlich mehr als die F-35. Nur ist der Export des Flugzeuges von der amerikanischen Regierung untersagt worden. Lediglich die US-Streitkräfte dürfen die F-22 fliegen. Man will hier ganz klar die Überlegenheit in der Luft behalten. Dass die Bundesregierung und das Verteidigungsministerium beinahe über Nacht ankündigten, dass die Entscheidung für die F-35 gefallen sei, überraschte viele Kameradinnen und Kameraden. Sie ist zwar ein gutes Flugzeug, aber auch eines der teuersten weltweit. Vielleicht hätten es ja auch die etwas günstigeren F-15 und F-18, ebenfalls nuklearwaffenfähig, getan? Zumindest die Piloten, mit denen ich sprach, wünschten sich schon eher die F-18.

Jedenfalls billigte der Haushaltsausschuss im Dezember 2022 die Anschaffung von 35 F-35. Etwa 10 Milliarden Euro sind dafür eingeplant. Teil des Paketes sind Lenkwaffen und Ersatzteile für die ersten fünf Jahre Flugbetrieb. Die erste Maschine, so das Verteidigungsministerium, soll im Jahr 2027 geliefert werden. So weit, so gut, dachte ich mir, doch davor war monatelang nichts geschehen. Es wurden keine Verträge zwischen dem Verteidigungsministerium und der Herstellerfirma Lockheed Martin unterzeichnet, und auch sonst hatte ich nicht den Eindruck, »dass nun schnell eine Lösung gefunden werden soll«. Anfang Dezember 2022 weitete sich die Beschaffung der F-35 sogar zu einer politischen Krise aus. Die Kosten für die Anschaffung würden höher ausfallen als ursprünglich berechnet, war aus dem Verteidigungsministerium zu hören. In der Berechnung hatte es gleich mehrere Fehlkalkulationen gegeben. So waren Inflationsraten und Zinsen nicht mit einbezogen worden, aber mindestens ebenso gravierend war, dass die Amerikaner auf ziemlich weitreichenden Umbaumaßnahmen des Standortes Büchel bestanden. Das wurde bestätigt, als Anfang November ein eigentlich geheimes Papier des Verteidigungsministeriums an die Öffentlichkeit gelangte. Darin wird die Anschaffung der F-35 als risikobehaftet bezeichnet. Ein Verkauf der F-35 ist an bestimmte Sicherheitsauflagen geknüpft. Das betrifft den Zustand und die Länge der Start- und Landebahn, aber auch bombensichere Hangars und andere Infrastruktur. Das Kampfflugzeug ist eben Top-Technologie, vieles davon ist geheim. Im Januar 2022 stürzte eine F-35 beim Versuch, auf einem Flugzeugträger zu landen, im Südchinesischen Meer ab. Der Pilot konnte sich zwar mit dem Schleudersitz retten, doch das Flugzeug versank in der Tiefe. Aus Sorge darüber, dass andere Staaten die Maschine bergen könnten, um in den Besitz der Technologie zu kommen, begann ein regelrechtes Wettrennen. Das Flugzeug befand sich mehrere Tausend Meter tief auf dem Meeresboden. Schließlich gelang es der amerikanischen Marine, die verunglückte F-35 wieder zu heben. Dass es den Amerikanern mit der Sicherheit ihrer Top-Rüstungsprodukte ernst ist, zeigt auch, dass Präsident Donald Trump im August 2018 die Auslieferung von bereits bestellten F-35 an den NATO-Partner Türkei stornierte. Die Türkei hatte angekündigt, ein russisches Flugabwehrsystem vom Typ S-400 anzuschaffen. Das, so die US-Regierung, könnte dazu führen, dass wichtige Daten der F-35 abgeschöpft würden.

In Büchel soll jedenfalls auch ein neuer Sicherheitszaun um den Stützpunkt gebaut werden. Dort gehen dann zwar wahrscheinlich zivile Wachleute Streife, aber daran stört sich die US-Regierung bislang wohl noch nicht. Der Umbau des Stützpunkts wird laut Verteidigungsministerium auf etwa 700 Millionen Euro veranschlagt. Wie lange die Arbeiten dazu dauern werden, ist schwer zu kalkulieren. Ein weiteres Problem, so das Papier aus dem Verteidigungsministerium, besteht darin, dass die F-35 noch nicht für den Flugbetrieb im deutschen Luftraum zugelassen ist. Wie alle Luftfahrzeuge muss sie das Zulassungsverfahren durchlaufen. Das kann erfahrungsgemäß dauern, und es ist nicht sicher, dass selbst wenn die Flugzeuge rechtzeitig ausgeliefert werden, die Zulassung für den uneingeschränkten Flugbetrieb bis 2027 vorliegt. Ein weiteres Handicap für die Verantwortlichen im Verteidigungsministerium besteht darin, dass die Herstellerfirma Lockheed Martin Anfang Dezember noch nicht alle Informationen zur F-35 – was Wartung, Instandhaltung, Flugbetrieb betrifft – übermittelt hatte. Die wurden nämlich erst nach Vertragsabschluss freigegeben. Das kann ich bei dem berechtigten Sicherheitsanspruch der Amerikaner sogar verstehen, obwohl es sich so anhört, als hätte die Bundeswehr die Katze im Sack gekauft. Darum frage ich mich, warum sich niemand aus dem Verteidigungsministerium mal bei unseren Nachbarn und Bündnispartnern erkundigt hat? Wenn das Verteidigungsministerium schon in schriftlichen Einschätzungen vor möglichen Risiken warnt, wäre das doch mal ein naheliegender Schritt gewesen, um diese Risiken besser einschätzen zu können. Die Niederlande und Italien beispielsweise fliegen die F-35 schon einige Jahre. Da hätte man doch zumindest einmal nachfragen können, welche Sicherheitsanforderungen an die Infrastruktur der Standorte gestellt werden.

Besonders peinlich war für das Verteidigungsministerium und speziell für die damalige Verteidigungsministerin Lambrecht die Tatsache, dass zwar intern auf mögliche Mehrkosten und Zeitverzögerung bei der Anschaffung der F-35 hingewiesen worden war – doch man das den Abgeordneten des Bundestags, die über den Kauf des Flugzeugs abstimmen und den entsprechenden Haushaltsentwurf verabschieden sollten, nicht rechtzeitig mitgeteilt hatte. Das nahmen etliche Abgeordnete der Ministerin krumm. Darum ließ sie am 5. Dezember durch ihren Sprecher mitteilen: »Es gibt keine Krise in der Planung für die Anschaffung von F-35-Kampfjets.« Ich musste tatsächlich zweimal hinhören, aber der Sprecher des Verteidigungsministeriums redete tatsächlich von der »Planung für die Anschaffung« der F-35. Und das beinahe zehn Monate nachdem Bundeskanzler und Verteidigungsministerin gesagt haben, dass die Entscheidung für das Flugzeug nun gefallen sei. Aber eine Entscheidung zu fällen und diese dann auch wirklich umzusetzen, sind bekanntermaßen immer zwei Dinge. Ich kann nur hoffen, dass die ersten F-35 der Bundeswehr auch wirklich 2027 in Büchel abheben. Zumindest die Wünsche der Amerikaner bei der Aufrüstung der Bundeswehr mit diesem Waffensystem wären dann erfüllt. Und das ist meiner Meinung nach den Verantwortlichen in der Politik wichtiger als die Wünsche der Soldatinnen und Soldaten der Bundeswehr.

Future Air Combat System

Neben der F-35 setzt die Bundeswehr auch weiterhin auf den Eurofighter. Obwohl der Eurofighter – Erstflug 1994 – als Jagdflugzeug konzipiert wurde, hat man ihm nach dem Ende des Kalten Kriegs auch Aufgaben als Mehrzweckkampfflugzeug zugedacht. Ursprünglich wurde das Flugzeug von Großbritannien, Deutschland, Spanien und Italien entwickelt. Bei der Bundeswehr wurde der Eurofighter 2004 in Dienst gestellt. Ein Teil der 100 Milliarden sollen dafür verwendet werden, den Eurofighter zur elektronischen Kampfführung zu befähigen. Diese Aufgabe war bislang auch von den Tornados in der Version ECR übernommen worden. ECR steht für Electronic Combat Role. Stark vereinfacht gesagt, geht es darum, dass ein ECR-Flugzeug – vollgestopft mit Elektronik – in den gegnerischen Luftraum eindringt und entweder das Radar der feindlichen Luftabwehr stört oder Daten sammelt, wo sich deren Stellungen befinden, wenn es von dort »angepeilt« wird. Im Rahmen der NATO-Vereinbarungen ist Deutschland dazu verpflichtet, eine bestimmte Zahl an ECR-Maschinen bereitzustellen. Hier wird das Problem schon deutlich: Die F-35 kann beides, »ECR« und »Nukleare Teilhabe«, der Eurofighter nur »ECR«, weil er zur nuklearen Teilhabe von den Amerikanern nicht zertifiziert wird. Wäre es da nicht sinnvoller gewesen, sich bei den Neuanschaffungen ganz auf die F-35 zu konzentrieren, anstatt auch noch einige Milliarden zusätzlich für den Eurofighter ECR – geplant sind 15 Maschinen – auszugeben? Im März 2022 sagte die damalige Verteidigungsministerin Lambrecht dazu: »Für die Rolle des elektronischen Kampfes haben wir uns für die Weiterentwicklung des Eurofighters entschieden, und damit bleibt wichtige Schlüsseltechnologie in Europa. Darüber hinaus sichern wir uns eine starke deutsche Rolle im zukünftigen System

FCAS. Das will ich ganz klar sagen, es bleibt weiterhin unsere Absicht, den Eurofighter durch den Next Generation Fighter FCAS ab 2040 schrittweise zu ersetzen und das trinationale Programm FCAS als Beispiel europäischen Zusammenhalts auch zu verwirklichen.«

Darum geht es also auch: die Entwicklung von Schlüsseltechnologien durch Rüstungsprojekte. Das Future Air Combat System ist ein solches Projekt. Im Jahr 2001 begannen einige europäische Staaten – darunter Deutschland, Frankreich, Spanien, Italien und Großbritannien –, sich Gedanken über die Kriegsführung der Zukunft zu machen. Das taten Staaten zwar schon immer, aber mit dem technologischen Quantensprung, der durch die Digitalisierung stattgefunden hatte, rückte die Notwendigkeit in den Vordergrund, sich bei der Entwicklung von zukunftsfähigen Technologien nicht abhängen zu lassen. Die USA und China finanzierten bereits seit Jahren intensiv aufwendige Waffenprogramme. Deshalb entstand das European Technology Acquisition Programme. Die meisten Fachleute und Militärs gingen damals davon aus, dass zukünftige Konflikte hauptsächlich in der Luft entschieden würden. Wem es gelingen würde, die Lufthoheit zu erkämpfen, der hätte auch den Sieg am Boden praktisch schon in der Tasche. Darum wurde auf die Entwicklung entsprechender Systeme hingearbeitet. 2014 stellten Großbritannien und Frankreich erstmals ein Konzept für ein Future Air Combat System vor. Doch die britische Regierung entschied sich später für den Alleingang bei der Entwicklung eines solchen Systems. Deutschland und Frankreich entschlossen sich daraufhin im Juli 2017 zu einer Kooperation. Wichtigstes Element im FCAS soll ein hochmodernes Kampfflugzeug sein. Ein Fighter der sechsten Generation, der also noch einiges mehr kann als die F-35. Doch das Flugzeug ist – wie der

Name Future Air Combat System sagt – nur Teil eines relativ komplexen Systems. Beim Konzept des FCAS geht es vielmehr um ein Zusammenwirken einzelner Informations- und Waffensysteme. Dazu gehören Kampfflugzeuge, Satelliten, bewaffnete und unbewaffnete Drohnen, Aufklärungs- und Kontrollflugzeuge sowie Bodenstationen. Alles ist untereinander vernetzt und verlinkt, ein integriertes System. Dadurch können Ziele schon aus großer Entfernung von den Piloten erkannt werden, bevor sie überhaupt in die Reichweite der Sensoren des eigenen Flugzeugs gelangen, und sehr komplexe Operationen der Luftkriegsführung werden möglich. Der zukünftige Next Generation Fighter soll Tarnkappen-Eigenschaften haben, aber auch solche der Cyberkriegsführung. Es wird sogar davon gesprochen, dass der Next Generation Fighter mit Energiewaffen ausgerüstet sein wird. Dabei handelt es sich um eine Bewaffnung, die gebündelte Energie – Laser – zur Wirkung bringt. Die USA haben bereits luft-, land- und seegestützte Laserwaffen entwickelt. Mit Sicherheit werden diese Waffensysteme auch in Zukunft weiterentwickelt werden. Die Bundeswehr experimentiert ebenfalls mit Hochenergielaser-Waffen. Im Sommer 2022 erzählte mir ein Kamerad, dass es erstmals gelungen sei, von einer Fregatte in der Ostsee ein Luftziel mittels eines Laserstrahls zu vernichten. Allerdings musste der Strahl dabei wohl etwa 30 Minuten lang auf das Ziel gerichtet werden. Dass dies nur mit sehr langsam fliegenden Zielen – die sich möglicherweise auch noch im Kreis bewegen – möglich ist, kann man sich vorstellen. Wir haben es hier also noch mit keiner auch nur annähernd ausgereiften Technologie zu tun. Eine andere Waffe der Zukunft wird die sogenannte Plasmakanone sein. Sie funktioniert einfach ausgedrückt so, dass man einen Strahl gebündelter Energie auf ein Ziel abfeuert. Beim Auftreffen entsteht Plasma, das eine heftige Explosion erzeugt. Alles Zukunftsmusik, würde man angesichts der wenig ausgereiften Technologien vielleicht sagen, doch die Zukunft hat schon begonnen.

Im Februar 2019 trat Spanien der deutsch-französischen Kooperation bei, und die Verteidigungsminister der drei Länder unterzeichneten ein Rahmenabkommen zu FCAS. Damit wurde erstmals der Weg frei gemacht, Millionen in das System zu investieren. Die Firmen Airbus und Dassault Aviation bekamen den mit 65 Millionen Euro dotierten Auftrag, in den kommenden zwei Jahren eine Studie zum Konzept des FCAS zu erstellen. Gleichzeitig wurden das deutsche Unternehmen MTU Aero Engines und der französische Konzern Safran Aircraft Engines damit beauftragt, die Triebwerke für den Next Generation Fighter zu entwickeln. Für die beteiligten Rüstungs- und Luftfahrtunternehmen ist die Entwicklung des FCAS überaus wichtig. Hier geht es um jede Menge Zukunftstechnologie – und das alles wird von den am Projekt beteiligten Nationen finanziert. Es ist nämlich so, dass die Ergebnisse der militärischen Forschung zum Teil auch in zivilen Produkten der Unternehmen genutzt werden können. Sowohl Airbus wie Dassault stellen auch Zivilflugzeuge her. Neue Materialien, Triebwerke und andere Technologien – wie eine verbesserte Aerodynamik – werden dann zwar für das Militär entwickelt, aber auch im zivilen Bereich verkauft. In den USA profitieren Firmen wie Boeing schon lange von dieser Praxis. Dass jetzt massiv in neue Luftfahrttechnologie investiert wird, haben auch andere Länder erkannt. Im Dezember 2022 gaben Großbritannien, Italien und Japan bekannt, dass sie ebenfalls ein Kampfflugzeug der nächsten Generation entwickeln wollen. Das Projekt trägt den Namen Global Combat Air Programme (GCAP).

Die deutsch-französische Zusammenarbeit bei FCAS gestaltet

sich dagegen schon seit einigen Jahren – vorsichtig ausgedrückt – schwierig. Das liegt hauptsächlich an der Konkurrenz zwischen den beiden Luftfahrtkonzernen Airbus – der für die deutsche Beteiligung an FCAS steht – und Dassault Aviation. Dassault hat unter anderem das Kampfflugzeug Rafale entwickelt, nachdem Frankreich aus dem Eurofighter-Projekt ausgestiegen war. Der Konzern wird als Familienunternehmen geführt. Im Jahr 2021 sah es so aus, als hätte das Zukunftsprojekt keine Zukunft mehr. Der Geschäftsführer von Dassault sagte öffentlich, dass es weder eine Einigung über das Budget noch über das beim Projekt entstehende geistige Eigentum gebe. Für die Entwicklungskosten allein werden verschiedenen Quellen zufolge etwa 100 Milliarden Euro veranschlagt. Und wenn die Entwicklung abgeschlossen ist, müssen die Flugzeuge, Drohnen und Satelliten ja auch noch gebaut werden. Es geht also um jede Menge Geld. Vertraglich vereinbart wurde, dass sich die beteiligten Staaten die Entwicklungskosten teilen, und anteilig die Unternehmen in den jeweiligen Ländern davon profitieren sollen. Hier geht es auch um zukünftige Arbeitsplätze. Für die Unternehmen spielt aber ebenfalls eine große Rolle, dass sie Zugriff auf die neuen Technologien haben. Vieles gehört zwar dem Militär, doch das Know-how bleibt im Konzern und kann – beispielsweise in der Materialforschung oder der Aerodynamik – weiter genutzt werden. 2021 sah es danach aus, als wollte Dassault die Führung im FCAS-Projekt übernehmen und Airbus auf Platz zwei verdrängen. Einem Bericht des SPIEGEL zufolge warnte das Bundesamt für Beschaffung davor, dass in der Zusammenarbeit hauptsächlich die Interessen der französischen Industrie berücksichtigt würden. Außerdem sei bislang nicht zu erkennen, dass überhaupt nennenswert neue Technologien entwickelt worden seien. Airbus könne sein Know-how »nicht im möglichen und nötigen Umfang« ausbauen, um noch eine tragende Rolle zu spielen, wurde gesagt. Ende Mai 2021 kam ein geheimer Sachstandbericht des Verteidigungsministeriums zu dem Ergebnis, dass *»im Rahmen der Verhandlungen erhebliche Risiken und Probleme/Schwachstellen akzeptiert«* worden seien. Eine *»starke französische Positionierung«* führe dazu, *»dass das Ziel, ein Kampfflugzeug der 6. Generation zu entwickeln, verfehlt wird«*. Stattdessen, so der geheime Bericht, würde ein Rafale-Plus-Ansatz mit deutschen und spanischen Haushaltsmitteln finanziert. Die Rafale ist wie gesagt ein bereits existierendes Mehrzweckkampfflugzeug aus französischer Produktion und wäre somit nichts grundlegend Neues. Im März 2022 sagte die damalige Verteidigungsministerin Lambrecht, die Bundeswehr wolle an dem Projekt FCAS – auch im Hinblick auf den europäischen Zusammenhalt – festhalten. Im Dezember 2022 berichtete die Ministerin von einer Einigung zwischen Dassault und Airbus.

Dass FCAS auch aus dem 100-Milliarden-Sondervermögen finanziert wird, hat möglicherweise die deutsche Verhandlungsposition gestärkt. Der Haushaltsausschuss sah das jedenfalls so, als er im November 2022 den Verteidigungshaushalt billigte. In Bezug auf FCAS werden darin dem Verteidigungsministerium sehr konkrete Vorgaben gemacht:

»Die Programme Next Generation Weapon System (NGWS) im Future Combat Air System (FCAS) und Main Ground Combat System (MGCS) werden vom Haushaltsausschuss weiterhin in einem Zusammenhang betrachtet. Die zeitliche Parallelität sowie eine angemessene Verteilung der Technologiebereiche auf Augenhöhe und eine faire Kosten- und Arbeitsverteilung auf staatlicher und industrieller Ebene stellen dabei wesentliche Forderungen des Haushaltsausschusses dar, um für die noch nicht verhandelten Projektphasen auch in zukünftigen Jahren weitere finanzielle Mittel freigeben zu können. Aktuell sind beide Forderungen nicht erfüllt.

Der Haushaltsausschuss fordert die Bundesregierung daher auf,

1. *unverzüglich alle Maßnahmen zu ergreifen, um schnellstmöglich eine zeitliche Parallelität beider Vorhaben zu erreichen.*
2. *die ressortübergreifende industriepolitische Steuerung der Programme NGWS/FCAS und MGCS fortzuführen und dabei alle Möglichkeiten auszuschöpfen, um die insbesondere industrieseitig erforderlichen Einigungen herbeizuführen. Hierzu zählt insbesondere auch die Konsolidierung der deutschen Landsystemindustrie.*
3. *dabei sicherzustellen, dass die Partnerstaaten und ihre Industrien auf Augenhöhe miteinander kooperieren.*
4. *die bereits ergriffenen Maßnahmen zur (Weiter-)Entwicklung, Herstellung und Verfügbarkeit nationaler Schlüsseltechnologien in und für Deutschland fortzuführen und – wo immer möglich – zu erweitern. Hierzu gehört insbesondere auch die Beteiligung von deutschen Unternehmen an nationalen und internationalen Technologie- und Demonstratorvorhaben. Die Maßnahmen sind dabei ausdrücklich auch auf Projekte und Vorhaben auszuweiten, die in einem inhaltlichen Zusammenhang zu den Vorhaben NGWS/FCAS und MGCS stehen, wodurch Synergieeffekte – insbesondere technologischer und finanzieller Art – erschlossen werden können.«*

Main Ground Combat System

Das sind aus meiner Sicht ziemlich harte Worte, die dem widersprechen, was die damalige Ministerin über den europäischen Zusammenhalt gesagt hat: faire Kosten- und Arbeitsaufteilung, Verteilung der Technologiebereiche auf Augenhöhe – alles noch nicht erfolgt! Klingt nicht gut, würde ich sagen. Der Haushaltsausschuss zieht da irgendwo die Notbremse und koppelt das Projekt FCAS jetzt an ein anderes: das Main Ground Combat System (MGCS). Was FCAS für die Luftkriegsführung ist, das ist MGCS für den Bodenkampf. Auch dieses Projekt konkretisierte sich zwischen 2016 und 2017, und es sind ebenfalls Deutschland und Frankreich daran beteiligt. Ähnlich wie bei FCAS geht es um die Vernetzung von unterschiedlichen Fähigkeiten, diesmal im Bodenkampf. Auch hier kommen Drohnen und Satelliten, aber auch Fahrzeuge zum Einsatz. Ein noch zu entwickelnder deutsch-französischer Kampfpanzer soll möglichst viele dieser Fähigkeiten in sich vereinen. Der Superpanzer, wie er in den Medien genannt wird, oder Main Battle Tank (MBT) soll die Leopard 2 der Bundeswehr und die französischen Leclerc-Kampfpanzer ersetzen. Auch hier sind deutsche und französische Unternehmen mit der Entwicklung des Waffensystems beauftragt worden. Dazu gehören die französische Firma Nexter Systems und auf deutscher Seite Rheinmetall und Krauss-Maffei Wegmann GmbH & Co. KG. Rheinmetall ist zwar der führende und größte Produzent von Panzern in Europa, doch gerade dieses Unternehmen war nicht von Anfang an an der Entwicklung des MGCS beteiligt. Ähnlich wie bei FCAS kam es auch hier zu Spannungen zwischen den konkurrierenden Unternehmen. So gab es Unstimmigkeiten darüber, wer für den Turm des Panzers zuständig sein soll. Natürlich geht es auch hier wieder darum, sich Marktvorteile und den Zugriff auf Technologien zu sichern. Rheinmetall steht, was den Bau von Glattrohrgeschützen – wie sie in Kampfpanzern verwendet werden – und deren Munition angeht, an erster Stelle und möchte dort natürlich auch weiterhin bleiben. Umgekehrt sucht sich die Konkurrenz Vorteile zu verschaffen. All das ist bei einem gemeinsamen europäischen Rüstungsprojekt nicht sehr hilfreich. Dabei dienen die zu entwickelnden Systeme doch gerade auch der europäischen Sicherheit. Deshalb sollten sich die beteiligten Firmen vielleicht auch einmal überlegen, dass es in ihrem Interesse liegen müsste, in einem gut geschützten Europa ihren Geschäften nachzugehen. Von politischer Seite wird jedenfalls nicht viel Druck ausgeübt, um die konkurrierenden Unternehmen zu mehr Einigkeit im Entwicklungsprozess zu bewegen. Auch hier geht es wieder um Arbeitsplätze und wirtschaftliche Standortvorteile. Das geschätzte Volumen von MGCS wird auf etwa 100 Milliarden Euro geschätzt, an den zukünftigen Produktionsstandorten würden Tausende zusätzlicher Arbeitsplätze entstehen.

Es sollte klar geworden sein, dass weder FCAS noch MGCS gut laufen. Zuletzt hatte sich im Rahmen von FCAS eine Einigung zwischen Airbus und Dassault angebahnt, doch dadurch, dass der Haushaltsausschuss jetzt die beiden Entwicklungsprojekte aneinander gekoppelt hat, droht es wieder schwieriger zu werden. Vielleicht stehen sogar beide Projekte vor dem Aus, aber auf jeden Fall ist bei dem ganzen Hickhack mit weiteren Zeitverzögerungen zu rechnen. Eine Einsatzbereitschaft von FCAS hat man für 2040 angestrebt, bei MGCS ist 2035 im Gespräch. Wenn die Bundeswehr diese Waffensysteme wirklich bis dahin einsatzbereit haben will, müssten schon heute die notwendigen Schritte dazu unternommen worden sein. Doch wie wir gesehen haben, ist das überhaupt nicht der Fall. Die beteiligten Unternehmen streiten darum, wer was entwickeln und im Endeffekt wer welche Schraube am Panzer anziehen darf. Wirklich etwas Innovatives entwickelt – geschweige denn erprobt – wurde dabei laut dem Haushaltsausschuss und dem Verteidigungsministerium bislang noch nicht. Durch die Kombination beider Projekte werden dic Zwistigkeiten wohl eher noch zunehmen und sie sich gegenseitig dann möglicherweise blockieren. Verteidigungsministerium und Regierung verhalten sich ebenfalls – und bestenfalls – widersprüchlich.

Ich begreife nicht, wie man ein Jahrzehnt lang ausufernd und ergebnislos über die Anschaffung von Kampfdrohnen debattieren kann, sie lange Zeit nicht anschafft (und dann auch nur wenige und widerwillig), doch parallel dazu in ein System zukünftiger Luftkriegsführung Milliarden investieren will, in dem das Waffensystem Kampfdrohne eine wichtige Rolle spielt. Für mich hört sich das widersprüchlich und ziemlich planlos an.

Bei alledem ist nicht davon auszugehen, dass FCAS und MGCS wie geplant einsatzbereit sein werden. Damit ist jetzt schon abzusehen, dass die Bundeswehr über Alternativen für die Zwischenzeit nachdenken muss. Doch damit tut sie sich erfahrungsgemäß schwer. Der anvisierte Zeitpunkt für die Indienststellung von FCAS ist 2040, also in etwa 17 Jahren. Das hört sich nach viel Zeit an. Warum also jetzt irgendwas entscheiden, das zwangsläufig mit hohen Kosten verbunden sein wird? Wenn wir uns die Entwicklungszeiten einiger Großwaffensysteme vor Augen halten – mehr als 12 Jahre beim A400 M –, dann sind 17 Jahre in Wirklichkeit kein besonders langer Zeitraum. Und die erwähnten Projekte waren alle weit weniger aufwendig, als es FCAS und MGCS sind. Ich fürchte, man wird auch in diesem Fall den richtigen Zeitpunkt verpassen, um über Alternativen nachzudenken, und dann steht die Bundeswehr irgendwann um 2045 vor dem Problem, dass sie immer noch nichts Einsatzfähiges geliefert bekommen hat. Genau diese Versäumnisse haben jetzt zum Kauf der F-35 geführt. Ursprünglich wollte man den Tornado durch den Eurofighter ersetzen – wir erinnern uns: schon in den 1990er Jahren! –, doch das ging aus verschiedenen Gründen nicht, wie dargelegt. Jahrzehntelang wurde nichts entschieden, nichts Funktionsfähiges entwickelt und auch nichts gekauft. Die Flotte der Tornados schmolz dahin, ebenso deren Einsatzbereitschaft. 2022 ging es dann wirklich nicht mehr anders, und es musste schnellstens ein »marktverfügbares« Flugzeug angeschafft werden, um die eklatanten Missstände zu beheben. Die F-35 ist nun richtig teuer – aber eben auch wieder nur eine Zwischenlösung. Das sagte selbst Verteidigungsministerin Lambrecht: »Das will ich ganz klar sagen, es bleibt weiterhin unsere Absicht, den Eurofighter durch den Next Generation Fighter FCAS ab 2040 schrittweise zu ersetzen und das trinationale Programm FCAS als Beispiel europäischen Zusammenhalts auch zu verwirklichen.« Ist ja alles schön und gut, aber eigentlich ist jetzt schon klar, dass das nicht so funktionieren wird. Es sei denn, mit »ab 2040« ist – verglichen mit den zeitlichen Abläufen bei der Tornado-Nachfolge – irgendwann zwischen 2055 und 2060 gemeint.

Luftabwehrfähigkeiten

Die Bundeswehr will durch FCAS und MGCS Luft- und Bodenkampffähigkeiten eng miteinander vernetzen. Weil beispielsweise Satellitenaufklärung und -kommunikation immer weiterentwickelt wurden, ist das technologisch möglich. Infanterieverbände, Drohnen und Kampfflugzeuge können so sehr präzise zusammenwirken. Dass Bodentruppen mit Luftunterstützung kämpfen, ist nichts Neues. Es wurde seit dem Aufkommen der ersten Kampfflugzeuge – während des Ersten Weltkriegs – gemacht und immer weiterentwickelt. Heute haben fast alle Infanterieeinheiten eigene Forward Air Controller (FAC) oder Joint Terminal Attack Controller (JTAC), die den Einsatz von Luftfahrzeugen gegen Bodenziele koordinieren. Worauf ich hinauswill: Kampf am Boden bedeutet auch immer, dass man selbst – oder der Gegner – aus der Luft ins Geschehen eingreift. Deswegen sind die Luftabwehrfähigkeiten die entscheidende Komponente beim Zusammenwirken von Luft- und Bodenkampf. Das wären sie auch im Falle der geplanten Indienststellung von FCAS und MGCS. Aber: Moment, da war doch noch was? Ach ja, die Luftabwehrfähigkeiten sind beim Heer ja gar nicht mehr vorhanden! Die Heeresflugabwehr wurde am 12. März 2012 außer Dienst gestellt und sämtliche Flugabwehrregimenter und Flakbatterien aufgelöst. So unfassbar es sich anhört, es ist die bittere Wahrheit. Da denkt die Bundeswehr über die teuersten Konzepte für die Vernetzung von Fluggeräten und Infanterie nach, und das Heer hat seit mehr als zehn Jahren keine eigene Flugabwehr mehr. Das letzte der vorhandenen Systeme, der Flugabwehrkanonenpanzer Gepard, wurde von der Bundeswehr an die Industrie zurückgegeben, weil sie einfach keine Verwendung mehr für das Gerät hatte. In den Werkshallen und auf den Höfen der Herstellerfirmen standen die Gepards ungenutzt herum und warteten auf die Verschrottung, bis sie im Frühjahr 2022 überraschend an die Ukraine abgegeben wurden. Dort freute man sich über den Flugabwehrpanzer, denn mit dem Waffensystem lassen sich russische Kampfflugzeuge, Drohnen und Helikopter ziemlich effektiv bekämpfen. Für diesen Zweck war der Gepard auch gebaut worden. Drohnen gab es zwar in den 1970er-Jahren, in denen er bei der Truppe eingeführt wurde, noch nicht, aber tief fliegende russische Helikopter schon. Besonders der Kampfhubschrauber Mi-24 wurde als Gegner identifiziert. Die Mi-24 ist zur Bekämpfung von Bodenzielen gedacht und darum relativ stark gepanzert. Die Entwickler des Gepards orientierten sich bei der Wahl der Bewaffnung daran, was nötig wäre, um die Panzerung der Mi-24 zu durchdringen. Dazu ist der Gepard mit zwei Oerlikon-Maschinenkanonen vom Kaliber 35 mm bewaffnet. Die Geschütze sind zu beiden Seiten des Turms als Zwillingskanone angeordnet. Die Bundeswehr hat ihre Flugabwehrkanonenpanzer bis zu Beginn der 1990er-Jahre immer wieder modernisiert. So bekam der Gepard auch ein digitales Feuerleitsystem. Im Bereich der Zielerfassung, Zielverfolgung und Bekämpfung ist das Waffensystem Gepard wirklich sehr zuverlässig und effektiv. Kritiker bemängeln allerdings, dass der Gepard zu schwach gepanzert ist. Das stimmt, Projektile aus Maschinenkanonen und Panzergeschützen würden die Panzerung des Turms durchschlagen. Trotzdem waren einige Hundert Gepards lange Zeit die Basis der Luftabwehr des Heeres. Warum hat sich das Heer nun auch in dieser Hinsicht die Blöße gegeben und sämtliche Luftabwehrkapazitäten abgebaut?

Das hängt auch wieder mit der einseitigen Ausrichtung der Bundeswehr auf eine reine Einsatzarmee zusammen. Ich habe bereits an anderer Stelle erwähnt, dass man nach dem Ende des Kalten Krieges konventionelle Streitkräfte in Europa – wie die russische Armee – einfach nicht mehr als zukünftige Gegner ansah. Die Führung der Bundeswehr wollte die Truppe ausschließlich auf den Kampf in asymmetrischen Konflikten ausrichten. Die Soldatinnen und Soldaten sollten Aufständische, Terroristen, Taliban und so weiter bekämpfen, und das möglicherweise weltweit. Diese Gegner – so die Bundeswehr – greifen natürlich nicht mit Kampfflugzeugen, Helikoptern und Mittel- oder Langstreckenraketen an. Damit, so die leichtsinnige Schlussfolgerung, könne man sich die teure Heeresflugabwehr sparen. So wurde es ja dann auch – leider – 2012 in die Tat umgesetzt. Erst mit dem Beginn des Krieges in der Ukraine wurde der Gepard wieder interessant. Die Bundesregierung schickte etwa 30 der Flugabwehrkanonenpanzer in das osteuropäische Land. 2023 sollen weitere folgen. Die ukrainischen Streitkräfte zeigten sich sehr zufrieden mit dem Panzer. Es war das erste Mal, dass das Waffensystem in einem Krieg eingesetzt wurde. Es gab nur ein Problem: die Munition. Bei der Bundeswehr war – was, wie wir wissen, auf sämtliche Munitionsvorräte zutrifft – nicht mehr allzu viel davon vorhanden.

Und was da war, stammte – wie die Konstruktion der Oerlikon-Zwillingskanone – aus Schweizer Produktion. Die Schweiz ist allerdings ein neutrales Land, und darum gab die Regierung in Bern die Gepard-Munition nicht zum Export frei. Auch die Weitergabe von Rüstungsgütern in ein drittes Land ist genehmigungspflichtig. Das Argument der Schweizer gegen die Weitergabe war, dass sich in diesem Fall das Drittland – die Ukraine – in einem Krieg befand. Die Weitergabe hätte die Schweizer Neutralität verletzt. Nachdem ich davon gehört hatte, fragte ich mich, wie es sich wohl mit dem Munitionsnachschub aus der Schweiz verhalten würde, wenn sich auf einmal nicht die Ukraine, sondern Deutschland im Krieg befände? Würde die Schweiz uns im Bündnis- oder Landesverteidigungsfall überhaupt noch mit Waffen und Munition beliefern oder sich auch dann auf ihre Neutralität berufen? Mit der Munition ist es bekanntlich so, dass sie im Kampf ziemlich schnell weggeht. Um beim Beispiel Gepard zu bleiben: Ein einziges Geschütz verschießt um die 550 Schuss pro Minute, bei einem Zwillingsgeschütz sind das etwa 1.100 Schuss. Dauerfeuer wird von geschulten Besatzungen natürlich vermieden, allein schon um den Verschleiß der Geschützrohre gering zu halten, aber trotzdem ist jeder Einsatz mit ganz erheblichem Munitionsaufwand verbunden. Es ist ziemlich einfach: Ohne Munition kann keine Armee kämpfen, und das modernste Waffensystem nützt ihr nichts.

Die Bundesregierung und die Rüstungsindustrie haben sich über das Munitionsproblem ebenfalls Gedanken gemacht und nach einer Lösung gesucht. Im November 2022 übernahm der Rheinmetall-Konzern den spanischen Munitionshersteller Expal Systems. Der Kaufpreis soll um die 1,2 Milliarden Euro betragen haben. Expal Systems ist einer der wichtigsten Munitionshersteller

Europas. Während Rheinmetall rund 80.000 Artilleriegranaten pro Jahr herstellt, sind es bei Expal Systems 250.000 bis 300.000 Stück. Munition wird derzeit gleich in mehrfacher Hinsicht gebraucht: einmal, um die Bundeswehr wieder in einen einsatzfähigen Zustand zu versetzen (dafür sind etwa 20 Milliarden Euro veranschlagt worden), und zum anderen, um die Ukraine im Kampf gegen Russland zu unterstützen (was ebenfalls zum Teil von der Bundesregierung finanziert wird). Rheinmetall kündigte nach der Übernahme an, dass in Spanien künftig auch die Munition für den Gepard hergestellt werden soll. Ich bin mir ziemlich sicher, dass Munition zurzeit – wegen des Krieges in der Ukraine und wegen des Auffüllens der Bestände der Bundeswehr – so gefragt ist wie lange nicht mehr. Doch daran, dass Rheinmetall ein spanisches Unternehmen übernimmt, um seine eigenen Kapazitäten bei der Munitionsherstellung zu vergrößern, sehen wir auch: Diese Kapazitäten fehlen in Deutschland. Das war nicht immer so. Während des Kalten Krieges produzierte die deutsche Rüstungsindustrie alle Arten von Munition in großen Stückzahlen. Doch dann bestellte die Bundeswehr immer weniger, und folgerichtig reduzierten die Unternehmen auch ihre Kapazitäten. Es geht also nicht nur darum, dass die Bundeswehr hier bis zur Nichteinsatzbereitschaft auf Munition verzichtet hat, sondern dass die verfehlte Planung und das zwanghafte Sparen letztendlich auch dazu geführt haben, dass wir jetzt nicht mehr wissen, wo wir sie auf die Schnelle herbekommen sollen.

Doch zurück zu den Luftabwehrsystemen, die die Truppe ebenso wenig hat wie einen ausreichenden Munitionsvorrat. Während der Wintermonate von 2022 auf 2023 wurde der Krieg in der Ukraine überwiegend aus der Luft ausgetragen. Die russischen Streitkräfte bombardierten großflächig und massiv die zivile Infrastruktur der Ukraine. In fast allen Städten brachen die Strom- und die Wasserversorgung zusammen. Wenn man den Krieg in der Ukraine analysiert, kann man daraus schließen, dass es im Fall eines Angriffs auf die Bundesrepublik nicht anders sein würde. Damit hat sich am Beispiel des jüngsten Konflikts in Europa ganz klar gezeigt, dass es ohne umfangreiche Luftabwehrfähigkeiten nicht geht. Umfangreich bedeutet für mich in diesem Zusammenhang auch das Zusammenspiel von sehr verschiedenen Luftabwehrsystemen. Es ist nie der Fall, dass eine Waffe für sämtliche Zwecke ausreicht. Der Gegner kann mit allen möglichen Waffen aus der Luft angreifen. Das reicht von einer Billig-Drohne iranischer Produktion über den Kampfjet bis zur Hyperschallrakete. Um sich gegen diese Angriffe zu schützen, braucht ein Land wie Deutschland eine flächendeckende, moderne Luftabwehr. Im Verteidigungsministerium ist man – glaubt man ihren Worten – im Zuge des russischen Angriffs auf die Ukraine aufgewacht: »Eine Lücke besteht in der Abwehr von weitreichenden ballistischen Raketen. Diese muss schnell geschlossen werden, insbesondere, da Russland bereits über diese Waffen verfügt.« Wie so vieles aus dem Verteidigungsministerium ist auch das leider stark untertrieben, denn die Lücke, von der hier gesprochen wird, ist riesig – so groß wie der Luftraum der Bundesrepublik –, und es ist schlicht nichts da, um sie zu schließen. Das Verteidigungsministerium hat zuletzt 2021 beschlossen, die mittlerweile veralteten Patriot-Raketenabwehrsysteme noch einmal zu modernisieren, anstatt in das Projekt Medium Extended Air Defense System (MEADS) oder das Taktische Luftverteidigungssystems (TLVS), eine moderne Raketenabwehr, zu investieren. Bereits seit 1989 ist das Patriot-System bei der Luftwaffe im Einsatz. Es wurde in den USA entwickelt und 1984 in Dienst gestellt. Patriot – es steht für Phased Array Tracking Radar to Intercept On Target –

soll anfliegende Raketen und Luftfahrzeuge abwehren. Das System erfasst sie mit seinem Radar und schießt seinerseits eine Rakete ab, die in das erfasste Ziel gelenkt wird, um es zu zerstören. In meinen Worten hört sich das ziemlich einfach an, doch Patriot ist ein sehr kompliziertes Waffensystem, an dem auch die Bedienungsmannschaften intensiv ausgebildet werden müssen. Die Bundeswehr hatte mal 36 Patriot-Staffeln, so bezeichnet die Luftwaffe eine Feuereinheit des Systems. Jede Patriot-Staffel besteht aus acht Startgeräten, einem Feuerleitstand, der Stromversorgung, der Radaranlage und einem Richtfunktrupp. Unter einem Startgerät versteht man die Abschussvorrichtung. Sie ist mit vier Raketen bestückt und bei der Bundeswehr auf einen Lkw montiert. Von den 36 Patriot-Staffeln der Bundeswehr sind heute noch zwölf übrig. Elf Patriot-Staffeln sind wegen der russischen Bedrohung an der Ostflanke der NATO stationiert worden. Die eine verbleibende Einheit reicht nicht aus, um die Bundesrepublik flächendeckend vor einem Raketenangriff zu schützen. Das sagte auch der ehemalige Inspekteur der Luftwaffe Generalleutnant Müllner in einem Interview mit ZEIT online: »Wir haben aktuell eine riesige Fähigkeitslücke. Patriot ist bereits älter, und es sind nur noch wenige Feuereinheiten vorhanden. Das System kann russische Kampfflugzeuge in Einsatzgebieten bekämpfen, bei uns zu Hause aber wenig bis nichts schützen.« Das nenne ich eine klare Aussage: Die Bevölkerung der Bundesrepublik ist gegen Raketenangriffe nicht geschützt! Genauso wenig, wie die kritische Infrastruktur und die Einrichtungen der Bundeswehr es sind!

Dabei wird eines der modernsten Luftabwehrsysteme der Welt in Deutschland gebaut: Iris-T SL. Auch hier handelt es sich um Lenkflugkörper, die vom Boden aus – SL steht für Surface Launched – auf ein Luftziel abgeschossen werden. Das System wird fast ausschließlich von Unternehmen produziert, die in Deutschland ansässig sind. Die einzelnen Komponenten wurden in Kooperation zwischen den Firmen Diehl BGT Defence, Airbus, Rohde & Schwarz und Hensoldt entwickelt. Die eigentliche Rakete Iris-T (Infrared Imaging System Tail / Thrust Vector-Controlled) gibt es in ihrer grundlegenden Form schon länger. Sie wurde für den Luftkampf konzipiert. Die Tornados und Eurofighter der Bundeswehr wurden ab 2001 damit ausgerüstet. Es handelt sich um ein Waffensystem nach dem Prinzip »fire and forget«. Der Pilot kann die Waffe abfeuern und sie sprichwörtlich vergessen, denn die Rakete sucht sich selbst ihr einmal zugewiesenes Ziel und ist dabei in der Lage, auch extreme Flugmanöver – wie enge Kehren und Wenden – selbstständig mit auszuführen. Für einen Kampfpiloten, dessen Jet mit diesen Raketen bewaffnet ist, hat das den Vorteil, dass er sich in einem Luftkampf nicht erst in Schussposition manövrieren muss. Aus jeder Fluglage heraus findet die Iris-T ihr Ziel. Ich erkläre das, um zu zeigen, dass die Bundeswehr einen Teil des Waffensystems also schon seit Längerem besitzt. Allerdings handelt es sich nur um eine Version der Rakete, die sie an ihre veralteten Tornados und den Eurofighter hängen kann. Dadurch ist ein flächendeckender Schutz einer Großstadt, einer Region oder gar der Bundesrepublik natürlich nicht herzustellen. Doch dazu hat die Rüstungsindustrie eben Iris-T SLM entwickelt. Hier werden die Raketen – ähnlich wie beim Patriot-System – von mobilen Abschussvorrichtungen am Boden abgefeuert. Der Stückpreis einer Einheit – bestehend aus Abschussvorrichtung, Radar und Feuerleitsystem – liegt bei mindestens 140 Millionen Euro. Im Unterschied zu Patriot hat Iris-T eine wesentlich modernere Zielerfassung und Zielverfolgung. Angeblich ist das System auch in der Bedienung weniger aufwendig. Die leistungsfähigste Variante von Iris-T soll dazu in der Lage sein, gegnerische Flugkörper und Fluggeräte in einer Höhe von 20 Kilometern aus 40 Kilometern Entfernung effektiv zu bekämpfen. Mit einigen Iris-T-SL-Feuereinheiten – von jeder können acht Raketen gestartet werden – ließe sich eine Großstadt ganz gut verteidigen. Allerdings ist es so, dass nicht mit einem einzigen System alles abgewehrt werden kann. Der ehemalige Luftwaffen-Inspekteur Müllner sagte dazu: »Eine Luftverteidigung besteht aus verschiedenen Schichten, wie bei einer Zwiebel. Es gibt nicht das eine System, das alles kann. Patriot richtet sich gegen konventionelle Bedrohung in mittlerer und großer Höhe. Aber bei der Raketenabwehr ist das System nicht besonders stark.«

Ein gutes Beispiel dafür, wie eine tiefgestaffelte Luftabwehr funktionieren kann, ist Israel. Das Land wird seit Jahrzehnten von Terrorgruppen aus dem Gazastreifen und aus dem Libanon mit Raketen – viele davon sind ziemlich grob zusammengebastelt – beschossen, muss aber auch mit Angriffen durch Mittel- oder Langstreckenraketen aus Syrien und dem Iran rechnen. Während des Golfkriegs 1991 wurde Israel auch vom Irak mit Scud-Raketen russischer Bauart angegriffen. Man hat dort also zwangsläufig eine Menge Erfahrung mit der Luftabwehr sammeln können. Dort sehe ich, dass mindestens vier verschiedene Systeme – abgesehen von Kampfflugzeugen – das israelische Territorium schützen. Iron Dome – eiserne Kuppel – soll die erwähnten Raketen mit geringer Reichweite aus Gaza und dergleichen abwehren. Für Mittel- und Langstrecken- und Interkontinentalraketen sind die Systeme David's Sling sowie Arrow 3 und Arrow 4 vorgesehen. Obwohl Luftabwehrfähigkeiten für das Verteidigungsministerium und die Bundesregierung jahrelang kein Thema waren – oder zumindest keines, dem große Bedeutung beigemessen wurde –, hat sich das 2022 schlagartig geändert. Die russische Armee begann damit, Mittel- und Langstreckenraketen in Kaliningrad zu stationieren. Wenn diese aus der russischen Enklave in Richtung Berlin abgefeuert würden, wären sie etwa 100 Sekunden später im Regierungsviertel. Das bewog dann wohl auch einige der Verantwortlichen zum Nachdenken, und das Verteidigungsministerium schaute nach Israel. Im Frühjahr 2022 reiste eine Gruppe von Mitgliedern des Verteidigungsausschusses nach Tel Aviv, um sich vor Ort über den Raketenschutzschirm zu informieren. Angehörige der Bundeswehr waren bei dieser Erkundungstour meines Wissens nicht dabei. Gleichzeitig wurde in der Öffentlichkeit darüber diskutiert, wie sich die Bundesrepublik am besten schützen ließe. Iron Dome wurde immer mal wieder erwähnt, doch wohl hauptsächlich wegen der fehlenden Sachkenntnis der Berichterstatter, denn gegen hochfliegende russische Raketen kann Iron Dome nichts ausrichten, wie gerade beschrieben. Arrow dagegen schon, denn es kann Ziele noch in der Stratosphäre bekämpfen und ist damit auch den Patriot-Raketen an Leistungsfähigkeit überlegen. Einige Mitglieder des Verteidigungsausschusses zeigten sich denn auch nach ihrem Israel-Aufenthalt ganz angetan von dem Waffensystem. Die Vorsitzende des Verteidigungsausschusses Marie-Agnes Strack-Zimmermann sagte: »Natürlich ist Arrow 3 nicht uninteressant, weil es darum geht, Raketen abzuwehren, die eben so hoch geschossen kommen, dass wir das Rüstzeug nicht haben in Deutschland, um solche Raketen abzuwehren.« Nicht uninteressant halte ich hier auch wieder für ziemlich untertrieben. Es ist vielmehr absolut erschreckend, dass Deutschland diese Fähigkeiten zur Raketenabwehr nicht hat! Die Fähigkeit zur Bündnis- und Landesverteidigung hängt ja zu einem nicht unerheblichen Teil von einer funktionierenden Luftabwehr ab. Ohne die geht auch am Boden nichts. Angesichts der Tatsache, dass Russland seit Monaten die Ukraine massiv mit Raketen beschießt und Mittel- und Langstreckenraketen auch in Kaliningrad stationiert, wäre es aus meiner Sicht nur naheliegend, dass sich die Bundesregierung möglichst schnell auf diese Bedrohung einstellt. Doch einige Mitglieder des Verteidigungsausschusses sehen das anders. Der Abgeordnete Joe Weingarten sagte: »Wir können uns nur schwer vorstellen, für Deutschland ein solches Sicherheitssystem aufzubauen und dabei die Interessen Polens oder auch des Baltikums außer Acht zu lassen. Auch deshalb muss man vorsichtig sein, was Zeithorizonte, was Kosten angeht. Ich glaube, das politische Signal, wenn sich das allein auf Deutschland konzentrieren würde, wäre auch zu unseren Partnern verheerend. Das wird gar nicht anders gehen, als dass wir das gesamteuropäisch denken.« Mit gesamteuropäischem Denken lässt sich allerdings schlecht erklären, warum die Bundeswehr die Fähigkeiten zur Luftabwehr in den letzten Jahrzehnten sträflich vernachlässigt und sogar ganz abgebaut hat. Die Idee, einen europaweiten Raketenschutzschirm aufzubauen, ist nicht neu. Die Amerikaner haben das im Rahmen der NATO mit dem geplanten NATO Missile Defence System schon länger – seit 2002 – angesprochen. Das dürfte auch den Mitgliedern des Verteidigungsausschusses – die ja jährlich über den Verteidigungshaushalt beraten – nicht verborgen geblieben sein. Doch auch da war man aufseiten der Bundesregierung nicht bereit, sich ernsthaft daran zu beteiligen. Nun sind die Probleme gewaltig. Wenn man Arrow anschafft, wird es sehr viel kosten. Deutschland ist flächenmäßig nämlich weitaus größer als Israel. Wie viele Feuereinheiten nötig sein werden und wie viele Milliarden für die Anschaffung und den Unterhalt gebraucht werden, ist bislang nicht bekannt. Nach dem Besuch der Abgeordneten in Israel wurde es denn auch ziemlich ruhig um das Thema. Erst ein knappes halbes Jahr später meldete sich der Bundeskanzler dazu. Diesmal ging es um einen European Sky Shield. In einer Grundsatzrede zur europäischen Sicherheitspolitik sagte Bundeskanzler Scholz im August 2022 in Prag: »Erheblichen Nachholbedarf haben wir in Europa bei der Verteidigung gegen Bedrohungen aus der Luft und aus dem Weltraum. Daher werden wir in Deutschland in den kommenden Jahren ganz erheblich in unsere Luftverteidigung investieren. Alle diese Fähigkeiten werden im NATO-Rahmen einsetzbar sein. Und zugleich wird Deutschland diese zukünftige Luftverteidigung von Beginn an so ausgestalten, dass sich daran auch unsere europäischen Nachbarn beteiligen können, wenn das gewünscht wird – etwa Polen, Balten, Niederländer, Tschechen, Slowaken oder unsere skandinavischen Partner. Ein gemeinsam aufgebautes Luftverteidigungssystem in Europa wäre nicht nur kostengünstiger und effizienter, als wenn jeder von uns seine eigene, teure und hochkomplexe Luftverteidigung aufbaut. Er wäre ein Sicherheitsgewinn für ganz Europa – und ein hervorragendes Beispiel dafür, was wir meinen, wenn wir von der ›Stärkung der europäischen Säule der NATO‹ reden.« Das hätte man auch schon 2002 mit dem NATO Missile Defence Shield haben können. Außerdem nennt der Bundeskanzler auch keine konkreten Einzelheiten, wie man einen solchen europäischen Schutzschirm finanzieren und unterhalten will. Bei alldem dürfen wir nicht vergessen, dass Arrow nur eine Komponente einer zukünftigen Luftverteidigung sein wird, Patriot nach wie vor eine weitere – und dann fehlen noch andere wichtige Bestandteile. Es macht nämlich keinen Sinn, mit einer etwa drei Millionen Euro teuren Patriot-Rakete auf eine Drohne zu feuern, die nur einige Zehntausend Euro in der Herstellung kostet. Ähnliches gilt für Arrow. Man braucht Waffensysteme, die den Waffen angemessen sind, die man damit bekämpfen will. Für die Luftnahverteidigung, sagen die ukrainischen Streitkräfte, ist der Flugabwehrkanonenpanzer Gepard hervorragend geeignet. Die Bundeswehr sagt, das

Waffensystem sei veraltet, und hat es darum ausgemustert. Dabei – nur mal am Rande – ist der Gepard ungefähr genauso alt wie das Kampfflugzeug Tornado …

Die ukrainische Armee lobt ebenfalls das System Iris-T SL, das Deutschland zur Unterstützung geliefert hat. Man habe damit sehr gute Ergebnisse bei der Bekämpfung der russischen Truppen erzielt, heißt es. Die Bundeswehr möchte das System seit Jahren kaufen, doch es wurden keine Gelder dafür bewilligt. Die Herstellerfirmen haben es auf eigene Kosten entwickelt. Nun verkaufen sie es mit Erfolg ins Ausland. Die Bundesregierung lieferte der Ukraine auf deren Wunsch im Jahr 2022 drei Iris-T-SL-Systeme. Die Übergabe weiterer Einheiten ist für 2023 geplant. Sie werden nicht aus dem 100-Milliarden-Sondervermögen, sondern aus der sogenannten Ertüchtigungshilfe der Bundesregierung finanziert. Dazu sagte ein Regierungssprecher im August 2022: »In der Einleitung zur Liste militärischer Unterstützungsleistungen für die Ukraine ist klargestellt, dass darauf nur solche Leistungen eingestellt werden, die aus Beständen der Bundeswehr stammen oder aus Lieferungen der Industrie, die aus Mitteln der Ertüchtigungshilfe der Bundesregierung finanziert werden. Wie bereits ausgeführt, bedürfen die Lieferung von drei weiteren Systemen Iris-T SLM bzw. die dafür erforderlichen Finanzmittel der Ertüchtigungshilfe noch der Zustimmung durch den Deutschen Bundestag. Entsprechende Anträge sind in Bearbeitung.« Dabei sind die Kapazitäten der Industrie, was die Herstellung der Iris-T-SL-Systeme angeht, begrenzt. Eine geplante Lieferung des Waffensystems an die Ukraine wurde nur möglich, weil ein Käufer – in diesem Fall Ägypten – auf die von ihm bestellten Iris-T SL verzichtet hat.

Für viele Kameradinnen und Kameraden, mit denen ich über dieses Thema gesprochen habe, ist es schwer zu verstehen, dass die Ukraine ein teures und hochmodernes Waffensystem von der Bundesregierung gestellt bekommt, aber die Bundeswehr darf es seit Jahren nicht kaufen. Iris-T SL würde direkt dem Schutz der gesamten Bevölkerung Deutschlands dienen und nicht nur dem von Angehörigen der Bundeswehr und deren Einrichtungen. Selbst wenn die Anschaffung von Iris-T SL durch den Verteidigungsausschuss und das Parlament bewilligt ist, bleibt wegen der begrenzten Produktionskapazitäten offen, wann die Waffen dann tatsächlich bei der Truppe verfügbar und einsatzbereit sein werden. Auch hier rächt sich wieder, dass das Verteidigungsministerium in den letzten Jahrzehnten keine nennenswerten Aufträge in dieser Richtung vergeben hat. Das sieht auch der ehemalige Inspekteur der Luftwaffe Müllner so: »Wenn man die Industrie mit wenigen Aufträgen versorgt und die Firmen sich vor allem auf Materialerhalt konzentrieren, dann fehlen natürlich nun die Kapazitäten für die Produktion neuer Luftverteidigungssysteme.« Wie bei der Munitionsherstellung wurden zum einen Produktionskapazitäten abgebaut und zum anderen nach neuen Kunden gesucht. Wenn die dann – wie im Falle von Iris-T SL – die Waffensysteme auch wirklich kaufen, bleiben im Bedarfsfall noch weniger Kapazitäten für die Bundeswehr übrig. Das führt dazu, dass durch das 100-Milliarden-Euro-Sondervermögen zwar auf einmal Geld da ist, doch die Ware, die man haben möchte, eben nicht. Der größte Teil der 100 Milliarden ist für die Beschaffung von Waffensystemen aus dem Bereich Luft (dazu gehören Drohnen, Flugzeuge, Luftabwehr) vorgesehen. Einige Beispiele habe ich hier exemplarisch besprochen. Es geht um 40,9 Milliarden Euro. Das ist fast die Hälfte des Sondervermögens. Anschaffungen wie die der F-35 oder die Errichtung eines Raketenschutzschildes werden in der Öffentlichkeit mit Interesse wahrgenommen, und es wird auch viel darüber berichtet. Über den zweitgrößten Posten auf der Einkaufsliste des Verteidigungsministeriums wird dagegen nur sehr wenig gesprochen.

9. Operation Einkaufsliste / Alles Übrige

Führungsfähigkeit: Das Problem mit der Kommunikation

Der zweitgrößte Posten aus dem 100-Milliarden-Sondervermögen entfällt nach den 40,9 Milliarden für den Bereich Luft mit 20,7 Milliarden Euro auf etwas, das das Verteidigungsministerium mit »Führungsfähigkeit« bezeichnet. Damit sind keine weiteren externen Berater gemeint, sondern – Spaß beiseite – Hard- und Software, die die Bundeswehr zur Kommunikation dringend benötigt. Auch hier besteht bei vielem ebenfalls richtig Nachholbedarf. Ganz besonders sind moderne Funkgeräte in der Truppe Mangelware. Das ist leider schon länger der Fall. Ich kann mich noch gut daran erinnern, wie ich bei meinem ersten Afghanistan-Einsatz 2005 in Kabul zu den niederländischen Spezialkräften, den Korps Kommando Troepen (KCT), abgestellt wurde. Ich kannte bislang nur die Funkgeräte, die in der Bundeswehr gebräuchlich waren – und es erschreckenderweise heute immer noch sind! Es handelt sich um unhandliche Geräte, die nicht nur einiges wiegen, sondern auch schwer zu bedienen sind. Man braucht immer eine Hand, um die Sprechtaste zu drücken, wenn man eine Meldung absetzen will. Meine niederländischen Kameraden hatten damals schon Sprechsets, die einen nicht behinderten. Ich hatte immer die Hände frei, genauer gesagt oftmals da, wo sie bei einem Soldaten hingehören: an der Waffe.

Doch mindestens genauso wichtig war, dass die Funkgeräte des KCT mit denen der anderen NATO-Partner kompatibel waren. Die der Bundeswehr dagegen nicht. In Afghanistan befand sich die Bundeswehr in einem multinationalen Einsatz. Das bedeutete, dass die Soldatinnen und Soldaten intensiv mit den Kameraden anderer Nationen zusammengearbeitet haben. Das betraf beinahe alle Bereiche, von einfachen Patrouillen bis hin zur Luftunterstützung. Wenn da die Kommunikation nicht funktioniert, ist das mehr als schlecht, nämlich gefährlich. In Kabul bekamen wir zwar von der Bundeswehr ebenfalls geeignete Funkausrüstung, mussten sie aber nach dem Einsatz sofort wieder abgeben. Das geht meines Wissens nach den Kameradinnen und Kameraden, die in den Auslandseinsätzen sind, bis heute so. Im Einsatz können sie die moderne Ausrüstung benützen, aber danach müssen sie sie wieder zurückgeben und ihren Dienst mit veraltetem Material fortsetzen. Das ist grundsätzlich kontraproduktiv, denn ein Soldat sollte mit dem Equipment, von dem sein Leben und das seiner Kameraden abhängt, wirklich vertraut sein. Er muss auch unter extremen Bedingungen perfekt damit umgehen können. Das kann er aber nicht, wenn er die Sachen erst in der Einsatzvorbereitung – also wenige Wochen bevor er in den Einsatz geht – bekommt. Gerade Funkgeräte sind eine komplizierte Angelegenheit, und man muss sich damit auskennen. Jeder Soldat sollte darum am besten ständig mit den gleichen Systemen arbeiten und nicht zwischen Einsatz und Friedensbetrieb hin und her wechseln müssen. Abgesehen davon sollte er auch für den Verteidigungsfall innerhalb Deutschlands bestens ausgestattet sein und nicht nur bei einer Wüstenpatrouille in Mali. Ich selbst gehörte in Afghanistan wegen meiner Abstellung zum KCT noch zu den Privilegierten. Meine Kameraden, die im Norden Afghanistan – in Kundus, Masar-e Scharif und Faizabad – im Einsatz waren, mussten mit dem auskommen, was die Bundeswehr an die Truppe ausgab. Das war, was die Kommunikation betraf, eine Katastrophe. Einige Soldaten berichteten mir, dass die Patrouillenführer mit verschiedenen Funkgeräten in den Einsatz gingen, weil jedes Modell nur einen bestimmten Bereich abdeckte. Zusätzlich zur Waffe, Munition und Vorräten kommt da ganz schön was an Gewicht zusammen. Jeder, der schon mal Patrouille gegangen ist, weiß, was das bedeutet: eine harte – und in diesem Fall vermeidbare – Belastung. Zusätzlich zu den Schwierigkeiten seines Auftrags musste der Anführer einer Patrouille in Afghanistan dann mit unterschiedlichen Funkgeräten sowohl mit seinen Soldaten wie auch mit seinen Vorgesetzten im Hauptquartier und den ISAF-Verbündeten kommunizieren.

Hier ein kurzer Überblick über das Durcheinander an Funkgeräten. Um mit seinen Kameraden während der Patrouille zu sprechen, reichte das Kurzstreckenfunkgerät der Bundeswehr (SEM 52L). Wollte er jedoch den Bataillonsgefechtsstand – beispielsweise in Kundus – erreichen, brauchte er ein Tetrapol-Bündelfunkgerät. Tetrapol Bw ist ein sogenanntes zellulares, digitales Bündelfunksystem, was bedeutet, dass geschlossene Benutzergruppen darüber kommunizieren können, wenn ein Systemtrupp einen 25 Meter hohen Sendemast errichtet hat. Diese Einrichtung wird sinnvollerweise im Feldlager stationiert. Tetrapol Bw verfügt über einen eigenen Stromgenerator, mit dem die Anlage betrieben werden kann. Über das digitale System können auch Textnachrichten übermittelt werden. Tetrapol Bw ist bis heute die Standardkommunikation in den Einsätzen und Übungen der Bundeswehr. Das Problem ist die relativ geringe Reichweite. Sie liegt witterungs- und geländeabhängig bei etwa 25 Kilometern. Darum brauchten die Patrouillenführer in Afghanistan auch zusätzlich noch ein Tornisterfunkgerät größerer Reichweite

(SEM70). Wobei das SEM 70 nicht besonders geeignet war, da es sehr anfällig gegen verschiedene Witterungsbedingungen und geografische Unebenheiten ist. Sobald ein kleinerer Hügel im Funkbereich war, war die Verbindung oftmals nicht herstellbar. Meistens wurde zusätzlich noch ein zweites Tetrapol-Gerät als Reserve mitgenommen. Im Kommando-Fahrzeug fanden sich schließlich ein Satellitenfunkgerät (AN/ PRC-117F) mit dem das regionale Kommando der NATO angefunkt werden konnte. Das konnte überlebenswichtig sein, wenn es darum ging, Luft- oder Artillerieunterstützung anzufordern. Die Tetrafunkgeräte Bw sind zwar digital, haben aber nur eine sehr geringe Übertragungsrate (2,4 kbit/s). Darum können mit ihnen keine großen Datenmengen – beispielsweise Bilder von Satelliten oder Aufklärungsdrohnen – übertragen werden. Um auch diese Lücke abzudecken, befand sich im Kommando-Fahrzeug mindestens ein weiteres Digitalfunkgerät (SEM 80/90).

Meines Wissens hat sich die Situation auch im Einsatz der Bundeswehr in Mali nicht nennenswert verbessert. Wir sehen, dass es hier keine lückenlose Kommunikation aller am Einsatz beteiligten Elemente gibt. Außerdem ist sie störanfällig. Wenn ein Gerät ausfällt, und es ist kein Ersatz vorhanden, wird es umständlich bis gefährlich. Darum hatten viele Patrouillen in Afghanistan zusätzlich noch handelsübliche Satellitentelefone oder gar Handys mit der SIM-Karte eines lokalen Anbieters dabei. Abhörsicher ist das natürlich nicht, aber das ist der analoge VHF-Funk, wie ihn die Bundeswehr mangels zeitgemäßer Alternativen mitunter immer noch benutzt, auch nicht. Unsere Verbündeten meldeten deswegen sogar Sicherheitsbedenken an und weigerten sich in einigen Fällen, mit der Bundeswehr zusammenzuarbeiten. Digitalfunk, wie er bei anderen NATO-Partnern schon längst Standard ist, ist wesentlich leistungsfähiger. Eine moderne digitale Funkverbindung lässt sich komplett (End to End) verschlüsseln und erlaubt eine größere Zahl von Teilnehmern. Außerdem ist sie weniger störanfällig, und es lassen sich auch Daten übertragen. Das Ziel ist allerdings nicht, wie ich am Beispiel der Afghanistan-Patrouille gezeigt habe, dafür fünf oder mehr Geräte mit sich herumzuschleppen, sondern ein einziges System zu haben, das nach Möglichkeit alles kann. Technisch ist es längst zu haben, und die Bundeswehr bemüht sich auch seit Jahren darum. Anfang 2016 ging das Projekt Mobile Taktische Kommunikation (MoTaKo) beim Bundesamt in die Planungs- und Entwicklungsphase über. Mit diesem Projekt soll die Kommunikationsfähigkeit des Heeres verbessert und auf einen halbwegs aktuellen Stand der Technik gebracht werden. Im Rüstungsbericht des Verteidigungsministeriums von 2018 heißt es dazu:

»Ziel der mobilen taktischen Kommunikation (MoTaKo) ist es, einen IP-fähigen, auch multinational interoperablen Kommunikationsverbund mit Zugang zum jeweiligen Kernnetz für mobile Elemente bereitzustellen. Es wird dabei der Anteil des Kommunikationsverbundes betrachtet, der auf der untersten taktischen Ebene beim abgesessenen Soldaten beginnt und auf dem letzten verlegefähigen Gefechtsstand, der über einen stationär betriebenen Zugang zum jeweiligen Kernnetz verfügt, mit den Gegenstellen der mobilen Kräfte und OrgElemente endet. Dies umfasst den Anteil von der Verbandsebene (vergleichbar Führungsebene Bataillon) bis hin zum einzeln operierenden Soldaten sowie die Anbindung unterstützender luftgestützter und seegehender Truppenteile.«

Es geht also um die Kommunikation auf allen Ebenen. Von der Soldatin und dem Soldaten bis hin zum Bataillonsgefechtsstand sollen alle möglichst sicher miteinander sprechen und Daten austauschen können. Damit das möglich ist, muss nicht nur der einzelne Soldat ein Funkgerät bekommen, sondern auch die Fahrzeuge müssen damit ausgerüstet sein. Wir sprechen hier über eine Investition von mehreren Milliarden Euro. Darum wird sie im Rüstungsbericht auch in mehrere Einzelprojekte aufgeteilt. Da wäre zuallererst das sogenannte Projekt »Ausstattung 1. Kräftedispositiv«. Ziel ist laut Verteidigungsministerium »die Ausstattung eines ersten Kräftedispositivs der Landstreitkräfte mit moderner Kommunikationstechnik«. Ich übersetze das mal: In der Sprache der Bundeswehr bezeichnet ein Kräftedispositiv einen Infanterieverband in Bataillonsstärke. Das können zwischen 300 und 1200 Soldatinnen und Soldaten sein. Dazu kommen ein Führungselement – der Bataillonskommandeur und sein Stab beispielsweise – und weitere Unterstützungskräfte. Beim Projekt Ausstattung 1. Kräftedispositiv sehen wir, dass es lediglich darum geht, eine überschaubare Anzahl von Soldaten mit der neuen Funktechnik auszustatten. Der größte Teil der Bundeswehr wird in der Planung nicht berücksichtigt. Ähnlich verhält es sich mit den weiteren Einzelprojekten. Das Projekt Streitkräftegemeinsame, verbundfähige Funkgeräteausstattung (SVFuA) für 50 Führungsfahrzeuge sieht, wie der Name sagt, die Ausstattung von lediglich 50 (!) Führungsfahrzeugen vor. Laut der Planung sollen aber 25.000 Fahrzeuge und 50.000 Soldatinnen und Soldaten der Bundeswehr mit moderner Funktechnik ausgerüstet werden. Natürlich sind nicht sämtliche 25.000 Fahrzeuge auch Führungsfahrzeuge, aber wesentlich mehr als 50 sind es auf jeden Fall.

Des Weiteren werden die Projekte Zellulare Netze Verlegefähig (ZNV) – hier handelt es sich darum, die von mir schon beschriebenen Tetrafunksysteme weiter auszubauen – sowie Software Defined Radio für SPz PUMA und GTK BOXER, Geschützte bewegliche Führungseinrichtung (GBF) – gemeint sind geschützte Führungselemente, beispielsweise der Artillerie – und Handfunkgeräte für Infanterist der Zukunft. Zum Konzept des Infanteristen der Zukunft (IdZ) habe ich mich schon in meinem

»Schwarzbuch Bundeswehr« sehr kritisch geäußert. Die Idee ist zwar grundsätzlich gut, einen Infanteristen mit moderner Technik derart auszustatten, dass er jede Menge Informationen in Echtzeit geliefert bekommt. So kann er beispielsweise auf einem Display die Bilder von Aufklärungsdrohnen, Flugzeuge oder Satelliten sehen und hat damit einen sehr guten Überblick über das Kampfgeschehen. Außerdem ist der IdZ mit einem Freund-Feind-Erkennungssystem versehen. Der Soldat weiß dadurch, wo sich seine Kameraden befinden, auch dann, wenn er sie nicht sieht. Theoretisch ist das alles gut, doch in der Praxis taugt das System nichts. Die einzelnen Komponenten – die alle eine Stromversorgung benötigen – sind nicht leistungsfähig genug und zu schwer. Wenn der Soldat die Akkus der elektronischen Ausrüstung aufladen will, kann er das nur an einem entsprechend ausgerüsteten Fahrzeug tun. Er kann sich also nicht zu Fuß über eine längere Strecke in einen Einsatz begeben. Aber gerade die Präsenz eigener Fahrzeuge kann einen Infanterietrupp erst verwundbar machen, da er sich nicht mehr so unauffällig im Gelände bewegen kann. Wenn der Infanterist der Zukunft seine Ausrüstung trägt, wiegt sie allein schon um die 23 Kilo, dazu kommen dann noch Vorräte an Wasser, Nahrung, Munition und dergleichen. Im Endeffekt schleppt der Kamerad dann mehr als 50 Kilo an Gewicht mit sich herum. Auf einem Minicomputer kann er Textnachrichten absetzen und empfangen. Doch um etwas auf dem Display schreiben zu können, muss der IdZ mit einem speziellen Stift jeden einzelnen Buchstaben darauf eintippen. Der Stift ist so bemessen, dass man das mit Handschuhen nicht hinkriegt. Und wie so etwas in einer Extremsituation – beispielsweise einem Gefecht – funktionieren soll, kann ich mir nicht vorstellen. Der Infanterist der Zukunft, würde ich sagen, hat aus all diesen Gründen wahrscheinlich keine große Zukunft in der Bundeswehr.

Doch zurück zur Mobilen Taktischen Kommunikation: Hierbei handelt es sich um ein milliardenschweres Großprojekt, an dessen Umsetzung einfach kein Weg vorbeiführt. Denn wenn die Soldatinnen und Soldaten nicht kommunizieren können, funktioniert nichts mehr. Es erreichen sie keine Befehle mehr, und die Befehlshaber sind umgekehrt von sämtlichen Informationen abgeschnitten. Die Truppe wäre also blind, taub und somit handlungsunfähig. Das haben zumindest einige der Verantwortlichen im Verteidigungsministerium bereits vor Jahren erkannt. Im Rüstungsbericht vom Oktober 2015 wird dazu gesagt: *»Der insgesamt größte Handlungsbedarf besteht für den Bereich der Führungsfähigkeit.«* Die Dringlichkeit des Handlungsbedarfs bezieht sich hier auf den Vergleich mit sämtlichen Rüstungsprojekten (Flugzeuge, Schiffe, Panzer und so weiter) der Bundeswehr. Dringender geht es also gar nicht! Darum wird auch weiter im Rüstungsbericht gesagt: *»Dies kann absehbar die Erfüllung der hoheitlichen Dauereinsatzaufgabe ›Sicherheit im Luftraum‹ über Deutschland gefährden. Die Probleme werden im laufenden Planungszyklus vorrangig adressiert.«*

Das Problem bestand allerdings darin, dass sich nur eine Handvoll von Mitarbeitern des Bundesamtes damit befasste. Später wurde die Zahl zwar aufgestockt, blieb für ein Beschaffungsvorhaben dieser Größenordnung jedoch weiterhin lange Zeit viel zu niedrig. Auch hier wurde wieder der richtige Zeitpunkt zur Anschaffung neuer Ausrüstung verpasst. Und wie so oft ist es dann auch in diesem Fall total schiefgegangen: Im September 2021 blieb dem Beschaffungsamt tatsächlich nichts anderes übrig, als Funkgeräte aus dem Jahr 1982 (!) in erheblichen Stückzahlen – es wird von bis zu 30.000 gesprochen – nachbauen zu lassen! Dabei geht es um ein Auftragsvolumen von etwa 600 Millionen Euro. Das Beschaffungsamt veröffentlichte dazu:

> *»Die Auftragsvergabe hat das Ziel der Aufrechterhaltung der Einsatzfähigkeit der SEM 80/SEM 90 Funkgeräte unter Beibehaltung der bisherigen Fähigkeiten. Nur der Originalhersteller der bisherigen Geräte kann die einzelnen Funkgeräte so in das Gesamtfunkgerätesystem der SEM 80/SEM 90 Funkgerätefamilie einsetzen und damit in die Fahrzeuge/Plattformen der Bundeswehr integrieren, dass unter Berücksichtigung komplexer technischer Abhängigkeiten und Kompatibilitätsvorgaben, zwingende Erfordernisse einer sicheren und zuverlässigen Funktions- und Betriebssicherheit eingehalten werden können.«*

Wie so vieles aus den 1980er-Jahren gibt es den Originalhersteller heute nicht mehr. Der Teil der deutschen Firma Standard-Elektrik Lorenz, der seinerzeit die analogen Funkgeräte für die Bundeswehr gebaut hat, wurde mittlerweile vom französischen Thales-Konzern übernommen. Der ist natürlich auch nicht so dumm, im Jahr 2020 immer noch analoge Funktechnik von vor über 40 Jahren zu produzieren. Doch wenn man ihn entsprechend dafür bezahlt, nimmt er die Produktion freilich wieder auf. Die Bundeswehr war wirklich in eine Notsituation geraten. Die Anschaffung digitaler Funkgeräte verzögerte sich, und ein Ende war nicht abzusehen. Die Mehrheit der Truppe war weiterhin auf die total veraltete Technik angewiesen. Doch selbst deutsche Wertarbeit aus den 80ern geht irgendwann mal kaputt. Und da die Geräte schon lange nicht mehr gebaut wurden, gab es eben auch keine Ersatzteile mehr, mit denen man sie reparieren konnte. Darum sollte Thales irgendwie die alte Technik 1:1 wieder nachbauen. Warum hat man nicht wenigstens etwas mit verbesserten Fähigkeiten bestellt? Geräte, die zwar nicht dem aktuellen Stand entsprechen, aber zumindest ein kleines bisschen mehr können als die alten SEM 80/SEM 90 von 1982? Das wollte die Bundeswehr aus vergaberechtlichen Gründen umgehen. Denn in so einem Fall hätte der Auftrag europaweit ausgeschrieben werden müssen. Das hätte in der Bearbeitung viel zu lange gedauert. So lange hätte die Bundeswehr nicht durchgehalten. Schon jetzt berichten mir viele Kameradinnen und Kameraden, dass im Einsatz private Handys genutzt werden. Die Handyrechnung dürfte ziemlich hoch ausfallen.

»Beibehaltung aller bisherigen Fähigkeiten« bedeutet in diesem Fall, dass viele Soldatinnen und Soldaten wahrscheinlich auch noch 2035 mit Funkgeräten arbeiten müssen, die exakt auf dem technischen Stand des Jahres 1982 sein werden. Es bleibt zu hoffen, dass sich hier durch das 100-Miliarden-Euro-Sondervermögen etwas ändert. Immerhin sind ja 20,7 Milliarden für »Führungsfähigkeit« eingeplant. Doch an dem absurden Beispiel des Nachbaus der veralteten Funkgeräte zeigt sich deutlich, woran es bei der Bundeswehr und auch bei den politischen Entscheidungsträgern fehlt: an der nötigen Weitsicht und am Verantwortungsbewusstsein. Vordergründig ist es einfacher – auch politisch leichter zu begründen –, 600 Millionen auszugeben, als mehrere Milliarden in ein Rüstungsprojekt zu investieren. Darum ist es in der Bundeswehr so, dass veraltete Technik repariert und instand gehalten wird, bis dann endgültig nichts mehr geht. Das kostet natürlich auch Geld, doch die einzelnen Posten tauchen im Verteidigungshaushalt nicht in Form von Milliarden auf. Es läppert sich über die Jahre aber trotzdem, und man bekommt dafür nicht das, was die Truppe eigentlich braucht. Ich würde sagen, dass hier richtig Geld verschwendet wird. All das geht natürlich auch zulasten der Einsatzbereitschaft und der Fähigkeit der Landes- und Bündnisverteidigung.

Wie man sieht, braucht die Truppe hier wirklich dringend eine Lösung. Geld für neue Funktechnik ist ja nun auch da. Im November 2022 billigte der Haushaltsausschuss den Verteidigungsetat für 2023. In einigen Punkten nahm er das Verteidigungsministerium in die Pflicht, die entsprechenden Vorhaben gründlich zu prüfen. Dazu gehört auch die Digitalisierung der Kommunikationstechnik: »1. Im Rahmen der Digitalisierung Landbasierter Operationen (D-LBO) ist durch eine Marktsichtung zu prüfen, ob das Vorhaben ›Führungsfunkgerät‹ analog zum Vorhaben ›Soldatenfunkgerät‹ ausgeschrieben werden kann. Dies gilt es im Sinne der Wirtschaftlichkeit anzustreben.

a) Dafür muss das BMVg nachweisen, welche zeitlichen Verzögerungen und welche Kostenveränderungen zu erwarten wären, wenn die Ausschreibung analog ausgeführt werden würde.
b) Im Sinne der bestmöglichen Ausstattung für unsere Soldatinnen und Soldaten gilt es ein leistungsfähiges Funksystem gemäß dem neuesten Stand der Technik schnellstmöglich zu beschaffen. Hierbei ist auch eine wettbewerbliche Ausschreibung zu prüfen.
c) Dabei ist auf Marktverfügbarkeit und die Interoperabilität mit anderen NATO-Staaten besonders zu achten. Dafür ist die Prüfung einer offenen Plattform zur Implementierung diverser Wellenformen unverzichtbar. 2. In einem Berichterstattergespräch mit der Bundesministerin der Verteidigung ist den Berichterstattern des Einzelplans 14 schnellstmöglich zu berichten, ob und wie Punkt 1 dieser Maßgabe erfüllt werden kann. Bis dahin sind die Haushaltsmittel unter dem Kapitel 1405 Anlage 1 Wirtschaftsplan des Sondervermögens (1491) Titelgruppe 03, Titel 554 32 gesperrt.«

Jahrelang hat man die Entwicklung blockiert und verzögert, nun sucht man »schnellstmöglich« nach einer Lösung. Die Digitalisierung Landbasierter Operationen ist schließlich aus der Mobilen Taktischen Kommunikation hervorgegangen. Das Soldaten- und das Führungsfunkgerät, von denen hier die Rede ist, sollen sowohl modernen – sprich digitalen – Anforderungen genügen wie auch mit den Systemen der NATO-Partner kompatibel sein. Bei den bisherigen SEM-Geräten (SEM steht für Sender-Empfänger) ist das nicht der Fall. Das Führungsfunkgerät soll dabei – unter anderem in Bezug auf Reichweite und Datenübertragung – mehr können. Während laut Angaben des Beschaffungsamtes Ende 2022 eine Auswahl für das zukünftige Soldatenfunkgerät stattgefunden hat, soll beim Führungsfunkgerät bislang noch keine Ausschreibung erfolgt sein. In jedem Fall wird es noch Jahre dauern, bis diese Technik in ausreichender Zahl bei der Truppe ankommt. Wenn ich mir diese ganze Entwicklung anschaue, komme ich zu dem Schluss: Hier wurde auf fahrlässige Weise an der falschen Stelle gespart – und das über einen sehr langen Zeitraum. Die Schuld dafür liegt aber nicht ausschließlich bei der Bundeswehr, sondern, wie ich gezeigt habe, auch daran, dass der politische Wille zu dringend notwendigen Investitionen nicht vorhanden war. Erst sehr verspätet und unter dem Eindruck der Zeitenwende sucht man nun nach einer Lösung.

Das Kommando Cyber- und Informationsraum

Tatsächlich liegt im Bereich der Digitalisierung bis heute sehr vieles im Argen. Die Bundeswehr hat sie nämlich komplett verpennt. Dabei hat sich in den letzten Jahrzehnten das Schlachtfeld ausgeweitet. Cyberangriffe sind ein Mittel der Kriegsführung und terroristischer Angriffe geworden. Eine Cyberattacke kann mehr Schaden anrichten als ein Artillerieangriff. Wenn man es richtig macht, müssen Flugzeuge am Boden bleiben, Truppen können nicht miteinander kommunizieren, und es herrscht Chaos – nicht nur in der kritischen Infrastruktur, sondern auch innerhalb der Logistik und der Befehlsketten einer Armee. Laut offiziellen Angaben hat es im Jahr 2020 allein etwa 4.500 Cyberangriffe auf die Bundeswehr gegeben. Im Zuge des Krieges in der Ukraine hat diese Tendenz vermutlich noch einmal zugenommen, oder zumindest muss damit gerechnet werden, wenn sich der Konflikt mit Russland weiter verstärkt. Ist die Bundeswehr darauf vorbereitet? Hat sie Kapazitäten aufgebaut, um diese kriegerischen Angriffe abzuwehren oder im Verteidigungsfall sogar selbst welche zu führen? Wie bei vielen Rüstungsvorhaben der Bundeswehr lautet die Antwort auch hier: zu spät, zu teuer, zu schlecht. Leider – denn auch hier wurde eine Chance vertan. Dabei hatte die Bundeswehr die Digitalisierung, die seit den 1990er-Jahren alle Bereiche des öffentlichen Lebens erfasste, auf dem Schirm. Nach der Jahrtausendwende begann das Verteidigungsministerium darüber nachzudenken, dass es nicht schlecht wäre, auch Cyberkapazitäten aufzubauen. Erste Gelder wurden in Forschungsprojekte investiert und auch entsprechende Dienstposten eingerichtet. So entstand im Kommando Strategische Aufklärung (KSA) die Abteilung Computer Network Operations (CNO). Bis 2016 drang sehr wenig über die »Hacker der Bundeswehr« nach außen. Mal hieß es, sie sollten sich nur um die Abwehr von Cyberangriffen kümmern, dann hörte man, dass die Truppe im Verteidigungsfall auch selbst welche ausführen würde. Die Rechtslage ist dabei bis heute umstritten und wird in den entsprechenden Ausschüssen debattiert. Ist beispielsweise ein Cyberangriff auf die Bundeswehr oder Regierungseinrichtungen als eine kriegerische Handlung zu werten? Und wie robust darf die Bundeswehr dann reagieren? Vieles hängt natürlich davon ab, dass man den Angreifer auch möglichst zweifelsfrei identifizieren kann und Informationen darüber erhält, ob er im Auftrag eines Staates handelt. Falls ja, könnte man dann in so einem Fall eine – erst noch zu beschaffende – F-35 losschicken und das Büro, von dem aus angegriffen wird, bombardieren? Selbst wenn ich das hier bewusst extrem übertreibe, sieht man die Problematik und wie schwierig es ist, rechtsverbindliche Grundlagen zu finden. Es handelt sich um eine bisher nicht da gewesene Art der Kriegsführung, und auch die Bundeswehr betritt hier Neuland. 2016 tauchten Gerüchte in der Truppe auf, wonach sich Computer Network Operations in ein afghanisches Mobilfunknetz eingehackt hätte, um den Standort einer deutschen Geisel aufzuklären. Das Verteidigungsministerium hat den Einsatz nie offiziell bestätigt, doch wenn er wirklich stattgefunden hat, so wäre es der erste dieser Art in der Geschichte der Bundeswehr gewesen. Seit 2016 sah das Verteidigungsministerium die wachsende Bedeutung der Cyberfähigkeiten für die Truppe. Darum wurde im April 2017 offiziell das Kommando Cyber- und Informationsraum (CIR) in Dienst gestellt. Zwar ist es keine eigenständige Teilstreitkraft – wie Heer, Luftwaffe und Marine –, aber immerhin ein eigener militärischer Organisationsbereich. Ich muss hier kurz erklären, was es mit den Organisationsbereichen auf sich hat: In der Bundeswehr gibt es neben dem neu geschaffenen CIR noch die Streitkräftebasis (SKB) – zu der unter anderem die Feldjäger und ABC-Abwehrtruppen gehören – und den Zentralen Sanitätsdienst (ZSan). Diese drei Organisationsbereiche bilden Fähigkeiten ab, die Heer, Luftwaffe und Marine nicht haben. Diese drei Teilstreitkräfte plus die drei Organisationsbereiche bilden insgesamt die Streitkräfte der Bundesrepublik Deutschland. Dass das Kommando Cyber- und Informationsraum hier angesiedelt wurde, zeigt die Bedeutung, die man seinen Fähigkeiten für die Zukunft beimisst. Bei der Indienststellung sagte die damalige Verteidigungsministerin Ursula von der Leyen: »Die heutige Geburtsstunde des Kommandos Cyber- und Informationsraum ist für die Bundeswehr mehr als ein Meilenstein. Damit stellen wir uns international im Spitzenfeld auf. Lassen Sie den neuen Organisationsbereich CIR, Cyber- und Informationsraum, zu dem werden, was er sein soll: ein Zentrum für Innovation, Kreativität und hohe Expertise im Cyber- und Informationsraum.« Fünf Jahre später gehören etwa 13.500 Dienstposten zum CIR. Viele von ihnen waren vorher in der Fernmeldetruppe (FmTr), der Fernmeldetruppe für elektronische Kampfführung (EloKa), dem Geoinformationswesen und der Truppe für operative Kommunikation. Man sieht hier, dass es sich beim Kommando Cyber- und Informationsraum demnach zum Teil um eine Umstrukturierung und Eingliederung bereits bestehender Truppengattungen handelt. Deren Aufträge – die Bereitstellung von Geoinformationen, Schutz und Betrieb der IT-Infrastruktur der Bundeswehr, elektronische Aufklärung – bleiben größtenteils erhalten, werden aber durch die wachsende Bedeutung des Cyberraums ergänzt. Hier geht es der Bundeswehr ganz wesentlich darum, mit den weltweiten Entwicklungen der Cyberbefähigungen irgendwie Schritt zu halten – oder auch erst einmal den Anschluss zu schaffen. Die von mir erwähnte große Zahl der Cyberangriffe auf die Bundeswehr – 4.500 im Jahr 2020 – zeigt, worin ein Schwerpunkt des CIR liegt: Es handelt sich um die Abwehr und den Schutz solcher Attacken. Die kommen – wie so viele Angriffe – unerwartet aus dem Nichts. Deshalb sollte sich die Truppe auch in einer Art Dauereinsatzbereitschaft befinden. Über die Details der Cyberattacken auf die Bundeswehr wird meistens wenig bekannt. Wie wir am Beispiel des Fahrdienstes gesehen haben, geraten jedoch auch die zivilen Dienstleister, die für die Bundeswehr arbeiten, ins Visier von Cyberangreifern. Doch hier gelten Zivilvorschriften, und die Kameraden vom CIR können nicht so ohne Weiteres tätig werden. Anders sieht es aus, wenn Städte, Kommunen, Behörden und dergleichen die Bundeswehr um Amtshilfe bitten. Ich hatte bereits in Kapitel 6 beschrieben, was dazu nötig ist, damit die Bundeswehr auch im Inland eingesetzt werden kann.

Im Falle des CIR hat es – trotz seines relativ kurzen Bestehens – schon ein Amtshilfeersuchen gegeben. Im Juli 2021 hackten sich mutmaßlich Kriminelle in die Verwaltung des Landkreises Anhalt-Bitterfeld ein. Sämtliche Computer und die gesamte IT-Struktur der Landkreisverwaltung waren davon betroffen. Die Kriminellen folgten dabei einem ziemlich bekannten Muster: Sämtliche Daten wurden von ihnen mittels einer speziellen Software verschlüsselt und waren somit nicht mehr zugänglich. Mit anderen Worten: Nichts ging mehr. Anfang August wandte sich darum der Landrat mit einem Amtshilfeersuchen an die Bundeswehr. Dem wurde kurzfristig stattgegeben und die IT-Experten des CIR nach Anhalt-Bitterfeld entsandt. Tatsächlich gelang es den Soldatinnen und Soldaten, die IT-Infrastruktur der Verwaltung wiederherzustellen. Das CIR selbst war stolz auf den Einsatz: *»Vier Wochen lang waren Kräfte der Bundeswehr aus dem Organisationsbereich im Landratsamt Anhalt-Bitterfeld zur Amtshilfe eingesetzt. Nach dem Cyber-Angriff auf die Infrastruktur der Verwaltung im Juli halfen bis zu sieben Soldatinnen und Soldaten mit Fachkenntnis und viel Engagement. Mit dieser Art der Amtshilfe, die vom 3. bis zum 27. August dauerte, hat die Bundeswehr erstmals dabei geholfen, die Folgen eines Cyber-Angriffs zu bewältigen.«* Tatsächlich handelt es sich um einen historischen Einsatz in der Geschichte der Bundeswehr. Es war der erste Inlandseinsatz nach einem Amtshilfeersuchen an das CIR überhaupt. In den Medien wurde darüber sehr häufig unter Schlagzeilen wie »Bundeswehr wehrt Cyberangriff ab!« berichtet. Das war natürlich überhaupt nicht der Fall, denn der Angriff hatte ja schon längst stattgefunden. Die Bundeswehr half drei Wochen später bei der Bewältigung der Angriffsschäden, indem sie die zerstörte IT-Struktur wieder aufbaute. Bei aller Anerkennung der Leistung, die die Truppe hier gezeigt hat, wirft der Einsatz aber auch die Frage nach der Rechtmäßigkeit der Amtshilfe auf, da es sich hier nicht um einen unmittelbaren Katastrophenfall, bei dem wirklich sämtliche anderen Mittel erfolglos ausgeschöpft wurden, gehandelt hat. Warum wurde denn nicht einfach eine zivile IT-Firma beauftragt? Oder das Bundesamt für Sicherheit in der Informationstechnik (immerhin die Cyber-Sicherheitsbehörde des Bundes) verständigt? Damit mich an dieser Stelle niemand missversteht: Als ehemaliger Soldat bin ich stolz darauf, wenn die Bundeswehr etwas leistet. Doch darum kenne ich auch den Auftrag der Bundeswehr und weiß, wozu die Truppe unter welchen Voraussetzungen in der Lage ist. Im Falle der wenigen bekannten Einsätze des neu geschaffenen Kommandos Cyber- und Informationsraum scheint mir das komplett am eigentlichen Auftrag der Bundeswehr – der Bündnis- und Landesverteidigung – vorbeizugehen. Das Einhacken in ein afghanisches Mobilfunknetz mit dem Ziel, den Standort einer deutschen Geisel herauszufinden, würde ich als polizeiliche oder nachrichtendienstliche Aufgabe und weniger als eine militärische bezeichnen. Ähnlich sehe ich die erfolgte Amtshilfe beim Wiederaufbau der Behörden-IT in Anhalt-Bitterfeld. Hier kann man jetzt wieder einwenden: Was hat es denn geschadet? Darauf würde ich entgegnen, dass derartige Einsätze in der öffentlichen Wahrnehmung den Blick auf die eigentlichen Aufgaben der Bundeswehr verstellen. Das ist so ähnlich wie mit dem Brunnenbauen in Afghanistan. Das kann man nebenbei gerne machen, aber es ist eben nicht das, wofür der Staat Streitkräfte unterhält! Diese Beispiele zeigen aber auch, dass es nicht nur bei der Bundeswehr erhebliche Probleme gibt. Deutschland ist leider in sehr vielen Bereichen nicht mehr zeitgemäß aufgestellt. Auch hier ist das Problem oftmals Inkompetenz und Festhalten an veralteten Strukturen.

Das CIR hat natürlich auch wesentlich robustere Aufgaben innerhalb der Bundeswehr. So werden Waffensysteme mit zunehmender Digitalisierung zwar effektiver, aber auch verwundbarer. Die Technik und die Abhängigkeit vom Cyberraum entwickeln sich hier sehr schnell weiter. Auch dafür, dass die Bundeswehr hier mithalten kann, soll ein Teil der 20,7 Milliarden für Führungsfähigkeiten aus dem Sondervermögen dienen. So stellt das CIR beispielsweise als Teil der schnellen Eingreiftruppe der Nato (VJTF) Cyberkapazitäten zur Verfügung. Die Very High Joint Readiness Task Force ist ein schneller Eingreifverband der Nato. Sie wird auch manchmal als »Speerspitze« bezeichnet. Charakteristisch für den Verband ist seine schnelle Einsatzbereitschaft. Innerhalb von zwei bis fünf Tagen soll die VJTF an jeden erforderlichen Einsatzort verlegt werden können. Sie besteht aus etwa 5.000 Infanteriekräften sowie weiteren 20.000 Soldatinnen und Soldaten, die mit Logistik und Unterstützungsaufgaben beauftragt sind. Militärisch gesprochen handelt es sich bei der Mannschaftsstärke der VJTF um eine Brigade. Jeweils ein NATO-Mitgliedsstaat stellt rotationsmäßig den größten Teil der Verbände für die Schnelle Eingreiftruppe. Die Bundeswehr hatte 2022 allergrößte Schwierigkeiten, genügend Soldatinnen und Soldaten für diesen Einsatzverband zusammenzubekommen. Einige von ihnen wurden darum in einem Schnellverfahren, also ohne spezielle Ausbildung, zu diesem Verband kommandiert. Das heißt, dass der Verband auf dem Papier einsatzbereit ist – in der Realität aber nicht. Wichtig war, bis zum 1.1.2023 die Einsatzbereitschaft an die NATO-Partner zu melden. Egal wie. Deutschland war 2015 und 2019 Leitverband und ist es ein weiteres Mal 2023.

Bereits kurz nach der Indienststellung begann man beim CIR damit, ein neuartiges Lagezentrum Cyber-Informationsraum aufzubauen. Schon damals stand fest, dass die Bundesrepublik 2023 die VJTF stellen würde, das neue Lagezentrum sollte die schnelle Eingreiftruppe wesentlich unterstützen. Auf der Website der Bundeswehr erläutert Fregattenkapitän Lars Ruth, worum es dabei geht: »Vereinfacht gesagt werden im Gemeinsamen Lagezentrum alle Informationen aus der Dimension Cyber- und Informationsraum mit modernster Technik gebündelt, in einen Zusammenhang gestellt und ausgewertet. Im Lagezentrum wird so eine bessere Einordnung und Bewertung verschiedenster Ereignisse im Cyber- und Informationsraum ermöglicht. Beispielsweise können so Informationen über Kommunikationsinhalte technischer Netzwerke mit deren technischen Parametern und den Informationen über deren Betreiber in Bezug zueinander betrachtet werden. Diese Verknüpfung unterschiedlicher ›Datenwelten‹ ist der eigentliche Mehrwert des Gemeinsamen Lagezentrums.« Der Fregattenkapitän ist IT-Spezialist und am Aufbau des Lagezentrums beteiligt. Bei dem, was er hier beschreibt, handelt es sich um ein sogenanntes fusioniertes Lagebild. Verschiedene Informationen werden gebündelt und stehen in Echtzeit der Truppe zur Verfügung. Für die Schnelle Eingreiftruppe ist dies ein entscheidender Vorteil. Bisher gab es diese Form der Informationsaufbereitung bei der Bundeswehr nicht. Lagebilder waren zwar in den unterschiedlichen Organisationsbereichen zu finden, aber nicht in dieser zentral zugänglichen Form. Zum besseren Verständnis muss ich sagen, dass es sich hierbei um zum Teil hochgeheime Daten handelt. Fregattenkapitän Ruth betont ebenfalls die Bedeutung eines solchen Lagezentrums: »Der Cyber- und Informationsraum ist eine entscheidende Dimension für den Einsatz der Streitkräfte. Der Schutz der eigenen Informationstechnik und der Integrität eigener Informationen ist in seiner Bedeutung für den Erfolg des Einsatzes essentiell. Niemand mag akzeptieren, dass präzise Waffen korrumpiert und fehlgeleitet werden. Die Folgen würden verschlimmert, wenn unklar bliebe, wer Verursacher ist. Dieses Problem der Attribuierung lässt sich auch mit dem Gemeinsamen Lagezentrum nicht grundsätzlich lösen. Allerdings werden dort Ereignisse mit Daten korreliert, die man von mutmaßlichen Akteuren kennt. Durch die mathematische Aufbereitung der Daten und eine sehr komplexe Netzwerkanalyse kann man dann eine strukturierte Aussage über mögliche Zusammenhänge treffen. In der Folge kann dann aufgrund der Forensik eine weitere Analyse der Daten durchgeführt werden.« Wenn wir uns jetzt noch einmal vor Augen führen, dass die Bundeswehr mit mehreren Tausend Cyberangriffen pro Jahr zu kämpfen hat, würde ich sagen, dass der Cyberkrieg schon tobt! Der Fregattenkapitän scheint sich dessen ebenfalls bewusst zu sein: »Die Erkenntnisse, die wir im Lagezentrum erarbeiten, sind unmittelbar relevant für Aspekte militärischen Handelns. Sie ermöglichen es dem Inspekteur Cyber- und Informationsraum, den Streitkräften das gesamte Portfolio nicht-kinetischer Wirkmöglichkeiten anzubieten. So können wir die Effektivität des Einsatzes von Kräften erhöhen und die Möglichkeiten des gezielten Handelns in modernen Konflikten verbessern.« Bei alldem könnte man den Eindruck haben, dass die Bundeswehr hier tatsächlich einmal die Zeichen der Zeit erkannt hat und das Notwendige tut, um auf diese neuartigen Bedrohungen zu reagieren.

Doch leider funktionierte es auch in diesem Fall nicht so, wie es geplant war. Der Bundesrechnungshof rügte im April 2022 das Projekt des Cyber-Lagezentrums. Im Bericht des Rechnungshofes heißt es dazu: *»Das BMVg gab bislang über 60 Mio. Euro für ein Cyber-Lagezentrum aus, das nicht wie vorgesehen die schnelle Eingreiftruppe der* NATO *im Jahr* 2023 *mit einem ›fusionierten Lagebild‹ unterstützen kann. Dies liegt vor allem an unzureichender Planung.«* Unter unzureichender Planung ist in diesem Fall der Ankauf ungeeigneter Software und die Nichtbesetzung wichtiger Stellen zu verstehen. So wird im Bericht des Bundesrechnungshofs gesagt:

»Die Projektbeteiligten erreichten wichtige Meilensteine des IT-Projektes bisher nicht. Sie führten dies auf unterschiedliche Probleme zurück. Beispielsweise fehlte ihnen lange wichtiges und qualifiziertes Personal, um Projektaufgaben wahrzunehmen. So war die Stelle der Projektleitung über eineinhalb Jahre nicht besetzt. Zudem gab der IT-Dienstleister im Verlauf des IT-Projekts an, dass das KdoCIR die Anforderungen an die Software zunächst eindeutiger beschreiben müsste. Sonst könne er sie nicht wie vorgesehen weiterentwickeln. Auf Nachfrage der Projektleitung erklärte der IT-Dienstleister im August 2021, er könne erforderliche Funktionen der Software, z. B. zur Übertragung geheimer Informationen, nicht zeitgerecht bereitstellen.«

Gerade im IT-Bereich fehlen der Bundeswehr tatsächlich qualifizierte Leute. Das hat auch den Grund, dass solche Stellen in der privaten Wirtschaft wesentlich besser bezahlt werden. Doch all das sollte natürlich keine Entschuldigung sein, denn Ähnliches gilt ja auch für Piloten und andere Verwendungen. Aber die Motivation eines Kampfpiloten hängt möglicherweise auch nicht nur vom Gehalt ab. Das sollte eigentlich, wie ich schon sagte, auf sämtliche Soldatinnen und Soldaten zutreffen. Doch zurück zum Lagezentrum. Der Bundesrechnungshof empfahl dem Verteidigungsministerium sogar über eine Einstellung des Projekts nachzudenken: *»Trotz erheblicher Ausgaben ist offen, ob und wann das*

Cyber-Lagezentrum die Bundeswehr wie vorgesehen in Einsätzen unterstützen kann. Die Bundeswehr sollte keine Option vorschnell ausschließen. Das BMVg sollte das IT-Projekt zum Cyber-Lagezentrum nur fortsetzen, wenn es dieses höher priorisiert als andere Projekte und daher ausreichend Personal und Haushaltsmittel dafür bereitstellen kann.« Sollte das Projekt wirklich eingestellt werden, wären nicht nur die bereits investierten Millionenbeträge weg, sondern es wäre auch für andere Vorhaben der Bundeswehr verheerend. Es ist klar geworden, dass FCAS und MGCS ohne eine Digitalisierung der Bundeswehr nicht funktionieren werden. Genau in diese Projekte werden gerade Milliarden investiert. Ein Problem im Zusammenhang mit dem geplanten Lagezentrum liegt darin, dass das Verteidigungsministerium unter Zeitdruck Aufträge vergeben hat, ohne sie wie eigentlich vorgeschrieben auszuschreiben. Das Problem liegt hier natürlich auch zum Teil wieder in den umständlichen Vergabeverfahren des Beschaffungsamtes. Doch man hätte zumindest offener über die Schwierigkeiten kommunizieren müssen. Zu diesem Schluss kommt auch der Rechnungshof: *»Das BMVg sollte künftig die wesentlichen Risiken zum Cyber-Lagezentrum in seinen Berichten an das Parlament zum Cyber- und Informationsraum transparent darstellen.«*

Einsatzbereitschaft null? Der Schützenpanzer Puma

Das Lagezentrum mit seiner vollen Einsatzbereitschaft steht der Schnellen Eingreiftruppe 2023 nicht zur Verfügung. Gerade in diesem Jahr, das im Zeichen des Ukrainekrieges und einer andauernden Konfrontation mit Russland steht, wäre es jedoch wichtig, dass die Bundeswehr bestens ausgerüstet dasteht und alle ihre Fähigkeiten zur Geltung bringen kann. Es war ein Schock für die Öffentlichkeit, als sie im Dezember 2022 erfuhr, dass ein

Großteil der Puma-Schützenpanzer, die ebenfalls für die deutsche Beteiligung an der VJTF 2023 vorgesehen waren, nicht funktionierten. Der Kommandeur der 10. Panzerdivision Generalmajor Ruprecht von Butler – unter dessen Bruder ich schon in Afghanistan gedient habe – schrieb eine besorgniserregende Mitteilung an das Verteidigungsministerium. Beinahe zeitgleich lag diese Mitteilung auch dem SPIEGEL vor und machte in fast sämtlichen Medien der Bundesrepublik Schlagzeilen. Nach einer Übung im Schießübungszentrum der Panzertruppe in Bergen sei es bei allen 18 eingesetzten Schützenpanzern vom Typ Puma zu Totalausfällen gekommen. Ich habe ja bereits erwähnt, dass Übungen und Manöver Mensch und Material ziemlich viel abverlangen. Besonders dann, wenn unter gefechtsmäßigen Bedingungen trainiert wird, muss danach immer viel repariert und wieder instand gesetzt werden. Aber dass es zu Ausfällen in dieser Größenordnung kommt und die Panzerfahrzeuge komplett unbrauchbar sind, ist extrem. Generalmajor von Butler wird dahingehend zitiert, dass wirklich nichts mehr ging: »*Von 18 einsatzbereiten Schützenpanzern, mit der die Kompanie begonnen hatte, sank die Einsatzbereitschaft während der letzten acht Ausbildungstage auf 0 Schützenpanzer.*« Hauptsächlich soll es Probleme mit der Bordelektronik gegeben haben. In einem Fall kam es sogar zu einem größeren Kabelbrand im Fahrerraum des Panzers. Dem General wird die Aussage zugeschrieben, dass die Einsatzbereitschaft des Waffensystems »*trotz aller guten Vorbereitungen zum Lotteriespiel*« werde.

Der Puma wurde als Nachfolger des Schützenpanzers Marder von den Unternehmen Rheinmetall Landsysteme GmbH und Krauss-Maffei Wegmann entwickelt und auch produziert. In den 1990er-Jahren plante die Bundeswehr, eine ganze Reihe ihrer Panzerfahrzeuge durch Neuentwicklungen zu ersetzen. Obwohl man dabei auch über einen Kampfpanzer, einen Flugabwehrpanzer und einen Spähpanzer nachgedacht hatte, wurde aus Kostengründen nur das Projekt eines neuen Schützenpanzers realisiert. Ganz grob gesagt, besteht die Aufgabe eines Schützenpanzers darin, einen Infanterietrupp zu transportieren und ihm Feuerunterstützung zu geben. Traditionell operieren die Panzergrenadiere im Verbund mit gepanzerten Fahrzeugen. Sie fahren an Bord von Schützenpanzern ins Gefecht und sitzen dann bei Bedarf ab und kämpfen zu Fuß weiter. Was zumeist außer Acht gelassen wird, ist die Tatsache, dass Kampfpanzer – beispielsweise der Leopard 2 – eigentlich nur im Verbund mit Schützenpanzern eingesetzt werden können, da der Kampfpanzer sonst relativ schutzlos gegenüber feindlicher Infanterie ist. Somit sinkt mit der Einsatzbereitschaft des Pumas auch diejenige der Kampfpanzer. Die Konzeption des Pumas wurde nach der Jahrtausendwende weiter vorangetrieben. Die Bundeswehr wollte einen möglichst optimalen Schutz für die Insassen. Zeitweilig war im Gespräch, dass die Panzerung der eines Kampfpanzers entsprechen sollte. Das geht natürlich voll aufs Gewicht. So wiegt ein Leopard 2 mehr als 60 Tonnen, dabei hat er nur vier Mann Besatzung und muss nicht noch zusätzlich einem voll ausgerüsteten Infanterietrupp Platz bieten. Gleichzeitig mit einer massiven Panzerung forderte die Bundeswehr jedoch auch, dass der neue Schützenpanzer luftverlegbar sein solle, also von Flugzeugen transportiert werden könne. Der Panzer sollte in das – ebenfalls seinerzeit noch in der Planung befindliche – Transportflugzeug A400 M passen. Während des Kalten Krieges war die Luftverlegbarkeit von Schützenpanzern kein Thema gewesen. Die Panzerfahrzeuge waren zur Landesverteidigung vorgesehen, und die würde sozusagen zu Hause – auf deutschem Boden – stattfinden. Lediglich die Fallschirmjäger hatten einige leichte Panzer und gepanzerte Fahrzeuge, die sie im Lufttransport verbringen konnten.

Wir sehen, dass schon in der Planungsphase des Pumas Eigenschaften angestrebt wurden, die sich eigentlich ausschließen: Massive Panzerung bedeutet hohes Gewicht, und ein hohes Gewicht macht den Transport mit einem propellergetriebenen Transportflugzeug – das Limit des A400 M wird mit 32 Tonnen angegeben – zu einer schwierigen bis unmöglichen Aufgabe. Doch davon ließen sich die Planer und die Bundeswehr nicht beirren und entwickelten den Puma gemäß den Vorgaben weiter. Im Herbst 2002 unterzeichnete das Verteidigungsministerium einen Vertrag über die Entwicklung des neuen Schützenpanzers mit der Projekt System & Management GmbH. Bei dieser Firma handelt es sich um ein Gemeinschaftsunternehmen von Rheinmetall und Krauss-Maffei Wegmann. Bis Ende 2005 sollte ein Prototyp – in der Sprache der Bundeswehr ein Gesamtsystemdemonstrator – und drei weitere Teilsystemdemonstratoren, die Einblick in Bewaffnung und Panzerung boten, geliefert werden. Bereits 2004 unterzeichnete die Bundeswehr dann einen weiteren Vertrag über die Lieferung von fünf Vorserien-Pumas. Die Erprobung von Vorserienmodellen durch die Wehrtechnischen Dienststellen ist eine gängige Praxis bei der Neuanschaffung von Waffensystemen. Bevor etwas in großen Stückzahlen in die Produktion geht, kann man so noch Verbesserungen und Modifikationen vornehmen. Außerdem hat die Bundeswehr hier – zumindest theoretisch – noch die Möglichkeit, die Produkte verschiedener Anbieter zu vergleichen, bevor sie in die Vollen geht. Beim Vertragsabschluss 2004 sicherte sich die Bundeswehr allerdings direkt die Option auf den Kauf von 405 Pumas aus der Serienproduktion. 2006 kamen die Vorserienmodelle bei der Bundeswehr an. Der Puma ist in einigen Aspekten sehr modern konzipiert worden. Beispielsweise wird der Turm mit der Maschinenkanone komplett fernbedient. Im Gegensatz zu vielen Panzern ist der Geschützturm unbemannt. Die Besatzung des Pumas besteht aus drei Soldatinnen/Soldaten. Es sind der Fahrer, der Gruppenführer und der Truppführer Waffensystem. Im Kampfraum des Schützenpanzers ist außerdem der Infanterietrupp – in der Regel sechs Soldaten – untergebracht. Über eine hydraulische Heckrampe können die Infanteristen den Puma verlassen. Der Fahrer sitzt wie bei einem Pkw vorne links, rechts neben ihm der Gruppenführer. Der Truppführer Waffensystem wird landläufig auch als Richtschütze bezeichnet. Er bedient die umfangreichen Waffensysteme des Panzers. Die größte Feuerkraft hat die 30-Millimeter-Maschinenkanone, die im Turm eingebaut ist (200 Schuss pro Minute, mit der entsprechenden Munition können gepanzerte Ziele bis auf 3.000 Meter bekämpft werden). Außerdem ist noch ein leichtes Maschinengewehr (MG4) parallel zur Maschinenkanone im Turm montiert. Der Puma ist auch mit einer sogenannten Sprengkörperwurfanlage ausgestattet. Über eine Vorrichtung im Heck des Panzers können Sprengkörper – in etwa mit einer Handgranate vergleichbar – im Umkreis von 50 Metern um den hinteren Teil des Panzers verschossen werden. Das System dient hauptsächlich zur Verteidigung. Einige Pumas sind zusätzlich mit leichten Lenkwaffen ausgestattet, die feindliche Luftfahrzeuge oder Panzer bekämpfen. Klingt gut, doch die Bewaffnung ist auch nichts Neues. Vielen Kameradinnen und Kameraden sind die Waffen sogar zu schwach. Besonders die Tatsache, dass der Puma nur mit einem leichten Maschinengewehr vom Kaliber 5,56 ausgestattet wurde, stößt auf Kritik. Neu dagegen ist vieles am Zielerfassungssystem des Pumas. Die Waffensysteme und die Optronik des Turms sind stabilisiert, das bedeutet, dass sie auch bei voller Fahrt in unebenem Gelände an einem einmal »eingeloggten« Ziel festhält. Das ist durch mehrere Stabilisatoren und Gyroskope im Geschützturm möglich. Durch eine ziemlich aufwendige Sensorik – darunter optische Systeme, Wärmebildkamera und Laserentfernungsmesser – können Gruppenführer und Richtschütze das Kampfgeschehen gleichzeitig verfolgen. Dabei kann der Gruppenführer schon die nächsten Ziele anvisieren, während eins gerade noch bekämpft wird. Der Puma gehört zu der Generation von Waffensystemen, mit denen die Bundeswehr einen Schritt in die Zukunft machen wollte. Kommunikation und der Austausch von Daten in Echtzeit sollen hier mit anderen Systemen der Bundeswehr optimal vernetzt sein. Dass solche anspruchsvollen Systeme oftmals bis heute nicht einsatzbereit zur Verfügung stehen, habe ich bereits gezeigt. Der Puma spielt auch eine wichtige Rolle beim Waffensystem Infanterist der Zukunft, über das ich ebenfalls schon gesprochen habe. Die mit der IDZ-Ausstattung ausgerüsteten Soldatinnen und Soldaten sollen von dem Schützenpanzer aus operieren. Grundsätzlich eine gute Idee, doch sowohl die IDZ-Ausstattung wie der Puma haben erhebliche Schwächen – die ja in einigen Fällen bis zum Totalverlust der Einsatzbereitschaft geführt haben.

Technisch ist der Puma ein sehr aufwendiges Waffensystem. Vieles in dem Schützenpanzer wird ferngesteuert, ist digitalisiert oder sonst wie ziemlich kompliziert. Das bemerkten auch die Wehrtechnischen Dienststellen, die 2006 die Vorserienmodelle des Pumas unter die Lupe nahmen. Die innovative Technologie war noch nicht ausgereift und störanfällig. Darum wurde die Bestätigung des Kaufs der 405 Pumas – geplant für 2007 – vom Verteidigungsministerium verschoben. Erst im Juni 2009 stimmte der Bundestag dem Kauf von 405 Schützenpanzern für insgesamt 3,1 Milliarden Euro zu. Dabei war zu diesem Zeitpunkt immer noch unklar, ob sich der Puma überhaupt für den Einsatz in der Bundeswehr eignet. In einem Sachstandsbericht des Verteidigungsministeriums hieß es dazu, *»dass der Nachweis der vertraglich für den Puma vereinbarten Leistungen mit den fünf bisher bestellten Vorserienfahrzeugen noch nicht erbracht werden konnte«*. Wie in anderen Rüstungsprojekten warnte auch hier wieder der Bundesrechnungshof vor hohen Risiken. Trotzdem wollte das Verteidigungsministerium die 405 Pumas der Serienproduktion bestellen, bevor überhaupt die Testphase mit den Schützenpanzern der Vorserie erfolgreich abgeschlossen worden war. Warum? Der Bundeswehr lief wieder einmal die Zeit davon. Man brauchte einen Ersatz für den mehr als 40 Jahre alten Schützenpanzer Marder und konnte darum nicht länger warten. Die Serienproduktion für einen aufwendigen Schützenpanzer lässt sich nicht von heute auf morgen hochfahren. Mit dieser Entscheidung ging die Bundeswehr ein hohes Risiko ein, da sie ein Produkt für mehrere Milliarden kaufte, von dem sie bisher nicht wissen konnte, ob es überhaupt funktionierte. Aber ganz deutlich gesagt: Die Schuld trifft nicht allein die Bundeswehr. Den Abgeordneten des Bundestages und den Mitgliedern des Verteidigungsausschusses waren sowohl der Sachstandsbericht wie die Warnung des Bundesrechnungshofes ebenfalls bekannt! Somit setzten auch sie lieber auf Risiko, anstatt auf weiteren Prüfungen des Pumas zu bestehen. Das beweist ein Zitat, das ebenfalls aus einem Sachstandsbericht des Verteidigungsministeriums zum Puma stammt: *»Zehn in den Jahren 2010 bis 2012 auszuliefernde Serienfahrzeuge sollen den ausstehenden Nachweis- und Eignungsprüfungen des Gesamtsystems PUMA dienen.«*

Die Bundeswehr hat für mehrere Milliarden Euro Hunderte von Schützenpanzern gekauft, von denen sie nicht wusste, ob sie überhaupt einsatztauglich waren. Die Bundestagsabgeordneten und der Verteidigungsausschuss wussten auch um das Problem und entschieden sich ebenfalls dafür, va banque zu spielen. Der große Unterschied zum Roulettespiel – oder dem Lotteriespiel, wie es der Generalmajor von Butler im Dezember 2022 genannt hat – ist, dass man das Risiko, Milliarden in den Sand zu setzen und Schrott dafür zu erhalten, sehr wohl hätte vermeiden können. Im Sachstandsbericht wurde die Lage um das Waffensystem ziemlich klar beschrieben. Man hätte das auch als Warnung verstehen können. Stattdessen wurde der Puma in der Öffentlichkeit als »Superpanzer« gelobt. Es handelt sich tatsächlich um den schwersten und am stärksten motorisierten Schützenpanzer aller Zeiten. Aber darin bestand auch gleich ein weiteres Problem. Der Puma in der Variante C wiegt 41 Tonnen. C bedeutet, dass es sich um die Ausführung mit der höchsten Schutzstufe handelt. Hier ist jede Menge an Panzerung – auch Reaktivpanzerung, die bei Aufprall eines feindlichen Geschosses explodiert und es so neutralisiert – verbaut. Diese Ausstattung macht es für die Insassen natürlich sicherer, doch es geht auch zulasten der Manövrierfähigkeit und der Beanspruchung im Gelände. Das größte Problem ist aber, dass ein Puma der Variante C nicht mit einem Transportflugzeug der Bundeswehr luftverlegbar ist. Wir erinnern uns, dass die maximale Nutzlast des A400 M bei 32 Tonnen liegt. Darum haben sich Hersteller und Verteidigungsministerium dazu entschlossen, eine »abgespeckte« – deutlich schwächer gepanzerte – Variante mit der Schutzstufe A zu bauen. Ein Puma A wiegt 31,45 Tonnen. Während des Entwicklungsprozesses des Pumas gab es immer wieder Änderungswünsche und Beanstandungen vonseiten der Bundeswehr. Wie ich gezeigt habe, waren zum Teil auch schon die Vorgaben widersprüchlich. All das machte es nicht einfacher, einen einsatztauglichen Schützenpanzer hinzubekommen. Im Juli 2012 schloss das Verteidigungsministerium einen sogenannten Änderungsvertrag mit den Herstellerfirmen. Statt der geplanten 405 Panzer sollten nun nur noch 350 bestellt werden. Einigen Bundestagsabgeordneten schien die Sache nun wohl doch nicht ganz geheuer zu sein, und man stellte Anfragen zu Details. Darauf teilte das Verteidigungsministerium unter anderem mit: *»Für die Herstellung der vollständigen Einsatzreife der 350 Schützenpanzer Puma sind derzeit 5,989 Milliarden Euro eingeplant.«* Noch einmal zur Erinnerung: Für 405 Schützenpanzer Puma sollte die Bundeswehr 2009 etwa 3,1 Milliarden Euro bezahlen, drei Jahre später werden für 350 Panzer 5,989 Milliarden bezahlt. Für mich hört sich das nach einem ziemlich schlechten Geschäft an! Der Panzer ist jetzt beinahe doppelt so teuer wie geplant. Tatsächlich ist der Puma heute mit einem Stückpreis von 17 Millionen Euro der teuerste Schützenpanzer der Welt. 2015 wurden die ersten Pumas an die Truppe ausgeliefert, und das Beschaffungsamt erteilte formell die Genehmigung zur Nutzung des Schützenpanzers. Voll einsatzbereit war er damit jedoch noch nicht. Immer wieder wurden Mängel festgestellt, und es musste nachgebessert werden. Daraus ergaben sich weitere Kostensteigerungen und gleichzeitig ein Mangel an einsatzbereiten Fahrzeugen. Zwischenzeitlich entschied sich das Verteidigungsministerium dazu, den veralteten Marder weiterhin im Dienst zu behalten. Ein wichtiger Standard für die Beurteilung der sogenannten Taktischen Einsatzbereitschaft eines Waffensystems sind die Anforderungen, die die Schnelle Eingreiftruppe der Nato dafür stellt. Da zeichnete sich schon vor Jahren ab, dass Deutschland im Jahr 2023 dabei die Führung übernehmen würde. Dazu waren etwa 40 Schützenpanzer Puma fest eingeplant. Im Jahr 2019 entschloss sich das Verteidigungsministerium dazu, weitere 210 Puma anzuschaffen. Doch leider erfüllte der Schützenpanzer gleich aus verschiedenen Gründen – viele davon haben mit der Elektronik zu tun – immer noch nicht die Anforderungen. Im offenen Teil des Berichts zur materiellen Einsatzbereitschaft der Hauptwaffensysteme der Bundeswehr von 2020 wurde es sogar schon als Erfolg gesehen, wenn die Hälfte aller Pumas einsatzbereit war: »Die positive Entwicklung der materiellen Einsatzbereitschaft des SPz PUMA, zuletzt stabil bei circa 50%, ist zu gleichen Anteilen auf eine klare Fokussierung im Heer und auf die gemeinsam von BMVg, Beschaffungsamt und Heer mit der Industrie geschlossene Zielvereinbarung zurückzuführen.« Unfassbar: Das hört sich so an, als wäre da mit vereinten Kräften und unter großer Anstrengung die Hälfte aller Schützenpanzer am Laufen gehalten worden. Super! Da kann man wirklich stolz drauf sein. Und dabei handelt es sich hier um ein brandneues und superteures Waffensystem. Im Rahmen der Schnellen Eingreiftruppe kann man mit einem Panzer, von dem nur die Hälfte überhaupt einsatzbereit ist, natürlich nicht viel reißen. Das ließ sich selbst im Verteidigungsministerium nicht mehr übersehen und weiter schönreden. Darum wurde beschlossen, die erforderliche Zahl von Pumas nachzurüsten. Intern wurde diese Version des Schützenpanzers als Puma VJTF bezeichnet. Die Kosten für den Umbau betrugen etwa eine Milliarde Euro. Problematisch dabei war – neben den wieder einmal gestiegenen Kosten für den Puma, der entstandenen Zeitverzögerung und der fehlenden Einsatzbereitschaft –, dass nun zwei unterschiedliche Versionen des Pumas in der Bundeswehr vorhanden sind. Das wirkt sich negativ auf die Wartung, aber auch auf die Ausbildung der Besatzungen aus. Doch um den Anforderungen der Schnellen Eingreiftruppe irgendwie gerecht zu werden, sah man keinen anderen Weg. Das Ziel war, den Puma schnellstmöglich umzurüsten. Im Bericht zur materiellen Einsatzbereitschaft der Bundeswehr von 2021 wird dazu gesagt: »*Mit der erfolgreichen Taktischen Untersuchung des SPz PUMA im Konstrukti-*

onsstand (K-Stand) VJTF als Teil des ›Systems Panzergrenadier VJTF 2023‹ (SPz PUMA im K-Stand VJTF und das erweiterte System Infanterist der Zukunft im K-Stand VJTF) im Februar 2021 konnte die Eignung des Systems für den Einsatz im Rahmen der NATO Response Force (Land) (NRF (L)), der Eingreiftruppe der NATO, 2022 bis 2024 festgestellt werden.«

Bis etwa drei Wochen vor dem Einsatzbeginn der VJTF 2023 sah es so aus, als hätte der Puma noch mal die Kurve gekriegt. Doch dann schickte Generalmajor von Butler seine brisante Mitteilung ans Verteidigungsministerium. Besonders verheerend war, dass es sich bei den 18 ausgefallenen Schützenpanzern – eine ganze Kompanie – um solche der Variante VJTF handelte. Also solchen, die gerade erst für etwa eine Milliarde Euro nachgerüstet worden waren. Ruprecht von Butler ist der Kommandeur der 10. Panzerdivision, deren Panzergrenadierbrigade 37 der Leitverband der VJTF 2023 ist. So kurz vor Beginn der deutschen Führungsrolle in der Schnellen Eingreiftruppe wurde das Thema natürlich öffentlich mit großem Interesse aufgenommen. Aus dem »Superpanzer« wurde in den Medien jetzt endgültig der »Schrott- oder Mängelpanzer«. Spätestens dann, wenn ein Missstand öffentlich wird, müssen die Verantwortlichen reagieren. In diesem Fall war das die damalige Verteidigungsministerin Lambrecht. Unmittelbar nach Bekanntwerden der Nachricht berief die Ministerin ein Krisentreffen ein. Das Verteidigungsministerium beschloss, statt des Pumas den Schützenpanzer Marder für die Schnelle Eingreiftruppe einzusetzen. Dem Puma traute man jetzt wohl weniger denn je über den Weg und wollte keine weiteren Risiken eingehen. Immerhin würden die Panzergrenadierverbände zum Teil an der Ostgrenze der NATO eingesetzt, und das in einer sehr brisanten Gesamtsituation. Der Marder sei zuverlässig und bewährt, hörte man aus der Bundeswehr. Kein Wunder, nach beinahe 50 Jahren im Einsatz, würde ich sagen. Der Marder, so die Bundeswehr, sei auch dazu befähigt, die VJTF-Anforderungen zu erfüllen. Wie auch immer es im Einzelnen darum bestellt sein mag – der Marder ist mit Sicherheit an elektronischer Ausstattung und Modernität nicht mit dem Puma zu vergleichen, sonst würde ihn die Bundeswehr ja nicht durch den Puma ersetzen und ausmustern wollen –, der veraltete Schützenpanzer hat jedenfalls immer noch einen Vorteil: Er fährt und schießt, wenn man ihn braucht. Abgesehen davon, dass dieser Tausch die Bundeswehr zwei Wochen vor Beginn des VJTF-Einsatzes sehr kurzfristig vor große logistische und organisatorische Probleme stellte, war es todpeinlich. Den Verbündeten diese Pleite einräumen zu müssen, ist blamabel, aber auch damit ließe sich leben. Die Bundeswehr müsste mittlerweile – Stichworte Munition, Helikopter, Transportflugzeuge – an solche Missstände gewöhnt sein und sich darum ein dickes Fell zugelegt haben. Doch der Ruf der Bundeswehr und das Zutrauen in ihre Fähigkeiten und Zuverlässigkeit nimmt durch solche Vorfälle großen Schaden. Der politische Fallout für Verteidigungsministerin Lambrecht war ebenfalls nicht zu unterschätzen. Von einer »Blamage für die Bundeswehr« sprach der Verteidigungspolitiker der CDU Henning Otte in einem Interview mit der ARD. Der Vizefraktionsvorsitzende der CDU Johann Wadephul äußerte sich dahingehend, dass die Totalausfälle des Pumas ein Albtraum seien: »Der Puma soll ein Hauptwaffensystem des deutschen Heeres sein. Und wenn der Puma nicht einsatzbereit ist, dann ist das Heer nicht einsatzbereit.« Inmitten dieser Diskussion tauchte auch immer wieder die Frage auf, was innerhalb der Bundeswehr schon länger über die Mängel an der nachgerüsteten Version VJTF des Pumas bekannt gewesen sei. Hatte beispielsweise der Generalinspekteur etwas darüber gewusst? Das spielte insofern eine Rolle, als im Haushaltsausschuss erst wenige Wochen vorher über die Nachrüstung weiterer Schützenpanzer Puma auf den VJTF-Standard beraten worden war. Außerdem stand für das Jahr 2023 die Neuanschaffung weiterer Pumas für die Bundeswehr an. Die hat das Verteidigungsministerium nach Bekanntwerden der Ausfälle jedoch abgesagt. Bei der öffentlichen Diskussion um den »Mängelpanzer« hätte sich im Bundestag aber wohl keine Mehrheit für eine solche Milliardeninvestition mehr gefunden.

Zwischen Verteidigungsministerium und den Herstellerfirmen des Pumas spitzte sich die Situation zu. Über die Gründe, die zum Ausfall der 18 Schützenpanzer geführt hatten, wurden Spekulationen in den Medien laut. In einigen davon hieß es, die Soldatinnen und Soldaten hätten zu wenig Sonderwerkzeugsätze und Ersatzteile mit in die Übung genommen, um den Puma selbst instand setzen und angemessen warten zu können. Für mich klingt das sehr unglaubwürdig, denn, wie ich in Kapitel 7 dargelegt habe, führt die Bundeswehr kaum noch Wartungs- oder Instandsetzungsarbeiten an ihren Waffensystemen selbst aus. Somit wäre dann auch höchstwahrscheinlich wieder die Herstellerfirma damit beauftragt gewesen. Außerdem sprach Generalmajor von Butler davon, dass man sich auf die Einsatzbereitschaft des Waffensystems »trotz aller guten Vorbereitungen« nicht verlassen könne. Da es mit dem Puma seit seiner Auslieferung an die Truppe jede Menge Probleme gegeben hatte, halte ich es für zu einfach, den Totalausfall von 18 Fahrzeugen allein durch fehlende Sonderwerkzeugsätze und Ersatzteile erklären zu wollen. Verteidigungsministerin Lambrecht forderte die Herstellerfirmen dazu auf, unverzüglich und innerhalb der nächsten Wochen, die Einsatzbereitschaft der Pumas wiederherzustellen. Krauss-Maffei Wegmann und Rheinmetall ließen dazu verlautbaren:

»Alle Kräfte sind nun darauf gerichtet, die Fahrzeuge in den nächsten

zwei bis drei Wochen instand zu setzen. Die Analyse der Ursachen der offenbar sehr distinktiven Schadensfälle und Schadenausmaße wurde unmittelbar nach Bekanntwerden auch auf der industriellen Seite sofort angestoßen. Von Anfang an agiert die Industrie in diesem Prozess der Analyse engstens mit dem BMVg und der Bundeswehr.

In Abstimmung mit dem Verteidigungsministerium wurden seitens der industriellen Partner Sofortmaßnahmen vorgeschlagen und diese in einem Maßnahmenpaket vorgelegt. Im Zuge der Umsetzung des besagten Maßnahmenpakets wurde fachkundiges Personal von KMW und Rheinmetall auf die Bundeswehr-Standorte entsandt, an denen sich weitere defekte Puma-Fahrzeuge befinden.«

Das hört sich erst einmal alles gut und schön an. Fachkundiges Personal untersucht die Schäden, und dann wird schon alles wieder so funktionieren wie vorher. Doch, Moment: Nein, vorher hat der Puma ja auch schon nicht fehlerfrei funktioniert. Dass zumindest mit weiteren Problemen gerechnet wird, zeigt sich im zweiten Teil der Mitteilung: *»Um die Bereitschaft der VJTF-Kräfte über den gesamten Zeitraum des Einsatzes verlässlich zu gewährleisten, sollte die Industrie zur Begleitung des Schützenpanzers Puma als Teil des Verbandes kontinuierlich vor Ort bereitstehen und hinzugezogen werden.«* Das bestätigt genau das, was ich in Kapitel 7 über die Abhängigkeit der Bundeswehr von zivilen Dienstleistern und Unternehmen gesagt habe. Hier empfehlen die Herstellerfirmen des Pumas, dass ihre Mitarbeiter als Teil der Schnellen Eingreiftruppe »kontinuierlich vor Ort bereitstehen«. Mit anderen Worten: Die Soldatinnen und Soldaten der Bundeswehr sind selbst nicht dazu in der Lage, die Einsatzbereitschaft des Waffensystems zu erhalten. Hier kommen verschiedene Faktoren zusammen: die konstruktionsbedingte Anfälligkeit des Pumas und das Fehlen der erforderlichen Fähigkeiten innerhalb der Truppe, auf diese Defizite zu reagieren. Bei Ersterem hat man gegenüber der Industrie zu lange stillgehalten und Panzer bestellt, von denen bereits bekannt war, dass sie Mängel aufweisen, und bei Letzterem hat die Bundeswehr an Personal und Ausbildungskosten derart gespart, dass wie im Fall der Pumas für die VJTF tatsächlich nichts mehr lief.

Die damalige Verteidigungsministerin Lambrecht war nach den Vorfällen im Dezember 2022 mit ihrer Geduld am Ende und sagte in Richtung der Herstellerfirmen: »Da gebe ich ihnen wenige Wochen Zeit. Denn ich brauche verlässliche Systeme und nicht welche, die ich irgendwann in 2025 vielleicht einsetzen kann.« Die Ministerin drohte sogar damit, sonst müsse man sich nach Alternativen umsehen. Die öffentliche Diskussion nahm im Zuge der Puma-Pannen dann so richtig Fahrt auf. Der verteidigungspolitische Sprecher der FDP-Fraktion im Bundestag Alexander Müller sagte in einem Gespräch mit der Nachrichtenagentur dpa: »Waffensysteme müssen kriegstauglich sein, nicht bloß übungstauglich. Milliarden für Hightechsysteme rechtfertigen sich nur, wenn diese Waffen im Kampf klar überlegen sind.« Da kann ich der Verteidigungsministerin und dem verteidigungspolitischen Sprecher jeweils nur zustimmen. Doch man darf hier nicht außer Acht lassen, dass diese Äußerungen explizit im Zusammenhang mit dem Ausfall des Pumas gemacht worden sind. Auch wenn hier von »Waffensystemen« gesprochen wird, ist nicht sicher, wieweit die Bereitschaft dazu geht, einmal grundsätzlich Klartext mit der Rüstungsindustrie zu reden. Der NH90 ist wie gezeigt auch kein »kriegstauglich« einsetzbares Waffensystem. Wenn es der Verteidigungsministerin und den Politikern, die sich hier in ähnlicher Weise äußern, wirklich in Bezug auf die gesamte Bundeswehr ernst ist mit dem, was sie sagen, dann hört das nicht beim Puma auf. Wie gesagt, der NH90, der A400 M, die Luftabwehr – es ließe sich einiges finden, wo dringender Handlungsbedarf besteht.

Marine

Das Heer liegt bei den im 100-Milliarden-Euro-Sondervermögen vorgesehenen Ausgaben lediglich – nach der Dimension Luft, den Führungsfähigkeiten und der Marine – an vierter Stelle. Von den 16,6 Milliarden Euro, die für das Heer geplant sind, muss nun möglicherweise auch noch ein Ersatz oder eine Modernisierung des »modernsten Schützenpanzers der Welt«, des Pumas, bezahlt werden. Ich bin gespannt, ob es gelingt, hier bald eine funktionierende Lösung für die Truppe zu finden. Es ist ebenso erschreckend wie bezeichnend, dass bei allen Waffensystemen – egal ob veraltet oder gerade erst entwickelt – erhebliche Einschränkungen in der Einsatzbereitschaft bestehen.

In der Marine sieht das nicht anders aus. Sogar das Symbol der Marine, das Segelschulschiff Gorch Fock, machte diesbezüglich Schlagzeilen. Auf dem Dreimaster werden seit den 1950er-Jahren Offiziersanwärter und Seekadetten ausgebildet. Das Schiff wurde 1958 in Hamburg gebaut und noch im selben Jahr von der Marine in Dienst gestellt. Obwohl es sich hier um kein modernes Waffensystem handelt, möchte ich kurz darauf zu sprechen kommen, da die Gorch Fock immerhin so etwas wie ein Symbol der Teilstreitkraft Marine ist. Bis zur Einführung des Euro war sie sogar auf dem 10-DM-Schein abgebildet. Womit wir wieder beim leidigen Thema Geld wären: Wie jedes Schiff muss auch die Gorch Fock regelmäßig in die Werft und dort gewartet werden. So ein Werftaufenthalt stand 2012 an. Dabei entdeckte man, dass einige verschleißbedingte Schäden behoben werden mussten. Das sollte etwa 10 Millionen Euro kosten. Es wurde bald von einer Grundinstandsetzung gesprochen. Das Schiff war allerdings erst 2010 generalüberholt worden und seitdem auch nicht in einen Hurrikan oder Ähnliches geraten. Der Auftrag wurde an die Elsflether Werft vergeben und die Gorch Fock 2015 dorthin verbracht. Im Zuge der Arbeiten stiegen die Kosten – ich würde sagen: astronomisch –, und das versetzte selbst die Bundeswehr in Unruhe. Im Oktober 2016 wurden die Arbeiten eingestellt und eine Wirtschaftlichkeitsbetrachtung verlangt. Inzwischen wurden die Kosten für die Instandsetzung auf etwa 75 Millionen Euro geschätzt. Im Januar 2017 gab die damalige Verteidigungsministerin von der Leyen grünes Licht für die Fortsetzung der Arbeiten. Ab da wurde es ziemlich kompliziert. In den Medien wurde über das Thema der Instandsetzung der Gorch Fock sehr ausführlich berichtet, darum fasse ich mich hier kurz: Es gab eine Insolvenz der beteiligten Werft, daraufhin setzten andere Unternehmen die Arbeiten fort, es gab Korruptionsvorwürfe gegen Mitarbeiter der Marine, weitere Baustopps, zeitliche Verzögerungen und stetig steigende Kosten. Letztendlich wurde die Instandsetzung der Gorch Fock erst 2021 beendet und hatte mit etwa 135 Millionen mehr als das Zehnfache der ursprünglich vereinbarten Summe gekostet. Das Schiff lief nach sechs Jahren Werftaufenthalt aus, und prompt kam es zu einem Ausfall des gerade generalüberholten Motors. Anschließend musste die Gorch Fock mit einem Schlepper zurückgebracht werden. Dieser Defekt ließ sich allerdings zeitnah beheben. Zwischenzeitlich hatte der Bundesrechnungshof angefragt, ob es nicht günstiger sei, ein komplett neues Schiff zu bauen. Für 135 Millionen hätte man das nach Ansicht der Experten haben können. Außerdem musste der auf der Gorch Fock stattfindende Teil der Ausbildung in den sechs Jahren Werftaufenthalt auf andere Schiffe ausgelagert oder ganz ausgesetzt werden.

Warum ich dieses Beispiel anführe? Weil man hier die Millionen rausgehauen hat, während die Marine ihren eigentlichen Auftrag mit hoffnungslos veraltetem Gerät erfüllen sollte. Die Teilstreitkraft hat tatsächlich bis heute zum Teil das älteste Gerät in der gesamten Bundeswehr. Die U-Boote sind in einem so schlechten Zustand, dass sie kaum noch zu Tauchfahrten auslaufen. Insgesamt besitzt die Bundeswehr noch ganze 6 U-Boote, im Jahr 1990 waren es noch 24. Angeblich soll in einem der letzten Jahre für ein ganzes Jahr lang kein einziges U-Boot der Marine in See gestochen sein. Im nicht geheimen Teil des Berichts zur materiellen Einsatzbereitschaft der Bundeswehr heißt es dazu in Bezug auf die Marine:

»Die strukturell prekären Instandsetzungskapazitäten (insbesondere IH-Management und Vergabekapazitäten) des Mars [das Marinearsenal, verantwortlich für die Materialerhaltung aller Schiffe, Boote und Landanlagen der Marine] für die schwimmenden Waffensysteme werden zukünftig zu massiven Einbrüchen bei der Gestellung einsatzbereiter Kräfte führen, welche ggf. eine Priorisierung seitens BMVg hinsichtlich der Besetzung von Einsätzen und einsatzvergleichbaren Verpflichtungen der Marine erfordert. In Ergänzung zur Bewertung der materiellen Einsatzbereitschaft lässt sich feststellen, dass derzeit – gespiegelt an den fähigkeitsträgerspezifischen Einsatzaufgaben zur Teilnahme an Operationen hoher Intensität – unter 30% der schwimmenden Hauptwaffensysteme uneingeschränkt einsatzfähig sind.«

Wenn nur 30 Prozent (oder weniger) aller Schiffe und U-Boote uneingeschränkt einsatzbereit sind, dann sollten sämtliche Alarmglocken schrillen – und das auch im Verteidigungsministerium und im Verteidigungsausschuss!

Wozu brauchen wir eine Marine? Tatsächlich ist die Marine mit ihren etwa 16.000 Soldatinnen und Soldaten (zum Vergleich: das Heer hat etwa 63.000) die kleinste Teilstreitkraft der Bundeswehr. Auch haben die viel beachteten Auslandseinsätze in Afghanistan und in Mali den Fokus von der Marine weggelenkt. Beide Einsatzgebiete sind weitab vom Meer, und Marinestreitkräfte haben bis auf wenige Ausnahmen – beispielsweise die Kampfschwimmer und die Minentaucher, die auch an Land eingesetzt werden – dort keine Rolle gespielt. Was will man also mit modernen schwimmenden Waffensystemen? Im Zuge der Zeitenwende sind natürlich Nord- und Ostsee wieder ins Blickfeld gerückt. Wenn man Flüssiggasterminals oder unterseeische Pipelines vor Anschlägen und Sabotage schützen will, braucht man dazu selbstverständlich eine einsatzbereite Marine, die auch entsprechend ausgerüstet ist.

Mittlerweile ist es offiziell, dass Anschläge – wahrscheinlich wurden dazu zumindest militärische Sprengmittel benutzt – die Lecks in den Pipelines Nord Stream 1 und Nord Stream 2 verursacht haben. Das geschah im September 2022 direkt vor unserer Haustür und kann in ähnlicher Form jederzeit wieder passieren. Doch die Bundesregierung setzt die Marine außerdem – trotz fehlender Ausstattung – auch ganz bewusst in Krisenherden am anderen Ende der Welt ein. So entsandte die Regierung im Dezember 2021 – kurz vor dem Ausbruch des Ukraine-Kriegs – die Fregatte Bayern ins Südchinesische Meer. Auf der Website des Auswärtigen Amtes hieß es dazu: *»Von der koreanischen Halbinsel kommend durchfährt die Fregatte ›Bayern‹ in der zweiten Dezemberhälfte im Zuge ihres Einsatzes im Indo-Pazifik das Südchinesische Meer in Richtung Singapur. Mit der Präsenz im Südchinesischen Meer unterstreicht Deutschland sein fortgesetztes Engagement für die freie Schifffahrt und den Erhalt der regelbasierten internationalen Ordnung im Indo-Pazifik. Diese steht im Südchinesischen Meer unter Druck. So erhebt die Volksrepublik China weitgreifende Seegebietsansprüche und erkennt den UNCLOS-Schiedsspruch von 2016 über das Spratly-Gebiet nicht an. Es kommt immer wieder zu Zwischenfällen mit den anderen Anrainern.«*

Das Südchinesische Meer ist eine der brisantesten Regionen der Welt. Die Volksrepublik China baut dort massiv ihre Militärpräsenz aus, und Experten befürchten, dass es dort irgendwann zu bewaffneten Auseinandersetzungen kommen wird. Es handelt sich um eine der wichtigsten internationalen Schifffahrtsrouten. Wer die kontrolliert, kontrolliert auch einen großen Teil des globalen Handels. Klar, dass Deutschland da mitreden will. Und Bündnisverpflichtungen gegenüber der NATO gibt es ja auch noch. Den verantwortlichen Politikern ist vollkommen bewusst, wohin sie die Soldatinnen und Soldaten hier – in diesem Fall das Südchinesische Meer – schicken. Militärisch spricht man von einer Präsenzfahrt. Ich zitiere noch mal das Auswärtige Amt: »*Es kommt immer wieder zu Zwischenfällen …*« Außerdem war die Fregatte Bayern damit beauftragt, die Einhaltung des Embargos gegen Nordkorea zu kontrollieren, ein Land, das immer wieder Raketen ins Seegebiet vor seinen Küsten abfeuert und mit Atomwaffen droht. Ich würde solche Einsätze zumindest als risikobehaftet bezeichnen. Die Bundesregierung hat entschieden, auch abgesehen vom Auftrag der Bündnis- und Landesverteidigung, dass sie die Marine weltweit einsetzen will. Das tut sie anscheinend ohne große Bedenken. Dann sollte sie die Teilstreitkraft aber auch mit dem Bestmöglichen an Schiffen und Gerät ausstatten, um diese Aufträge zu erfüllen. Das ist jedoch – wie wir im Bericht zur materiellen Einsatzbereitschaft gesehen haben – überhaupt nicht der Fall. Im Gegenteil, während Heer und Luftwaffe wegen der aufwendigen Auslandseinsätze zumindest noch ein Minimum an neuem Material bekommen haben, war das bei der Marine weitgehend nicht so, und sie steht heute mit total veraltetem Gerät da. Das soll im Zuge der Zeitenwende anders werden. Mithilfe des 100-Milliarden-Sondervermögens soll nun endlich aufgerüstet werden. Dazu sind 19,3 Milliarden Euro eingeplant. Was braucht die Marine am dringendsten? Schiffe, würde ich sagen, auch ohne ein Seekriegsexperte zu sein. Ein Blick in den Bericht zur materiellen Einsatzbereitschaft genügt dazu. U-Boote waren einmal ein Schwerpunkt der Bundeswehr. Sie waren zur Sicherung der Nord- und Ostseeküste gedacht. In Deutschland werden zwar immer noch hervorragende Unterwasserfahrzeuge gebaut und erfolgreich ins Ausland exportiert, aber die eigene Marine hat außer ihren sechs nicht zuverlässig einsetzbaren Booten nichts mehr in dieser Hinsicht vorzuweisen. Darum werden in einer Kooperation mit Norwegen neue Unterseeboote vom Typ U212 CD angeschafft. Bereits 2021 wurden sechs dieser Boote bestellt, zwei davon sind für die Bundeswehr bestimmt. Wenn alles so läuft wie geplant, sollen sie 2032 und 2034 ausgeliefert werden. Das wäre dann in ungefähr zehn Jahren! Ich weiß nicht, wie die Marine dieses Jahrzehnt angesichts der russischen Bedrohung – Russland verstärkt seit einiger Zeit seine U-Boot-Flotte massiv – überstehen will. Die Bundeswehr bräuchte mehr als zwei neue U-Boote, dahingehend äußern sich auch Soldatinnen und Soldaten der Marine. Im 16. Rüstungsbericht vom November 2022 heißt es dazu vage: *»Die Stückzahlerhöhung der deutschen U-Boote ermöglicht es, die geforderte Durchhaltefähigkeit gemäß dem durch Deutschland akzeptierten NATO-Planungsziel zu erreichen.«*

Die Boote 212 CD (CD steht wegen der Kooperation mit Norwegen für Common Design) sind mit etwa 2.500 Tonnen deutlich größer als das, was die Bundeswehr bisher an U-Booten hat. Für die Anschaffung der zwei bereits bestellten Boote werden um die 2,79 Milliarden Euro veranschlagt. Bei der Vorstellung dessen, was aus dem 100-Milliarden-Euro-Sondervermögen gekauft werden soll, tauchten die U-Boote 212 CD zwar auf, es blieb aber offen, ob es mehr als die bereits geplanten zwei sein werden. Das Verteidigungsministerium betonte zwar auch im Rüstungsbericht, dass man die Entwicklung der Unterwasserfahrzeuge möglichst zügig vorantreiben wolle, aber an dem geplanten Termin der Indienststellung 2032 und 2034 ändert das nichts. Ähnlich verhält es sich mit der Neuanschaffung der Fregatte F126. Bei den Mehrzweckkampfschiffen des Typs 126 handelt es sich um das größte Rüstungsprojekt in der Geschichte der Marine. So eine Fregatte hat etwa 9.000 Tonnen Wasserverdrängung und ist um die 166 Meter lang. Die Zahl der Besatzungsmitglieder bewegt sich – je nach Einsatz – von 116 bis etwa 190. Das Schiff ist – ähnlich wie Flugzeuge – so gebaut, dass es für gegnerisches Radar und Sensorik möglichst unauffällig ist. Außerdem ist es voll mit modernster Elektronik und in vielen Bereichen automatisiert. Im Rüstungsbericht vom November 2022 wird zur Fregatte F126 gesagt: »*Die Fregatte Klasse 126 (F126, ehemals Mehrzweckkampfschiff [MKS] 180) wird zunächst in einer Stückzahl von vier Einheiten mit einer Option von zwei weiteren Einheiten zur Deckung des konzeptionellen Bedarfes von sechs Einheiten für den weltweiten Einsatz im gesamten Intensitätsspektrum für die Befähigung zur dreidimensionalen Seekriegsführung beschafft.*

Zur intensiven Nutzbarkeit der F126 von bis zu zwei Jahren im Einsatz und zur signifikanten Reduzierung der Besatzungsstärke gegenüber in Dienst befindlichen Einheiten setzt das Projekt F126 auf den bestehenden Konzepten (Mehrbesatzungskonzept, Intensivnutzbarkeit) der F125 auf.« Wir lesen hier heraus, dass diese Schiffe für den weltweiten Einsatz »*im gesamten Intensitätsspektrum*« – also auch im offenen Seekrieg – gedacht sind. Daraus ergibt sich für mich, dass auch andere Einheiten der Marine mit solchen Einsätzen zu rechnen haben. Eine Fregatte F126 – so modern sie auch ist – operiert ja nicht alleine. Das sagt auch der Rüstungsbericht: »*Die F126 soll in Zukunft als modularer maritimer Fähigkeitsträger dazu beitragen, die im maritimen Wirkverbund erforderlichen Fähigkeiten im gesamten Einsatz- und Aufgabenspektrum der Marine zu erhalten und zu vervollständigen. Hierzu gehören die Wirkung gegen Unterwasser-, Überwasser- und Landziele sowie der erweiterte Eigenschutz. Daneben wird die F126 zur Operationsführung von Seestreitkräften – einschließlich Führen von Spezialkräften – sowie zur Leistung von Unterstüt-*

zungsaufgaben wie Feuerunterstützung und sanitätsdienstlicher Unterstützung befähigt sein.« Das würde aber dann auch heißen, dass die gesamte Marine dazu befähigt – und einsatzbereit – sein sollte, an derartigen Einsätzen mitzuwirken. Bei einer materiellen Einsatzbereitschaft von knapp 30 Prozent kann man das vergessen. Bislang ist die Indienststellung von vier Fregatten 126 geplant. In der Diskussion um das Sondervermögen wurde bislang auch nichts darüber gesagt, ob mehr Schiffe angeschafft werden. Die Kosten pro Fregatte sind mit etwa 1,4 Milliarden Euro angegeben. Die Indienststellung des ersten Schiffs ist für 2028 anvisiert. Wie bei den meisten Rüstungsprojekten kann es natürlich auch hier noch zu Verzögerungen kommen. Davor warnt auch die Bundeswehr in ihrem Rüstungsbericht: *»Derzeit sind keine Risiken erkennbar, die sich unmittelbar auf die materielle Einsatzbereitschaft auswirken. Jedoch können Verzögerungen im Projektverlauf, insbesondere der Projektanteile zur Herstellung der Versorgungsreife und Akkreditierung, zu unmittelbaren Auswirkungen auf die Fähigkeitserweiterung der Marine führen, die potenziell negative Effekte auf die Einsatzbereitschaft und die Personal- und Ausbildungsplanung nach sich ziehen könnten.«* Auch hier kann ich der Truppe nur von ganzem Herzen wünschen, dass nicht wie beim NH90, dem Puma oder dem A400 M Jahre vergehen, und dann immer noch keine volle Einsatzbereitschaft des Waffensystems da ist.

Künstliche Intelligenz

In allen drei Teilstreitkräften und im Bereich der Führungsfähigkeit besteht enormer Nachholbedarf. Ich konnte in meiner Betrachtung der 100-Milliarden-Euro-Einkaufsliste – die sowieso schon sehr umfangreich ausgefallen ist – nicht alles berücksichtigen. Selbstverständlich benötigt zum Beispiel die Marine mehr als nur Schiffe und U-Boote. So wird sie ebenfalls mit Lenkflugkörpern und neuen Aufklärungssystemen ausgerüstet werden müssen. Ich hoffe, mit solchen, die dann auch reibungslos funktionieren. Doch die anschaulichsten Beispiele sind eben die Fregatte F126 und die U-Boote. Beim Heer und der Luftwaffe verhält es sich ähnlich. Einige Rüstungsprojekte, die ich ausgewählt habe, zeigen am besten, wo die Versäumnisse und Schwachstellen liegen. Leider habe ich die bei der Bundeswehr nicht lange suchen müssen. Es liegt wirklich überall im Argen. Egal, ob es um die Generalüberholung eines Traditionsschiffes – der Gorch Fock – oder den angeblich modernsten Schützenpanzer der Welt geht. In sämtlichen Bereichen gab und gibt es Probleme. Da investiert die Bundeswehr Milliarden in die Entwicklung futuristischer Systeme wie FCAS und MGWS und will im Cyberraum Kapazitäten zur Kriegsführung aufbauen, doch gleichzeitig lässt sie für um die 60 Millionen Euro Funkgeräte aus dem Jahr 1982 originalgetreu nachbauen. Dabei ist es keinesfalls so, dass im Verteidigungsministerium nicht über die Zukunft nachgedacht wird. So existiert auch seit Juli 2021 ein eigenes Weltraumkommando der Bundeswehr (WRKdoBw). Es ist Teil der Luftwaffe und besteht bislang aus etwa 80 Dienstposten. Es ist zwar sehr wenig über dieses Kommando bekannt, aber es nimmt Aufgaben im Zusammenhang mit den Aufklärungs- und Kommunikationssatelliten der Bundeswehr wahr. Hier geht es ganz klar um den Aufbau wichtiger Fähigkeiten, die die Bundeswehr lange Zeit vernachlässigt hat. Der Raum, in dem Konflikte ausgetragen werden, hat sich jetzt schon ausgeweitet. Es geht um kritische Infrastruktur, den Cyberspace und auch den Weltraum. Interessant ist, dass von den 100 Milliarden Euro auch 500 Millionen Euro für die Entwicklung künstlicher Intelligenz (KI) ausgegeben werden sollen. Der Posten ist einzeln aufgelistet, und das beweist, dass sich die

Bundeswehr hier sehr wohl der Bedeutung ihrer Zukunftsfähigkeit bewusst ist. In einem Positionspapier des Amts für Heeresentwicklung wird dazu ausdrücklich gesagt: »*Ein zentrales Element der zukünftigen Gefechtsführung ist die Kombination klassischer Gefechtsführung mit Wellen von Cyberangriffen und Angriffen durch große Mengen automatisiert und autonom gesteuerter Systeme. Dieser Ansatz wird derzeit in der NATO unter dem Begriff ›Hyperwar‹ diskutiert. Die KI ist hier sowohl ›Enabler‹ für den Einsatz automatisiert und autonom gesteuerter Systeme als auch für die Beschleunigung des Führungsprozesses durch den gezielten Einsatz KI-basierter Entscheidungsunterstützungssysteme. Dies verändert zwar die Struktur von Gefechten nicht grundsätzlich, führt aber zu einer gänzlich anderen Dynamik, da schneller und weiträumiger agiert werden kann und auch muss.*« Bei diesen Worten klingelt es mir in den Ohren. Hyperwar, künstliche Intelligenz, Weltraumkommando. Ist da tatsächlich von der Bundeswehr die Rede, die ich kenne und in der ich gedient habe? Für mich fühlt es sich so an, als würden hier Realität und Anspruch meilenweit auseinanderliegen. Ein Krieg der Zukunft lässt sich nicht allein mit der nötigen Technik führen, man braucht eine Armee als funktionierendes Gesamtsystem. Darum stelle ich mir die Frage, wie zeitgemäß bereitet die Bundeswehr eigentlich ihre Soldatinnen und Soldaten auf mögliche Einsätze vor?

10. Zwei-Klassen-Ausrüstung, zweitklassige Ausbildung

Ich schaute auf meine Stiefelspitzen. Anbehalten oder ausziehen? Den ganzen Tag über hatte ich Rekruten in der Kaserne unterrichtet und über die Arbeit des Bundeswehrverbands informiert. Dann machte ich mich auf den Weg ins Hotel. Das Schöne an meinem Job ist, dass ich relativ viel unterwegs bin. So lerne ich Orte kennen, die ich normalerweise nicht besuchen würde. Nach einem Tag mit den Soldatinnen und Soldaten begebe ich mich in der Regel in meine Unterkunft und esse dort oder in einem Restaurant zu Abend. Auf diese Weise sehe ich dann auch noch etwas von der Umgebung. An diesem Tag hatte ich schon während des Nachhausewegs bemerkt, dass in der Kleinstadt nicht viel los war. Über das Lenkrad meines Wagens gebeugt, fuhr ich durch ziemlich leere Straßen. Die Scheibenwischer schrappten Regen und nasse Blätter von der Frontscheibe. Windböen wirbelten beides an diesem Abend im Spätherbst vor sich her. Ein Restaurant – oder wenigstens eine Imbissbude – konnte ich nicht entdecken. Auch eine Schleife durch das Gewerbegebiet am Ortsrand brachte mich nicht weiter. Im Hotel angekommen, klingelte ich an der Rezeption. Ich war einer von drei Gästen, dafür – so erklärte mir die Mitarbeiterin – lohne es sich nicht, die Küche offen zu halten. Na toll! Ich setzte mich erst mal in die Lobby und überlegte. Für alle Fälle habe ich im Kofferraum immer eine

Art »persönliche Notration« dabei. Lebensmittel, Wasser und sogar eine kleine Reisekaffeemaschine. Ich habe dieses »Survival-Pack« wohl schon durch halb Deutschland gefahren und war nicht scharf darauf, das jetzt anzubrechen. Außerdem gingen mir noch die Gespräche im Kopf herum, die ich an diesem Tag mit den Soldatinnen und Soldaten geführt hatte. Ich wollte einige wichtige Anregungen daraus für dieses Buch verwenden. Ich behielt die Stiefel an und ging an der Rezeption vorbei zurück zum Wagen. Es regnete immer noch.

Der Letzte macht das Licht aus: Was eine »Betreuungseinrichtung« über die Bundeswehr aussagt

Die Unterhaltungen mit den Kameradinnen und Kameraden ließen mich nicht los. Ich wollte zurück in die Kaserne. Mal sehen, wie sie dort ihren Abend verbrachten. Ich komme mit meinen Ausweisen jederzeit auf das Kasernengelände und kann in den Betreuungseinrichtungen der Truppe etwas essen. Ich steuerte also wieder durch die nun vollends ausgestorbene Kleinstadt zum Standort zurück. An der Wache fragte ich den zivilen Mitarbeiter, wo es zur Betreuungseinrichtung gehe. Er deutete mit der Hand in die entsprechende Richtung. Im Schritttempo fuhr ich die Straße runter. Einige Instandhaltungsgebäude lagen linker Hand, rechts ein großer Parkplatz, hohe Bäume und dahinter weitere Kasernengebäude. Etliche Fenster waren dunkel. »Viel ist hier auch nicht los«, dachte ich. Dann parkte ich meinen Wagen vor einem mehrstöckigen Gebäude aus Waschbeton und ging die Stufen zum Eingang hinauf. Hinter einer doppelten Glastür brannte Licht, im Flur dahinter auch. Ein Schild wies den Weg zur Betreuungseinrichtung. Ich wunderte mich, dass es hier merkwürdig leer aussah. Normalerweise herrscht an solchen Orten nach Dienstschluss ein ziemliches Kommen und Gehen. Nachdem ich die erste Glastür passiert hatte, ging ich auf die zweite zu und wollte sie mit Schwung öffnen. Doch: Fehlanzeige, die Tür war abgeschlossen. Regentropfen fielen vom Schirm meines Basecaps auf den Boden. Ich beugte mich nach vorne, um besser in den Flur dahinter sehen zu können, und klopfte an die Scheibe. Erst da sah ich den Zettel, der von innen ans Glas geklebt war. »Betreuungseinrichtung bis auf Weiteres geschlossen«, stand da. Mit blauem Kugelschreiber handgeschrieben. »Na toll!«, dachte ich ein zweites Mal. »Dann also doch das Survival-Pack.« Ich beschloss, erst einmal eine Zigarette zu rauchen, und stellte mich unter das Vordach des Eingangs. Ein Soldat in Sportanzug und Regenjacke kam mit einem Mountainbike auf das Gebäude zu. Er blieb auf meiner Höhe stehen. Ich grüßte mit der Hand. »Guten Abend, Kamerad! Wo kann man denn hier noch was zu essen bekommen?«, fragte ich. »In der Kaserne ist alles dicht«, sagte er. »Um diese Zeit noch am ehesten an der Tankstelle im Industriegebiet.« »Im Ernst? Gibt's denn hier keine Betreuungseinrichtung oder so was in der Art?«, wollte ich wissen. »Nicht mehr. Die haben sie schon vor Monaten dichtgemacht. Lohnte sich angeblich nicht mehr.« »Das ist ganz schön ...« Ich musste mich zusammennehmen. » ... bescheiden.«

In den Betreuungseinrichtungen kann man nämlich nicht nur etwas zu essen bekommen, sondern auch das, wofür der Name steht: Betreuung. Die Soldatinnen und Soldaten haben hier die Möglichkeit, auf entspannte Art nach Dienstschluss Zeit miteinander zu verbringen. Meistens gibt es einen Fernseher, DVDs, Spiele oder auch einen Billardtisch und Ähnliches. Während meiner Dienstzeit wurden viele wichtige Gespräche in solchen Einrichtungen geführt. Man begegnet sich abseits des offiziellen Teils etwas lockerer. Darum lässt sich mit Kameradinnen und Kameraden – meistens auch unabhängig vom Dienstgrad – hier anders reden. Ich habe tatsächlich mehr als einmal erlebt, dass zwischenmenschliche und auch dienstliche Probleme gelöst werden konnten, indem bei einem Bier offen darüber gesprochen wurde. Selbst in den Auslandseinsätzen gab es in den Feldlagern Betreuungseinrichtungen für die Truppe. Ich erinnerte mich wehmütig an die Drop Zone in Kabul. Was würden wohl meine ehemaligen Kameraden sagen, wenn sie mich in diesem Moment sehen könnten? »Was macht ihr denn abends?«, forschte ich weiter. »Nicht viel«, sagte der Soldat. »Ich habe noch Glück, denn ich wohne mit meiner Frau im Ort. Aber die, die in der Kaserne bleiben, na ja, die sitzen auf ihren Stuben. Trinken was und Internet und so. Ich muss los.« Ich bedankte mich bei dem Soldaten und sah ihm hinterher, während er durch den Regen davonradelte. Die Kaserne wirkte wie ausgestorben. Ich habe Standorte kennengelernt, da ist zu jeder Tages- und Nachtzeit etwas los gewesen. Fahrzeuge, Truppen, die zu Übungen ausrückten oder zurückkamen – besonders während der Einsatzvorbereitung vibrierte es vor Aktivität. Hier dagegen hatte ich das Gefühl, dass mit der Redewendung »Der Letzte macht das Licht aus« alles gesagt wäre.

Eine x-beliebige Kaserne irgendwo in Mitteldeutschland vermittelt tatsächlich ein ganz anderes Bild vom Zustand der Bundeswehr, als es die Pop-up-Karrierelounge oder eine schicke Videopräsentation der supermodernen F-35 tun. Hier findet der reale Alltag der Soldatinnen und Soldaten statt. Besonders in den neuen Bundesländern sind die Kasernen oft in einem ziemlich vernachlässigten Zustand. Das gilt nicht nur für die Betreuungseinrichtungen, sondern auch für den Zustand sämtlicher Gebäude. In einer meiner Unterrichtungen erzählten mir Rekrutinnen eine zunächst unglaubliche Geschichte. Als sie bei der Ankunft ihre Stube beziehen sollten, verschlug es ihnen den Atem. Schon beim Öffnen der Tür roch es muffig, als hätte lange niemand mehr den Raum betreten. Die jungen Frauen schauten sich betreten an. Der Unteroffizier durchschritt mutig das Halbdunkel. Der Vorgesetzte fasste nach einem Ende des Vorhangs und zog daran. In diesem Moment schlug etwas laut gegen das Fenster. Eine Rekrutin stieß einen Schrei aus. Ein Vogel flog durch die geöffnete Tür nach draußen. »Schauen Sie mal«, sagte der Unteroffizier. Mit dem Fuß schob er eine braune Kugel in Richtung Tür. »Ein Vogelnest. War wohl lange niemand mehr hier«, meinte er dann. Es war mir als ehemaligem Soldaten peinlich, dass einer ihrer ersten Eindrücke von der Bundeswehr so ausfiel. Wenn ich mit Soldatinnen und Soldaten spreche, achte ich sehr genau darauf, wo bei ihnen der Schuh drückt. Wo sehen sie Probleme im Dienstalltag? Was fehlt ihnen? Die Mehrheit klagt über einen Mangel an Betreuung in der Bundeswehr. Unter Betreuung ist dabei nicht nur ein Ort zu verstehen, an dem man nach Dienstschluss ein Bier oder einen Kaffee trinken und mit den Kameraden klönen kann, sondern wesentlich mehr. Unter Betreuung versteht man, dass die Bundeswehr für die persönlichen Bedürfnisse ihrer Angehörigen da ist. Dazu gehören auch die Sporteinrichtungen. Sport und körperliche Fitness sind ja im Soldatenberuf und zur Erfüllung des Auftrags nicht ganz unwichtig. Außerdem hilft Sport Stress abzubauen, fördert die Kameradschaft und auch die mentale Leistungsfähigkeit. Dienstsport findet zwar statt, doch wenn ein Soldat auf sich achtet, macht er noch mehr. Dazu unterhält die Bundeswehr an den Standorten die entsprechenden Sporteinrichtungen. Das sind Fitnessstudios, Turnhallen, Schwimmbäder und dergleichen. So wie es mir die Soldatinnen und Soldaten erzählen, sind diese Einrichtungen heute jedoch sehr häufig geschlossen Auch hier wieder: Einsparungen und Personalabbau. Es ist ja nicht damit getan, einfach nur Sportgeräte irgendwo aufzustellen, sondern sie müssen auch betreut und beaufsichtigt werden. Bei der Bundeswehr ist es so, dass eine Soldatin oder ein Soldat offiziell als Aufsicht eingeteilt werden muss, wenn andere Sport machen. Wegen des ständigen Personalmangels hat ein einzelner Soldat heute aber ohnehin schon so viele unterschiedliche Aufgaben zu bewältigen, dass dafür keine Kapazität mehr vorhanden ist. Die Sport- und Betreuungseinrichtungen sind – obwohl viele Soldaten explizit über diesen Mangel klagen – noch recht einfache Beispiele.

Doch um bei dem Begriff Betreuung zu bleiben: Auch ein Zugführer, nur ein Beispiel, muss die ihm unterstellten Soldatinnen und Soldaten betreuen. Das bedeutet, er hat damit eine Aufgabe, die über den rein technischen Ablauf des Dienstes hinausgeht. Man nennt das auch Innere Führung. Hier liegt wirklich ganz vieles im Argen, denn die Konsequenzen kleiner Versäumnisse können mitunter weitreichende Folgen für die Karriere haben. Ich möchte an dieser Stelle nur ein Beispiel – stellvertretend für viele – aus dem Jahresbericht der Wehrbeauftragten von 2021 anführen. Zum Thema »Innere Führung« und »Überzogene Härte in der Ausbildung« heißt es dort: *»Zu vermeidbaren Missverständnissen kommt es dagegen, wenn Soldatinnen und Soldaten davon ausgehen, dass gesundheitliche oder andere persönliche Umstände ihren Vorgesetzten vollumfänglich und dauerhaft bekannt sind. Steht ein Befehl dann im Konflikt mit dem vermeintlich bekannten Hinderungsgrund, führt dies regelmäßig zu Unmut und Verärgerung. Denn auf die Betroffenen wirkt es so, als gingen ihre Vorgesetzten über ihre Belange hinweg.«* Im Folgenden werden zwei Beispiele genannt, eines davon möchte ich wiedergeben: *»Ein Mannschaftssoldat berichtete, er habe seinen Ausbilder Anfang 2020 darüber informiert, dass die Geburt seines Kindes im Oktober 2020 be-*

vorstehe. Als sein Ausbilder ihn in diesem Zeitraum dennoch für eine Übung einteilte, fragte er ihn nach dem Grund. Der Ausbilder entgegnete, dass er mitfahren solle, da er keinen Krankenstatus habe. Die angekündigte Geburt war ihm nicht mehr präsent. Um keinen Konflikt auszulösen und weil der Petent immer noch glaubte, sein Ausbilder habe seine persönliche Situation im Kopf, beließ er es dabei und nahm an der Übung teil. Tatsächlich wurde sein Kind genau in dieser Zeit geboren.« Im Jahresbericht spricht die Wehrbeauftragte ausdrücklich von vermeidbaren Missverständnissen. Nach allem, was ich aus der Truppe dazu gehört habe, entstehen diese Missverständnisse oftmals, weil die einzelnen Vorgesetzten mit der Fülle ihrer Aufgaben überfordert sind. So gehen vermeintlich nebensächliche Details, wie in dem zitierten Beispiel die Geburt des Kindes, im Alltagsgeschäft unter. Für den Betroffenen sind diese Dinge natürlich alles andere als nebensächlich, und für das Verhältnis zu seinem Vorgesetzten und seinen Kameraden spielt es ebenfalls eine Rolle, dass man ein Auge darauf hat.

Auch an anderen Stellen geht in der Bundeswehr vieles verloren, was für die Soldatin und den Soldaten von Bedeutung ist. So wird jeder Rekrut von der Bundeswehr erfasst, wenn er seinen Dienst antritt. Zu dieser Erfassung gehören seine persönlichen Daten, aber auch solche, die seinen bisherigen Werdegang betreffen. Zum Beispiel spezielle Fähigkeiten, wie etwa Fremdsprachenkenntnisse. Wenn jemand eine Fremdsprache beherrscht, kann das für bestimmte Dienstposten ein ziemlicher Vorteil sein. Man denke nur an die Auslandseinsätze und die Zusammenarbeit mit den Partnerstaaten. Theoretisch sind diese Kenntnisse bei jedem Soldaten innerhalb der Bundeswehr aktenkundig. In der Praxis jedoch nicht. Warum? Bei der Erfassung der Rekruten – also der Aufnahme der Informationen – ist die IT-Infrastruktur auf einem hoffnungslos veralteten Stand. Viele Rekruten, mit denen ich gesprochen habe, sagten mir, dass sie ihre Informationen noch handschriftlich auf ein Blatt Papier schreiben mussten. Die Angaben sollten hernach in das Computersystem der Bundeswehr eingepflegt werden. Das Problem besteht darin, dass das bei jeder Einheit, in die eine Rekrutin oder ein Rekrut dann kommt, aufs Neue gemacht werden muss. Es ist also nicht so, dass die Daten einmal erfasst werden und künftig an allen Stellen innerhalb der Bundeswehr automatisch vorhanden sind. Die einzelnen Einheiten sind dann oft damit überfordert, sämtliche Informationen jedes Mal neu zu erfassen. Auch sagen mir die Kameraden, dass es viel zu wenige Dienstrechner gibt. Es kommt sogar vor, dass Soldatinnen und Soldaten ihre privaten Laptops mit in die Kaserne nehmen, um dienstlich daran zu arbeiten. Abgesehen davon, dass das von der Bundeswehr nicht so gedacht ist, stellt das auch ein erhebliches Sicherheitsrisiko dar.

Aber bleiben wir doch beim Beispiel der Sprachkenntnisse und ihrer Bedeutung für die Karriere. Die Bundeswehr legt tatsächlich Wert auf Soldaten mit besonderen Befähigungen in Fremdsprachen. Dazu hat sie den sogenannten Sprachleistungsprofil-Test eingeführt. Wenn man da gut abschneidet, kann einen das – wie ich schon gesagt habe – bei bestimmten Dienstposten richtig weit nach vorne bringen. Der Test muss allerdings in den Personalakten erfasst worden sein – und das ist eben nicht immer der Fall. Ich höre immer wieder, dass solche Informationen mangels verfügbarer Dienstrechner oder wegen fehlender Zeit einfach unter den Tisch fallen. Für die betroffene Soldatin oder den Soldaten kann das dann später ein richtig handfester Nachteil sein, weil ihre speziellen Fähigkeiten innerhalb der Bundeswehr nicht bekannt sind. Für die Bundeswehr selbst ist es natürlich ebenso ein Verlust. Sie braucht qualifiziertes Personal, auch – um beim Beispiel zu bleiben – was Fremdsprachenkenntnisse betrifft.

Sonst würde sie ja auch gar nicht erst den Sprachleistungsprofil-Test mit ihren Rekruten machen.

Die Verhältnisse, die ich hier beschreibe, finde ich überall vor. Die Soldatinnen und Soldaten sprechen mich ebenfalls häufig auf diese Probleme an. Ich würde sagen, dass die Bundeswehr es noch immer nicht geschafft hat, ihren Laden auf digital umzustellen. In einzelnen Bereichen mag das ja funktionieren, besonders dann, wenn es sich um solche – beispielsweise spezialisierte – Einheiten handelt, in deren Ausstattung ausnahmsweise mal Geld investiert wird. Doch im Großen und Ganzen, im Dienstalltag an den Standorten, da wird tatsächlich immer noch mit Meldeblockzettel und 6B-Drehbleistift gearbeitet. Ich finde das unfassbar: Da investiert die Bundeswehr einerseits in Zukunftstechnologien wie künstliche Intelligenz und kauft ziemlich extreme Systeme ein, und andererseits schafft sie es nicht mal, ihren Soldatinnen und Soldaten flächendeckend Dienstrechner hinzustellen, mit denen sie eine PDF-Datei von einem Büro ins andere schicken können. An Standorten wie dem, an dem ich vergebens auf der Suche nach einer Betreuungseinrichtung war, merke ich ganz deutlich, dass von einer Zeitenwende keine Rede sein kann. In der großen Masse der Standorte der Bundeswehr ist die Zeitenwende bislang nicht angekommen.

Das Beispiel der Einzelkämpferausbildung

Das, was ich über die Digitalisierung und den Zustand der Einrichtungen gesagt habe, gilt leider auch für die Ausbildung. Über die Grundausbildung habe ich ja schon in Kapitel 5 berichtet, jetzt geht es mir um solche Ausbildungsmodule, die für bereits professionelle Soldaten vorgesehen sind. Hier geht es darum, den

Soldatinnen und Soldaten spezielle Fähigkeiten – wie beispielsweise den Orts- und Häuserkampf oder den Nachtkampf – zu vermitteln. In meiner Dienstzeit bei den Fallschirmjägern habe ich mehrere von sehr anspruchsvollen Ausbildungsmodulen absolviert. Ein Highlight waren in dieser Hinsicht immer die Einzelkämpfer-Lehrgänge der Bundeswehr, die es praktisch seit Beginn der Bundeswehr gibt. Vom Prinzip – und stark vereinfacht dargestellt – geht es darum, den Teilnehmern alles beizubringen, was sie brauchen, wenn sie sich auf sich selbst gestellt hinter den feindlichen Linien befinden und eine kleine Gruppe – beispielsweise versprengte Soldaten – führen müssen. Dazu gehören Fähigkeiten, die zum klassischen Survival-Repertoire gehören (Finden und Zubereiten von Nahrung, medizinische Erstversorgung mit dem, was da ist, provisorischer Schutz vor Nässe und Kälte und dergleichen), aber auch jede Menge nützliches Wissen aus dem militärischen Bereich. Orientierung, das Anlegen und Umgehen von Hinterhalten. Tarnung, Täuschung, das volle Programm eben. Zu meiner Zeit gab es einen Einzelkämpferlehrgang 1 und 2. Beide dauerten jeweils etwa vier beziehungsweise sechs Wochen, und ich musste mich vorab in einem Einzelkämpfervorbereitungslehrgang qualifizieren, um überhaupt zugelassen zu werden. Dabei ging es sehr stark um die körperliche Belastbarkeit. Ich erinnere mich noch gut an einen 3.000-Meter-Lauf mit Gepäck auf Zeit. Natürlich war ich hoch motiviert und wollte unbedingt an diesen Lehrgängen teilnehmen und sie auch bestehen. Wir waren dazu in Form einer kleinen Gruppe wochenlang mit unseren Ausbildern im Gelände und trainierten wirklich hart. Meine Kameraden und ich bauten bei Wind und Wetter unsere Lager – oft war das nicht mehr als eine Zeltplane am Boden – und versteckten uns vor dem »Feind«. Ich legte in dieser Zeit meine Waffe nicht aus der Hand. Das Ganze war zwar ein Lehrgang in

Friedenszeiten, aber ich denke, es wurde uns ganz gut vermittelt, was im Ernstfall von uns verlangt werden könnte. Was dort auf jeden Fall vermittelt wird, ist Durchhalten! Und ich muss zugeben, gerade das Durchhalten unter extremen Bedingungen hat mir in meinen Einsätzen geholfen. Ich kannte ungefähr meine persönlichen körperlichen Grenzen und wusste mich einzuschätzen. Im Einzelkämpferlehrgang 2 geht es verstärkt darum, mit einer kleinen Gruppe so zu agieren, dass sie gegenüber dem Feind die Initiative behält. Mit anderen Worten: Guerrillakriegsführung. Der Einzelkämpferlehrgang Teil 1 befähigte den Soldaten »zum Führen einer auf sich selbst gestellten Gruppe«, wenn er ihn bestanden hat. Und der Einzelkämpferlehrgang Teil 2 befähigte den Soldaten zum »Führen eines Jagdkommandos«. Auch hier war ich wieder voll bei der Sache. Man brachte uns den Umgang mit Sprengstoffen, das Anlegen von Hinterhalten, Nahkampftechniken und noch jede Menge weiterer Fähigkeiten bei. Am Ende der Lehrgänge bekam ich das begehrte Einzelkämpferabzeichen ausgehändigt und war stolz. Ich fühlte aber auch, dass mich die Entbehrungen und Härten während der Zeit im Gelände mit meinen Kameraden und den Ausbildern zusammengeschweißt hatten. Angefangen hatten wir die jeweiligen Lehrgänge mit etwa 90 Soldaten. Bestanden haben am Ende nur 12 Soldaten. Die Zeit war für mich sehr prägend, und ich habe bis heute noch Kontakt zu meinen Kameraden von damals und den Ausbildern. Heute gibt es die Einzelkämpferlehrgänge zwar immer noch, doch auch hier hat die Bundeswehr Veränderungen vorgenommen.

Zuerst einmal finde ich es bezeichnend, dass man die Anforderungen an die körperliche Leistungsfähigkeit heruntergeschraubt hat. In der Einzelkämpfervorbereitung musste ich die 3.000 Meter in mindestens 15:30 Minuten laufen. Selbst mit Gepäck ist das meiner Ansicht nach gut machbar, wenn man trainiert ist. Heute reicht es aus, wenn es jemand in 19 Minuten schafft. Das hatte einfach den Grund, dass die Bundeswehr andernfalls nicht genügend Teilnehmer zusammenbekommen würde. Denn für Feldwebel- und Unteroffiziersanwärter war es Pflicht, diese Lehrgänge zu absolvieren. Die Bundeswehr musste mit ihren Anforderungen heruntergehen, denn sonst kommt sie nicht auf die gewünschte Zahl von Absolventen der Lehrgänge. Es ist nämlich so, dass einige Hundert Soldatinnen und Soldaten pro Jahr diese Ausbildungen durchlaufen müssen, damit die entsprechenden Fähigkeiten in der Truppe weiter vorhanden sind.

Damit wären wir bereits beim nächsten Problem: Im Jahr 2019 hatte das Verteidigungsministerium angekündigt, dass die entsprechenden Kurse mangels Ausbildungskapazitäten reduziert würden. Bis dahin hatten 600 bis 800 Soldatinnen und Soldaten pro Jahr an den beiden Lehrgängen teilgenommen, nun sollten es nur noch um die 200 sein. Ich vermute, dass – damit es trotzdem irgendwie weitergeht – nicht nur die Standards für die Teilnahme gelockert, sondern auch die Inhalte der beiden Lehrgänge selbst in ihrer Umsetzung vereinfacht wurden. Feldwebelanwärter absolvieren heute hauptsächlich den Lehrgang »Militärfachlicher Teil A«. Außerdem wurde der Einzelkämpferlehrgang 2 formell in den sogenannten Jagdkampf-Lehrgang umgewandelt. Mit Jagdkampf wird bei der Bundeswehr eine Einsatzform bezeichnet, bei der eine kleine Gruppe von Infanteristen – das sogenannte Jagdkommando – weitgehend unabhängig und hinter den Linien des Feindes operiert. Hierbei kommen die besonderen Taktiken – Stichwort »Guerrilla« – zum Einsatz. Sie werden im Jagdkampf-Lehrgang ausgebildet. Leider gehen, wie ich hören muss, die Ausbilder nicht mehr grundsätzlich mit den Lehrgangsteilnehmern ins Gelände und begleiten das angehende Jagdkommando auf Schritt und Tritt durchs »Feindgebiet«. Stattdessen werden die Teilnehmer mit GPS-Trackern versehen, und der Ausbilder verfolgt am Bildschirm, ob die Gruppe ihre taktischen Bewegungen korrekt ausführt. Das führt natürlich dazu, dass vieles an persönlichem Kontakt verloren geht. Ich erinnere mich daran, dass ich als Fallschirmjäger die Worte und Informationen von erfahrenen Ausbildern regelrecht aufgesogen habe. Ich sah in ihnen Vorbilder, die mich für meine weitere Karriere inspiriert haben. Ich wollte unbedingt wissen, worauf es ankommt. Und das ist einfach mehr, als nur ein korrektes Manöver im Gelände durchzuführen. Dadurch, dass die Bundeswehr Ausbildungsmodule verändert und ökonomisiert, die einstmals zum Besten gehört haben, was sie anzubieten hatte, nimmt sie auch in Kauf, dass das Niveau dieser Ausbildungen sinkt. Das geht sehr zulasten der Qualität und dann auch zulasten dessen, was die Truppe leisten kann.

Und übrigens auch zulasten der Einsatzbereitschaft. Schon vor Jahren warnte der Wehrbeauftragte, dass wichtige Stellen am Ausbildungszentrum der Infanterie in Hammelburg – dort finden die Einzelkämpferlehrgänge statt – nicht besetzt sind. Es seien »118 Offizier- und Feldwebelstellen nicht besetzt«. Da ist also nicht nur von Einzelfällen die Rede, sondern von einem strukturellen Problem im Ausbildungsbetrieb. Selbst wenn man die Lehrgänge strafft und die Ausbilder vom Bildschirm aus dabei sind, lässt sich – so fürchtete damals auch der Wehrbeauftragte – ein vernünftiger Ausbildungsbetrieb aus Personalmangel nicht aufrechterhalten: »Dies betrifft insbesondere Zusatzmodule wie beispielsweise den Schießlehrerlehrgang Handwaffen oder einzelne Durchgänge des Einzelkämpferlehrgangs.« In Kapitel 7 habe ich auch darauf hingewiesen, dass die Bundeswehr sich mittlerweile damit behilft, indem sie zivile Truppenfachlehrer für die Ausbildung beauftragt und auf Reservisten zurückgreift. Was ich hier über die Einzelkämpferausbildung gesagt habe, gilt in ähnlicher Form auch für die Sprungausbildung der Fallschirmjäger. Das wird auch aus Kostengründen oder weil zu wenige Flugzeuge einsatzbereit sind, heruntergefahren. Das trägt natürlich alles nicht dazu bei, Soldatinnen und Soldaten zu motivieren. Auch eine im Rahmen der gewachsenen Anforderungen zeitgemäße Ausbildung wird so nicht erreicht.

Ausbildung ist Vorbereitung

Dabei hat die Bundeswehr eine der weltweit modernsten Ausbildungseinrichtungen. Das Gefechtsübungszentrum Heer (GÜZ) in Gardelegen ist so modern und großzügig ausgelegt, dass hier komplette Einsatzverbände mit mehreren Hundert Mann und Fahrzeugen trainieren können. Da geht es um ganz andere Größenordnungen als im Einzelkämpferlehrgang mit einer kleinen Gruppe. Das GÜZ ist um die 230 Quadratkilometer groß. Nach der Jahrtausendwende hatte die Bundeswehr damit begonnen, auf dem Gelände einen Truppenübungsplatz einzurichten, der modernen Anforderungen genügen soll. So wurden beispielsweise Ortschaften nachgebaut, die Vorbildern in Afghanistan und dem Kosovo ähneln. Eine »Übungsstadt Schnöggersburg« – eine deutsche Kleinstadt – wurde ebenfalls angelegt. Übungsstadt bedeutet in diesem Fall, dass es sich um etwa 500 reale Gebäude – größtenteils Neubauten, darunter U-Bahn-Tunnel und Hochhäuser – handelt, die aber selbstverständlich nicht bewohnt werden. Der Aufbau der »Übungsstadt Schnöggersburg« soll etwa 140 Millionen Euro gekostet haben. Bei den Übungen, die hier im Orts-

und Häuserkampf stattfinden, wird darum auch keine scharfe Munition verwendet, denn sonst müsste die Bundeswehr die Kulisse jedes Mal wieder aufbauen, nachdem ein Kampfverband durchgezogen ist. Diese Kosten wären dann wohl selbst der Bundeswehr zu hoch. Darum wird vieles per Simulation gemacht. Fahrzeuge, Soldatinnen und Soldaten tragen Sensoren, deren Informationen in einem Rechenzentrum verarbeitet und ausgewertet werden. Das spart Munition, aber auch den Verschleiß der Waffensysteme. Wenn wir uns vor Augen halten, dass ein Geschoss für die Panzerhaubitze 2000 mehrere Tausend Euro kostet, leuchtet es ein, dass das Training mit dem Simulator in einigen Bereichen Vorteile hat – auch angesichts des bestehenden Munitionsmangels in der Bundeswehr. Die Anlage im GÜZ wird von einem zivilen Unternehmen betrieben und von der Bundeswehr intensiv genutzt. Bevor die Einsatzverbände ins Ausland gehen, trainieren sie im Gefechtsübungszentrum Heer. Das ist schon eine gute Sache, aber eben auch wieder nicht repräsentativ. Die Einsatzvorbereitung besteht nämlich nur in wenigen Wochen intensiver Vorbereitung, und an den Standorten ist im Gegensatz zu den herausragenden Bedingungen im GÜZ nicht viel vorhanden. Erschreckend wenig sogar, wenn man mich fragt.

Bei meinen Vorträgen zeige ich auch immer Bilder aus meinen Afghanistan-Einsätzen und auch aus der damaligen Vorbereitung. Ich möchte den Soldatinnen und Soldaten demonstrieren, wie der Dienst in der Bundeswehr auch aussehen kann. Auf vielen Fotos sind meine Kameraden und ich mit der Ausrüstung zu sehen, die wir seinerzeit für Afghanistan empfangen hatten: das G36K mit Leuchtpunktvisier, Nachtsichtgerät, Beinholster für die Pistole, manche von uns hatten zusätzlich unter dem Lauf ihres Sturmgewehrs noch eine Granatpistole montiert (damit lassen sich einzelne Granaten vom Kaliber 40 Millimeter auf eine Entfernung bis 300 Meter verschießen). Auf anderen Bildern sind wir mit unseren 120 Liter fassenden Rucksäcken zu sehen. Wenn ich das heute Soldatinnen und Soldaten zeige, dann gucken sie mich mit großen Augen an: »Wo ist das denn her?«, und: »Was ist das denn für eine coole Ausrüstung?« Die haben viele dieser Sachen noch nie gesehen, obwohl sie ebenfalls in der Bundeswehr Dienst tun. Was mich am meisten erschüttert, ist die Tatsache, dass die Fotos von meinen Einsätzen aus den Jahren 2002, 2003 und 2004 stammen. Das ist also wirklich schon länger her, und die Waffen und Ausrüstungsgegenstände darauf sind nicht das Neueste vom Neuen. Das waren sie damals übrigens auch schon nicht. Vieles an Equipment haben wir selbst gepimpt, um es zu verbessern. Dass Infanterieausrüstung, die eigentlich Standard sein sollte, immer noch in der Bundeswehr Mangelware ist, finde ich schon sehr beunruhigend. Wenn ich die Soldatinnen und Soldaten unterrichte, sagt der ein oder andere, dass ich schon Jahre aus der Bundeswehr raus sei, und deshalb wisse ich ja gar nicht, wie es heute läuft. Ich antworte dann immer mit Bildern und erzähle von meinen Erlebnissen. Die Tatsache, dass ich zu meiner Zeit Waffen, Material und Ausrüstung hatte, die bei der Bundeswehr bis zum heutigen Tag noch nicht bei der Masse der Truppe eingeführt ist, lässt die Rekruten oft nachdenklich zurück. Die Soldatinnen und Soldaten bekommen zwar heute relativ modernes Equipment, wenn sie in die Auslandseinsätze – oder auch eine wichtige Übung – gehen, müssen es danach aber wieder abgeben und mit dem alten Kram weitermachen. Ein Feldwebel sagte mir mit ziemlichem Frust: »Versuch mal ein Nachtsichtgerät in der Ausbildung zu bekommen …« Das kann man laut seiner Aussage vergessen. Stattdessen wurde für die entsprechende Übung dann tagsüber die Kaserne abgedunkelt und alles irgendwie simuliert.

Das ist natürlich um Lichtjahre von den Möglichkeiten des GÜZ in Gardelegen entfernt. In der Bundeswehr ist etwas entstanden, das ich als »Zwei-Klassen-Ausrüstung« bezeichnen würde. Die Soldatinnen und Soldaten, die in die Einsätze gehen, bekommen das wenige Neue an Material, was da ist, und alle anderen müssen eben mit dem veralteten Zeug zurechtkommen.

Für diese Bundeswehr in den scharfen Einsatz?

Eigentlich sagt man ja in der Infanterie »Trainiere, wie du kämpfst«. Dabei muss ich an ein Gespräch denken, das ich im Herbst 2022 mit einem Unteroffizier der Infanterie geführt habe. Nach einer Unterrichtung in der Kaserne war ich noch etwas länger geblieben. Ich wollte mich mit den Soldatinnen und Soldaten unterhalten, um etwas mehr über die aktuelle Situation zu erfahren. Die sogenannte Zeitenwende war ja seit Monaten im Gange. In Begleitung eines Unteroffiziers verließ ich den Besprechungsraum, um in einem anderen Gebäude des Standorts noch einen Kaffee zu trinken. Der Mann war Zeitsoldat, wie ich selbst auch in meiner aktiven Dienstzeit, und schon einige Jahre dabei. Im Gehen fragte ich ihn: »Hat sich bei euch mittlerweile eigentlich bereits was verändert? Ich meine, wegen der Zeitenwende und so. Kommt neue Ausrüstung bei euch an?«, wollte ich wissen. »Nee, überhaupt nicht. Das kann man komplett vergessen«, antwortete mein Gegenüber. »Das ist aber auch für die Moral und die Motivation ein großes Problem. Bislang hatten sich die Kameraden auf den Friedensbetrieb ganz gut eingestellt«, fuhr der Unteroffizier fort. »Klar ist es ärgerlich, wenn man keine vernünftige Ausrüstung hat, aber – so haben viele gedacht – die braucht man hier ja auch nicht. Passiert ja eh nichts. Und wenn man in den Einsatz geht, bekommt man bessere Sachen. Die gibt man halt nachher wieder ab.« »Verstehe: Friedensbetrieb in Deutschland, Einsatz im Ausland«, spann ich den Gedanken weiter. »In Deutschland kann einem nichts passieren, und darum ist es nicht wichtig. Ist auch beruhigend, dass die Bundeswehr ja ganz gut zahlt. Da beschwert man sich nicht so schnell.«

Tatsächlich verdient eine Soldatin oder ein Soldat ziemlich gut. Ein Stabsgefreiter – immer noch ein ziemlich niedriger Dienstgrad – mit fünf Jahren Dienstzeit bekommt um die 2.500 Euro Sold im Monat. Dazu kommen dann je nachdem noch diverse Zulagen. Ich würde sagen, die Bundeswehr zahlt wirklich anständig, und das stellt die Soldatinnen und Soldaten auch irgendwie ruhig. Besonders wenn man als Zeitsoldat in ein längeres Dienstverhältnis übernommen werden will, überlegt man es sich dreimal, ob man das Risiko eingeht, sich über fehlende Ausrüstung oder dergleichen zu beklagen. Ähnliches gilt auch im Hinblick auf Beförderungen. Die Bundeswehr ist ein guter Arbeitgeber, was das Gehalt angeht, aber meiner Ansicht nach mitunter ein lausiger Dienstherr, wenn es um die Ausbildung und Ausrüstung ihrer Soldaten geht. »Doch die Leute werden jetzt wach«, fuhr mein Gesprächspartner fort. »Ich denke, die meisten haben nach dem russischen Einmarsch in der Ukraine begriffen, dass es auch hier jederzeit losgehen kann. Jeden Tag kann sich etwas ereignen, und dann muss man kämpfen. Doch mit Geld kann ich nicht kämpfen. Dazu brauche ich Ausrüstung: Waffen und Munition! Davon haben wir aber nicht genügend.« »Verstehe«, sagte ich. »Das berühmte ›Wir stehen blank da‹« »Genau! Und das verstehen die meisten Soldaten jetzt auch. Wegen der geringen Truppenstärke der Bundeswehr muss ja auch jeder einzelne Soldat damit rechnen, dass er im Ernstfall kämpfen muss. Egal ob er Fahrer oder Panzergrenadier oder sonst was ist, egal, wo er was macht, jeder sollte darum eine vernünftige Gefechtsausbildung haben. Und jeder, der eine Gefechtsausbildung hat, muss auch die passende Gefechtsausrüstung bekommen.« »Doch die gibt's leider nicht für alle«, warf ich ein. »Total bescheuert. Diese Zwei-Klassen-Ausrüstung kann man vergessen.« »Genau. Das sehen jetzt wirklich die meisten von uns.« An diesem Tag redeten wir noch lange miteinander. Das Gespräch gab mir zu denken. Demnach war es so, dass viele Soldatinnen und Soldaten sich fragten, ob sie tatsächlich dazu bereit sind, für die Bundeswehr in einen scharfen Einsatz zu gehen. Nur diesmal wäre es eben kein Auslandseinsatz, sondern sie müssen jederzeit damit rechnen, dass der Verteidigungsfall eintritt. Das Risiko, dass dies geschieht, ist zumindest gestiegen. Darum sprach der Bundeskanzler ja auch von einer Zeitenwende, und es werden 100 Milliarden Euro lockergemacht, um die Bundeswehr aufzurüsten. Doch was die Auslandseinsätze betrifft, haben die Soldatinnen und Soldaten schon länger Zweifel an deren Sinn und Nutzen. Das liegt natürlich hauptsächlich am Verlauf des Afghanistan-Einsatzes. Schon früh zeigte sich, dass die politischen Wunschvorstellungen und die Realität im Einsatzland weit auseinanderklafften. In der Öffentlichkeit wurde es so dargestellt, als wären die Soldatinnen und Soldaten der Bundeswehr mit einer weitgehend ungefährlichen Wiederaufbaumission in dem Land beschäftigt. Daher rührt auch das Image von einem »bewaffneten THW«, das Brunnen und Schulen baut.

Das Ende in Afghanistan ist bekannt: Im August 2021 verließen die letzten Soldaten der westlichen Koalition unter dramatischen Umständen das Land. Heute sind die Taliban dort wieder an der Macht. 20 Jahre Militäreinsatz, 55 gefallene Soldatinnen und Soldaten der Bundeswehr, eine große Zahl Verwundeter – und das alles wofür? Dass sich die Taliban heute als Sieger feiern lassen und dasselbe Unterdrückungsregime errichtet haben wie vorher. Das kann einem Soldaten und Afghanistan-Veteranen wie mir einfach nicht gefallen. Die westliche Koalition hat durch den Abzug auf jeden Fall eine Bedrohung geschaffen. Mit der zurückgelassenen Ausrüstung und Infrastruktur sind die Taliban jetzt in mancher Hinsicht militärisch besser aufgestellt als so mancher NATO-Staat. Die Bundesregierung hatte keinerlei Exit-Strategie, und die Bundeswehr hat es ausbaden müssen. Viel zu lange waren die Soldatinnen und Soldaten dort im Einsatz, ohne klar definierten Auftrag und ohne zu wissen, was sie dort überhaupt noch sollten. Wie so viele meiner ehemaligen Kameraden habe ich den Abzug der Truppen aus Afghanistan und die Evakuierungsmission in Kabul 2021 in den Nachrichten mitverfolgt. Ich war enttäuscht darüber, dass die Bundeswehr dort so wenig hat ausrichten können. Meiner Einschätzung nach ist es heute sogar schlimmer als vor dem Einsatz gegen die Taliban. Die Fundamentalisten sind wieder an der Macht, und die westlichen Truppen stehen besiegt da. Ein Kompaniefeldwebel der Bundeswehr sagte mir in den Wochen nach dem unwürdigen Abzug im Vertrauen: »Achim, sag mir doch mal, wie ich jetzt noch Leute für die Auslandseinsätze motivieren soll?« Der Mann sprach da ein gewaltiges Problem an, denn die Teilnahme an den Auslandseinsätzen der Bundeswehr ist bislang grundsätzlich freiwillig. Und diese Einsätze laufen auch nach dem Ende des deutschen Militäreinsatzes am Hindukusch weiter.

Die Bundeswehr in Mali

In Mali beispielsweise findet derzeit der größte Auslandseinsatz der Bundeswehr statt. Genau wie in Afghanistan geht es darum, islamistische Terroristen und Aufständische zu bekämpfen. Wie ich bereits an anderer Stelle erwähnt habe, tut die Bundeswehr das unter UN-Mandat in Zusammenarbeit mit den Streitkräften anderer Staaten. Der Einsatz ist gefährlich, da es regelmäßig zu Angriffen auf die Koalitionstruppen kommt. Was das Ganze zusätzlich kompliziert, ist die instabile innenpolitische Situation in Mali selbst. Dort hat es mehrere Putsche gegen demokratisch gewählte Regierungen gegeben. Seit 2022 ist eine Junta an der Macht, die zwar zugesagt hat, irgendwann Wahlen abhalten zu lassen, doch ob man sich darauf verlassen kann, weiß niemand. Diese Regierung hat auch jüngst ihre Freundschaft zu Russland entdeckt und sogar russische Söldner der Wagner-Gruppe ins Land geholt. Die sollen ebenfalls die Aufständischen in Nord-Mali bekämpfen und sind nun im Einsatzgebiet der Bundeswehr stationiert. Das hat zu Spannungen zwischen der malischen Regierung und der Bundesrepublik geführt – aber auch zu anderen westlichen Staaten, darunter Frankreich, das seine Truppen deshalb aus dem Land abgezogen hat. Die Regierung in Bamako, der man ja eigentlich helfen wollte, ging auf Konfrontationskurs und entzog beispielsweise den Aufklärungsdrohnen der Bundeswehr die Starterlaubnis. Es bestand wohl auch die Befürchtung, dass diese Stellungen und Bewegungen der Wagner-Gruppe aufklären könnten. Auch die Überflugrechte deutscher Militärflugzeuge wurden eingeschränkt. Doch die Bundesregierung belässt die Bundeswehr weiter in dem gefährlichen Einsatz. Auch Soldatinnen und Soldaten verfolgen die Nachrichten und sind darum über die politischen Entwicklungen in Zusammenhang mit den Auslandseinsätzen halbwegs informiert. Nach dem Einsatz in Afghanistan droht nun auch dem in Mali ein erfolgloses Ende. Leider ebenfalls wieder ein Ende auf Raten, die Rechnung zahlt die Truppe vor Ort. Im Dezember 2022 reiste die damalige Verteidigungsministerin Lambrecht nach Gao ins Feldlager des deutschen Kontingents. Dort sagte sie, dass die Bundesregierung den

Mali-Einsatz aller Voraussicht nach 2024 beenden wird. Doch im Nachbarland Niger plant die Bundeswehr bereits ihren nächsten Einsatz. Auch hier geht es darum, islamistische Terroristen zu bekämpfen. »Es ist wichtig, dass das klare Signal gesendet wird: Wir lassen den Sahel nicht allein«, sagte die Verteidigungsministerin im Anschluss an den Truppenbesuch in Mali. Gleichzeitig baut die Bundeswehr ihren Lufttransportstützpunkt im Niger massiv aus. Es ist also absehbar, dass für die Soldatinnen und Soldaten der Einsatz im Sahel auf unbestimmte Zeit weitergehen wird. Die Gründe dafür, warum die Bundeswehr dort ist, sind umso schwieriger zu vermitteln, je komplizierter die politische Situation wird. Wenn die Regierung des Landes, das man ja eigentlich militärisch unterstützen will, es vorzieht, russische Söldner ins Land zu holen, entsteht da ein Glaubwürdigkeitsproblem.

Das erschütterte Selbstverständnis der Truppe

Wenn ich auf den Punkt bringen soll, was in jüngster Zeit das Selbstverständnis der Soldatinnen und Soldaten in der Truppe wirklich erschüttert hat, so sind das der unrühmliche Abzug aus Afghanistan, der russische Einmarsch in der Ukraine und das mögliche Scheitern – samt der unklaren politischen Vorgaben – des Mali-Einsatzes. Das kann einem Soldaten schon zu denken geben, wenn er damit rechnen muss, dass die Bundeswehr ihn in einen Einsatz schickt, den er entweder nicht erfüllen kann, weil die nötigen politischen Rahmenbedingungen nicht existieren, oder weil er schlichtweg dafür nicht ausgerüstet – Stichwort Munitionsvorrat – und entsprechend ausgebildet ist. In diesem Zusammenhang ist es interessant zu sehen, dass sich laut Angaben des Verteidigungsministeriums die Zahl der Reservistinnen und Reservisten, die nachträglich den Dienst mit der Waffe verweigern, vervielfacht hat – und zwar in den ersten 8 Monaten des Jahres 2022 von 10 auf 190! Auch verweigerten 136 aktive Soldatinnen und Soldaten nachträglich. Hier gingen die Zahlen allerdings sogar leicht zurück. In Bezug auf die Auslandseinsätze sind diese Zahlen aber nicht besonders relevant, da diese Einsätze, wie gesagt, grundsätzlich freiwillig sind. Zwar können einer Soldatin oder einem Soldaten, die einen Auslandseinsatz ablehnen, später Nachteile entstehen, aber wenn jemand wirklich nicht will, dann gibt es auch noch eine andere Möglichkeit: den Gang zum Standortgeistlichen. Der Militärseelsorger besitzt Offiziersrang und kann einen vom Auslandseinsatz befreien. Ich kenne etliche Beispiele, in denen Kameraden – beispielsweise aus familiären Gründen – diesen »Joker« genutzt haben.

Das Fazit, kurz gesagt: Auf die Soldatinnen und Soldaten der Bundeswehr kommen mit der Zeitenwende möglicherweise ernste Zeiten zu. Die bisherige Unterscheidung zwischen Einsatzarmee und Friedensarmee funktioniert heute nicht mehr. Obwohl in der Ausrüstung und im Ausbildungsstand immer noch eine Art Zwei-Klassen-System innerhalb der Bundeswehr herrscht, muss sich doch jeder Einzelne in der Truppe angesichts einer veränderten Bedrohungslage darauf einstellen, dass er in einen Kampfeinsatz gehen wird. Die ersten Soldatinnen und Soldaten in der Geschichte der Bundeswehr, bei denen das bereits der Fall war, waren die, die nach Afghanistan geschickt wurden. Einige von ihnen dienen heute noch immer in der Truppe. Hier ist es interessant, einmal zu betrachten, was aus ihnen geworden ist und wie die Bundeswehr mit ihnen umgeht.

11. Veteranen: Kampf nach dem Einsatz

Die Bundeswehr hat mich zweimal nach Afghanistan geschickt. Im Jahr 2002 nach Kabul und einige Monate später mit einem Fallschirmspezialzug nach Kundus. Obwohl ich bereits Jahre in der Bundeswehr gedient hatte, habe ich in Afghanistan zum ersten Mal die Realität eines Krieges kennengelernt. Meine Kameraden und ich gingen auf Patrouille, suchten Kontakt zur Zivilbevölkerung, um uns ein Bild von der Situation vor Ort zu machen – und mussten kämpfen. In Afghanistan fiel mir auf, wie schlecht vorbereitet uns die Bundeswehr in den Kampf geschickt hatte. Es fehlte an geeigneter Ausrüstung, doch das war nicht mal das Schlimmste, denn die kann man sich notfalls – jedenfalls teilweise – selbst kaufen. Allerdings fehlte es auch an einer effizienten Führung im Einsatz, das wiegt schon schwerer, denn da kann sich ein Soldat nicht selbst helfen. Die Bürokratie in der Bundeswehr führte auch am Hindukusch zu den merkwürdigsten Situationen. Ich war als Combat Medic des Spezialzugs eingeteilt und somit auch dafür verantwortlich, dass im Falle eines Falles für meine Kameraden Sanitätsmaterial und Medikamente vorhanden waren. Die Vorräte hatte ich vor unserer Abreise in einen dafür vorgesehenen Container gepackt. Der war zeitgleich mit uns ins Einsatzland verbracht worden. Nun war es aber so, dass der Fallschirmspezialzug eine Art Vorauskommando ist. Wir landeten einige Wochen vor dem Hauptkontingent in Kundus. Mir wurde untersagt, die Medikamente auszupacken, solange nicht alle Fallschirmjäger da waren. Angeblich war es wegen der Erfassung der Bestände nicht anders möglich. Stattdessen mutete man mir immer wieder zu, schriftliche Materialanforderungen einzureichen, obwohl jeder wusste, dass das entsprechende Material überhaupt nicht vorhanden war. Genauso absurd war unser Eintreffen in Kundus: Aufgrund der Bestimmungen des Lufttransportgesetzes mussten Waffen und Munition getrennt verbracht werden. Wir stiegen also unbewaffnet aus der Transall. Und das als Vorauskommando in einem scharfen Einsatz! Ich glaube, ich war nicht der Einzige, der sich dabei ziemlich unwohl gefühlt hat. Ich wollte aber auf keinen Fall vollkommen »nackt« dastehen und schnorrte einfach den erstbesten Kameraden – eine andere Einheit war schon länger da – um ein Magazin für meine Pistole an. Warum ich das erzähle? Ich habe bis heute das Gefühl, dass die Bundeswehr ihre Soldatinnen und Soldaten schlecht auf die Einsätze vorbereitet und auch dann allein lässt. Irgendwie geht es nach dem Motto »Sie werden schon irgendwie zurechtkommen«. Darum werden natürlich auch die Risiken der Auslandseinsätze in der Öffentlichkeit bewusst heruntergespielt. Das Beispiel, dass wir ohne Munition in Afghanistan gelandet sind, zeigt doch ganz deutlich, dass Bestimmungen aus dem Friedensbetrieb auf einen risikoreichen Auslandseinsatz übertragen werden, ohne dass dabei groß jemand über die Folgen und Risiken nachdenkt. Das Risiko trägt dann eben die einzelne Soldatin oder der Soldat – und das auch für eventuelle »Spätfolgen« nach dem Einsatz.

Alleingelassen

Ich muss sagen, dass ich mich besonders nach meinem zweiten Auslandseinsatz äußerst alleingelassen fühlte. In Afghanistan hatte ich extreme Situationen und Gefahren erlebt, dann kam ich zurück nach Deutschland – und erst mal mit der Welt nicht mehr zurecht. Zu Anfang war mir das nicht einmal bewusst. Ich spürte einfach, dass nach dem Einsatz etwas anders war. Ich reagierte merkwürdig, zog mich zurück. Zu dieser Zeit hatte ich eine Beziehung, die mir viel bedeutete. Oft verbrachte ich die Wochenenden bei meiner Freundin und ihrer Tochter in Bremen. Wir zogen nach meiner Rückkehr aus Kundus sogar zusammen. Doch dann verlor ich irgendwie den Boden unter den Füßen. Ich war orientierungslos, und zwischen uns stimmte es auch nicht mehr so richtig. Ich kam natürlich nicht sofort darauf, dass das mit meinen Erlebnissen in Afghanistan zusammenhängen könnte. In der Bundeswehr waren Spätfolgen der Auslandseinsätze oder gar eine posttraumatische Belastungsstörung (PTBS) damals kein Thema. Irgendwann kam ich dann nach Gesprächen mit meinen Kameraden auf die Idee, um einen Termin im Bundeswehrkrankenhaus in Hamburg zu bitten. Dort traf ich zum Glück auf einen sehr kompetenten Psychologen. Ich wurde stationär aufgenommen und verbrachte einige Zeit in der Obhut der Ärzte. Man konnte mir helfen, und ich begriff langsam, was in Afghanistan mit mir passiert war. Ich war nach Aussage meines Psychologen zwar nicht als traumatisierter Soldat einzustufen, aber ich war schlicht ausgebrannt.

Ich kam mit den ganzen Gegebenheiten in Deutschland nicht mehr klar und wollte einfach nur meine Ruhe. In Hamburg traf ich viele Kameradinnen und Kameraden, die wirklich psychische Probleme hatten und noch immer haben. Laut Ansicht der Mediziner ist es beinahe sicher, dass Soldatinnen und Soldaten, die über einen längeren Zeitraum Kriegshandlungen ausgesetzt sind, auch psychisch davon betroffen sind. Das war 2006. Seit damals sind Tausende von Einsatzveteranen aus Afghanistan zurückgekehrt. Viele von ihnen mit ähnlichen – oder schlimmeren – Problemen, als ich sie durchgestanden habe.

Hat die Bundeswehr in dem beinahe 20 Jahre dauernden Kriegseinsatz am Hindukusch etwas dazugelernt? Hat man im Verteidigungsministerium wahrgenommen, mit welchen mentalen Schwierigkeiten einige Soldatinnen und Soldaten wieder nach Hause kommen? Zuerst einmal kann ich sagen, dass Bundeswehr und Verteidigungsministerium es zu lange vermieden haben, von einem Krieg in Afghanistan zu sprechen. In einer Zeit, in der die Truppe dort in heftigste Gefechte verwickelt war und Gefallene zu beklagen hatte, wurde deswegen in der Heimat nicht wahrgenommen, womit es die Soldatinnen und Soldaten in Afghanistan eigentlich zu tun hatten. Kamen sie aus dem Einsatz zurück, begegneten ihnen viele Menschen darum mit Unverständnis. Irgendwann war dann aber doch nicht mehr zu ignorieren – oder zu verdrängen –, dass die Truppe sich dort in einem »kriegsähnlichen Einsatz« befand. Das hatte es in dieser Form in der Geschichte der Bundeswehr bislang nicht gegeben. Für diese Art von Einsätzen fehlten die soldatischen Vorbilder. Das Konzept des »Staatsbürgers in Uniform« war zu weit weg von der Realität, in der sich ein Soldat in Afghanistan wiederfand. Im Verteidigungsministerium suchte man nach Wegen, um den Soldatinnen und Soldaten eine Arte ideelles Fundament für diese neue Art von Einsatzform zu geben. Die Wiederbelebung von Traditionen aus der Wehrmacht kam dafür verständlicherweise nicht in Betracht. Die Bundesregierung schuf darum zwei neue Auszeichnungen:

die Einsatzmedaille Gefecht – umgangssprachlich Gefechtsmedaille – und das Ehrenkreuz für Tapferkeit. Die Gefechtsmedaille wurde 2010 unter Verteidigungsminister Karl Theodor zu Guttenberg gestiftet. Zwar gab es auch schon vorher eine Einsatzmedaille der Bundeswehr, die beispielsweise für die Teilnahme an Auslandseinsätzen verliehen wird, doch die gab es fast automatisch, auch ohne direkt in Kampfhandlungen verwickelt worden zu sein. In Afghanistan fanden erstmals Gefechte unter der Beteiligung der Bundeswehr in großem Ausmaß statt. In den Bedingungen zur Verleihung der Einsatzmedaille Gefecht heißt es offiziell: »Mit der Einsatzmedaille ›Gefecht‹ wird ausgezeichnet, wer mindestens einmal aktiv an einem Gefecht teilgenommen oder unter hoher persönlicher Gefährdung terroristische oder militärische Gewalt erlitten hat, zum Beispiel durch Sprengfallen oder Selbstmordattentäter.« Damit handelt es sich, wie ich meine, um eine Kriegsauszeichnung. Die erste Gefechtsmedaille wurde denn auch stellvertretend den Angehörigen eines in Afghanistan gefallenen Soldaten verliehen. Je länger der Krieg in Afghanistan dauerte, desto mehr trat er aus der öffentlichen und gesellschaftlichen Wahrnehmung zurück. Dennoch wurde dort weitergekämpft. Den wenigsten dürfte bekannt sein, wie viele Einsatzmedaillen Gefecht die Bundeswehr bis heute verliehen hat: Es sind 5.845!

Und das sind nur die, die verliehen wurden, nachdem die Medaille eingeführt wurde.

Davor haben Bundeswehrsoldaten auch schon an Kampfhandlungen teilgenommen. Viele militärische Operationen tauchen zudem in keiner Statistik auf. Da ich selbst an so mancher dieser Operationen teilgenommen habe, war es mir immer unverständlich, dass viele Kameraden überhaupt keine Auszeichnung und Würdigung erhalten haben. Sie leiden noch heute an dieser Art von Missachtung. Erst vor Kurzem traf ich wieder einen von ihnen. Wir hatten vieles gemeinsam erlebt. Resignation, Frust und Trauer waren in dieser Begegnung allgegenwärtig. Die Masse der Soldaten sind nicht darauf aus, sich ein Stück Metall an die Uniform zu hängen. Aber ein wenig Anerkennung und auch das Gedenken an verlorene Kameraden sollten gefördert werden.

Das bedeutet, dass 5.845 Soldatinnen und Soldaten offiziell aktiv an Gefechten und intensiven Kampfhandlungen teilgenommen haben müssen. Das sind beinahe 6.000 Einsatzveteranen, die irgendwie diese Erlebnisse verarbeiten müssen. Dass es so viele sind, ist den wenigsten Bundesbürgern bewusst, und auch das zeigt, wie erschreckend wenig über die Gefahren der Auslandseinsätze der Bundeswehr eigentlich bekannt ist. Mit der Wahrnehmung der nächsthöheren Auszeichnung sieht es nicht besser aus: dem Ehrenkreuz für Tapferkeit. Die Auszeichnung wurde ebenfalls als Reaktion auf die Ereignisse in Afghanistan 2008 von Verteidigungsminister Franz Josef Jung gestiftet. Vonseiten der Bundeswehr heißt es zum Ehrenkreuz für Tapferkeit:

»Noch strenger als bei den Sonderformen [gemeint sind die schon länger existierenden Ehrenkreuze der Bundeswehr] sind die Voraussetzungen für die Verleihung des Ehrenkreuzes für Tapferkeit. Sie erfordern bei außergewöhnlicher Gefährdung von Leib und Leben ein mutiges, standfestes und geduldiges Verhalten, mit dem der militärische Auftrag erfüllt wird. Dienstgrade, Dienstzeiten oder andere Fristen spielen dabei keine Rolle. Gemäß Paragraf 7 des Soldatengesetzes gehört Tapferkeit zu den Grundpflichten der Soldatinnen und Soldaten. Sie geloben oder schwören, ›(…) das Recht und die Freiheit des deutschen Volkes tapfer zu verteidigen‹. Zu etwas Vergleichbarem verpflichtet sich keine andere Berufsgruppe. Dies schließt von vornherein eine Hinnahme von grundsätzlicher Gefährdung der eigenen Unversehrtheit ein.«

Bisher wurde das Ehrenkreuz für Tapferkeit 29-mal verliehen, an drei Soldaten posthum.

»Einsatzschädigung« – und dann?

Der Stabsgefreite E. hat den Krieg in Afghanistan überlebt und wurde 2011 mit dem Ehrenkreuz für Tapferkeit ausgezeichnet. E. war 2010 Angehöriger des Fallschirmjägerregiments 31 aus Seedorf und in Kundus eingesetzt. Der Fallschirmjäger war ausgebildeter Scharfschütze und am 7. Oktober 2010 mit einigen seiner Kameraden zur Verstärkung eines afghanischen Polizeipostens eingesetzt, als sich ein Selbstmordattentäter in der Nähe der Gruppe in die Luft sprengte. Einer der Fallschirmjäger – Florian Pauli – wurde bei der Explosion getötet, mindestens vier weitere verletzt. Es gab einen Schwerverletzten, der gefallene Pauli war der Sanitäter der Gruppe gewesen. Während der nächsten Stunde versorgte E. seinen schwer verletzten Kameraden unter feindlichem Beschuss, bis er evakuiert werden konnte. Anschließend machten sich die verbliebenen Fallschirmjäger auf die Suche nach Sprengfallen und verließen den afghanischen Polizeiposten. Der Scharfschütze E. lag dabei auf einem gepanzerten Fahrzeug vom Typ Fuchs, um seine Kameraden zu sichern. Dann explodierte eine Sprengfalle unmittelbar neben dem Fahrzeug. Der Fallschirmjäger wurde durch die Wucht der Detonation hinuntergeschleudert. Später sagte E. in einem Interview: »Meine ganze rechte Körperhälfte schwarz. Überall waren kleine Löcher in der Haut. Ich hatte Angst, dass ein Splitter in die Lunge durchgegangen ist.« Nach der Explosion verließ der Maschinengewehrschütze auf dem Dach des Fuchs in Panik seine Waffe. Der Körper des Schützen ragt zur Hälfte aus dem Fahrzeug heraus, so ist er im

Vergleich zu den Kameraden im Inneren des Fahrzeugs weniger geschützt. Außerdem ist generell damit zu rechnen, dass die Angreifer versuchen, zuerst das MG auszuschalten. In so einer Situation befindet sich der betreffende Soldat wirklich in einer sehr exponierten und gefährdeten Position. Außerdem stand nach den Berichten der beteiligten Soldaten das gepanzerte Fahrzeug von mehreren Seiten einsehbar auf freier Fläche. Es handelte sich um eine extrem gefährliche Situation für die deutschen Soldaten. E. hatte sich bei der Explosion Verbrennungen zugezogen und übernahm trotzdem spontan die Position am Maschinengewehr. Später sagte er in einem Interview: »Ich habe damals gelernt, diese Gefühle zu unterdrücken. Ich habe Angst, Ekel, Hass, Hilflosigkeit einfach nicht mehr zugelassen. Ich habe funktioniert, oft sehr gut.« Nach seiner Rückkehr wurde der Fallschirmjäger mit dem Ehrenkreuz für Tapferkeit ausgezeichnet. E. versah weiter seinen Dienst. Irgendwann fingen seine Probleme an. Er litt unter Schlaflosigkeit, Zittern, einem Tinnitus, den er sich bei der Explosion zugezogen hatte. Einem Reporter erzählte er von Panikattacken, die ihn beim Einkaufen im Supermarkt überfielen. Er war reizbar und nervös. Sechs Jahre nach seiner Rückkehr aus Kundus hatte er einen schweren Autounfall. E. verlor das Bewusstsein und wurde schwer verletzt in ein Krankenhaus gebracht. Beim Aufwachen fragte er als Erstes nach seinem Gewehr. Nachdem er einigermaßen wiederhergestellt war, setzte E. seinen Dienst fort, doch seine Kameraden bemerkten, dass etwas mit ihm nicht stimmt. Sie überreden ihn zu einem Besuch bei einem Psychologen der Bundeswehr. Der diagnostiziert eine posttraumatische Belastungsstörung, kurz PTBS. Bei PTBS handelt es sich um eine psychische Erkrankung, die auf ein besonders bedrohliches Erlebnis folgen kann. Die Symptome, in denen sie sich ausdrückt, sind dabei sowohl psychisch wie auch körperlich. Die Mediziner sagen, dass PTBS auch noch Jahre nach dem Erlebnis auftreten kann. Beim Stabsgefreiten E. war genau das der Fall. Nachdem seine Erkrankung diagnostiziert worden war, kam es auch zu Einschränkungen in den Verwendungen bei der Bundeswehr. E. war als Ausbilder eingesetzt worden, konnte diese Aufgabe aber nun nicht mehr erfüllen. Bei der Bundeswehr gibt es dafür den Begriff der Einsatzschädigung. Kehrt ein Soldat mit Verwundungen – seelischen wie körperlichen – aus dem Einsatz zurück und kann nicht mehr alle ihm zugedachten Aufgaben wahrnehmen, befindet das Bundesamt für Personalmanagement der Bundeswehr (BAPersBw, Personalamt) darüber. Die Behörde mit mehr als 6.800 Mitarbeitern hat ihren Hauptsitz in Köln. Laut dem Verteidigungsministerium besteht ihre Hauptaufgabe in der Sicherstellung der personellen Einsatzbereitschaft der Bundeswehr. Doch das Personalamt hat auch andere Aufgaben: »Darüber hinaus ist das BAPersBw zuständig für vielfältige Aufgabenbereiche in der Fürsorge. Zum Beispiel die Entschädigung von im Dienst oder Wehrdienst Geschädigten oder die Versorgung und Betreuung von Einsatzgeschädigten. Die Leistungsabrechnung für aktive und ehemalige Soldatinnen und Soldaten, wie Rentenleistungen, die Kriegsopferfürsorge und die Gewährung von Heil- und Krankenbehandlungen gehören ebenso zum breiten Aufgabenspektrum des BAPersBw.« Im Fall des Stabsgefreiten E. ging es darum festzustellen, wie groß die Einschränkungen in der Verwendbarkeit aufgrund der bestehenden Einsatzschädigung genau waren. Die Bundeswehr bemisst dies in Prozent. Für die weitere Karriere einer Soldatin oder eines Soldaten, aber auch für die Klärung etwaiger Versorgungsansprüche ist das Ergebnis natürlich äußerst wichtig. Die Ärzte, bei denen E. in Behandlung war, hatten eine solche bestehende Einsatzschädigung diagnostiziert. Das Personalamt sah das anders. Was mich daran am meisten schockiert, ist, dass die Behörde in E.s Fall »nach Aktenlage« entschied, also ohne dass ein Mitarbeiter, ein Arzt oder ein Psychologe den Stabsgefreiten einmal selbst in Augenschein genommen hätte. Ich halte das nicht für ein Zeichen von Wertschätzung gegenüber einem Veteranen, der mit der höchsten Kriegsauszeichnung der Bundeswehr dekoriert ist. E. legte folgerichtig Einspruch gegen den Bescheid ein. Wie es in solchen Fällen leider üblich ist, zog sich danach alles erst richtig in die Länge. Wir reden hier über mehr als vier Jahre! Einmal wurde E. zugesagt, dass ihn nun doch ein Arzt untersuchen würde, aber dann hörte er monatelang nichts mehr. Während dieser ganzen Zeit versah der an PTBS erkrankte Soldat seinen Dienst bei der Truppe. Schließlich nahm er sich mit der Unterstützung des Bundeswehrverbands einen Anwalt. Ich finde es absolut unwürdig, dass mit einem Soldaten, der sein Leben im Dienst eingesetzt hat und dafür ausgezeichnet ist, derart umgegangen wird. Wenn ich lese, was auf der Website des Verteidigungsministeriums zur Verleihung der Ehrenzeichen gesagt wird, klingt das in diesem Zusammenhang beinahe wie Hohn: *»Die Verleihung des Ehrenzeichens ist ein Akt der Wertsetzung und Wertpflege. Sie ist der sichtbare Dank für staatlich gewünschtes beispielhaftes Verhalten. Die Inhaber der Ehrenzeichen können als persönliche Vorbilder für ein moralisch gutes, außergewöhnlich tapferes oder besonders engagiertes Verhalten dienen. So heißt es im aktuellen Kommentar zum deutschen Ordensrecht: ›Eine Auszeichnung hat immer auch die Funktion, Leitbilder zu setzen, an denen sich andere orientieren können und nach Auffassung des Auszeichnenden auch orientieren sollen.‹«* Na, toll – man muss nur auch irgendwann mal diesem Anspruch gerecht werden.

Im Fall des Stabsgefreiten E., dessen Grad der Einsatzschädigung »nach Aktenlage« beurteilt wird und der sich am Ende nicht anders zu helfen weiß, als einen Anwalt zu nehmen, um seine Interessen gegenüber dem Personalamt zu wahren, zeigt sich vielleicht nur die Spitze des Eisbergs im Umgang mit den Einsatzveteranen. Nach Aussagen von Medizinern und Fachleuten erkranken bis zu 30 Prozent aller in kriegerischen Konflikten eingesetzten Soldaten. Die Amerikaner haben sich nach dem Vietnamkrieg sehr intensiv mit dem Phänomen auseinandergesetzt, auch um Vorsorge für zukünftige Kriege zu treffen. In den israelischen Streitkräften wird das ähnlich gehandhabt. Es gibt eine intensive psychologische Vor- und Nachbereitung der Einsätze. Dazu gehört auch, dass es spezielle Einheiten gibt, die sich um die Familien der Soldatinnen und Soldaten kümmern, während diese sich im Auslandseinsatz befinden. Da geht es oft um ganz alltägliche Dinge, mal einen Einkauf für die alten Eltern oder die Frau und die Kinder, oder wenn ein Angehöriger krank ist, ihn zum Arzt begleiten. Es sind die tausend Kleinigkeiten des Alltags, bei denen da geholfen wird, aber es hält den Soldatinnen und Soldaten im Ausland den Rücken frei, wenn sie wissen, dass zu Hause jemand da ist, der ihren Familien hilft. Bei der Bundeswehr gibt es solche Einheiten nicht. Bestenfalls wird das inoffiziell von den Kameradinnen und Kameraden übernommen.

Doch zurück zum Thema PTBS als Folge der Auslandseinsätze: Das Verteidigungsministerium hat sogar einen eigenen Dienstposten »Beauftragter für einsatzbedingte posttraumatische Belastungsstörungen und Einsatztraumatisierte« eingerichtet. In der Truppe wird umgangssprachlich vom PTBS-Beauftragten gesprochen. Bis 2020 hatte Generalarzt Bernd Mattiesen diesen Posten inne. Der Generalarzt war selbst zweimal in Afghanistan im Einsatz und nimmt das Thema – im Gegensatz zu anderen Teilen der Bundeswehr – ernst. So setzte er sich für die Verbesserung der Leistungen für einsatzgeschädigte Soldatinnen und Soldaten – und auch für deren Angehörige – ein. Im Jahr 2015 sagte Generalarzt Mattiesen, dass laut aktueller Studien etwa 2,9 Prozent aller Soldatinnen und Soldaten, die zwischen vier und sechs Monaten im Einsatz sind, an PTBS erkranken. Das war 2015. Bis zum Abzug aus Afghanistan im August 2021 haben mehr als 100.000 Soldatinnen und Soldaten der Bundeswehr in Afghanistan gedient. Wenn wir von den 2,9 Prozent an PTBS Erkrankten ausgehen, sind knapp 3.000 von ihnen einsatzgeschädigt zurückgekehrt. Wenn wir uns jetzt noch mal vor Augen halten, dass die Einsatzmedaille Gefecht 5.845-mal verliehen wurde – sprich 5.845 Soldatinnen und Soldaten direkt an Kampfhandlungen teilgenommen haben –, bedeutet das: Mehr als die Hälfte von ihnen leidet vermutlich an PTBS, denn nur beim Innendienst in einem der Feldlager ist das Risiko für traumatische Erfahrungen weitaus geringer. Ziemlich erschreckend, wenn man sich diese Zahlen anschaut, und noch erschreckender, wenn einem bewusst ist, dass jede Zahl für einen Menschen und sein Schicksal steht.

Jeder hat seine eigene Geschichte, und oft bin ich wütend und verärgert gegenüber den Verantwortlichen im Ministerium. Es gibt zu wenig Möglichkeiten der Hilfe in der Bundeswehr. Angebote, die es außerhalb gibt, werden nicht anerkannt. Ich weiß aber aus eigener Erfahrung, dass sich den betroffenen Kameradinnen und Kameraden helfen lässt. Die Bundeswehr hält nur leider an bürokratischen und konventionellen Vorgehensweisen fest. Leider mal wieder auf Kosten derer, die sich für ihr Land eingesetzt haben. Viele der an PTBS leidenden Soldatinnen und Soldaten versehen immer noch ihren Dienst in der Truppe. Ich begegne regelmäßig Kameradinnen und Kameraden, die mir im Vertrauen erzählen, dass sie nach ihrer Rückkehr aus Afghanistan oder anderen Einsatzländern mit den Folgen kämpfen, doch es vorziehen, nicht zum Psychologen zu gehen. Ich denke, das Beispiel des Stabsgefreiten E. zeigt, warum.

Ein weiterer Grund liegt darin, dass die Bundeswehr wegen des akuten Personalmangels häufig mit zivilen Psychologen zusammenarbeitet. Ich weiß aus eigenem Erleben, wie schwer mir der Gang zum Truppenpsychologen gefallen ist. Dabei war das ein Soldat wie ich. Die Hemmschwelle steigt, wenn es sich um Zivilisten – sozusagen Außenstehende – handelt. Kameradschaft bedeutet eben auch, dass Soldaten für Soldaten da sind und man sich untereinander vertrauen kann. Der zivile Psychologe kann mit der Schilderung eines Gefechts wahrscheinlich nicht viel anfangen, da ihm dazu allein schon das technische Verständnis fehlt. Das braucht er aber, wenn er einen einsatzgeschädigten Veteranen auch nur annähernd verstehen will. Viele meiner Kameraden, mit denen ich über dieses heikle Thema gesprochen habe, ziehen es bislang vor, irgendwie »unter dem Radar zu bleiben« und ihren Dienst, so gut sie können, weiterhin zu versehen. Viele wollen nicht, dass es in der Personalakte auftaucht, und suchen sich auf eigene Kosten außerhalb der Bundeswehr Hilfe. Leider gibt es bis auf einige sehr wenige Ausnahmen kaum kompetente Therapeuten. Ich persönlich kenne nur eine einzige Therapeutin.

Ich denke, auch hier hat die Bundeswehr richtig Nachholbedarf. Sie kann nicht auf der einen Seite Kriegsauszeichnungen verleihen und auf der anderen Seite die Einsatzveteranen, die sie verdient haben, einfach vergessen. Das ist aber nur ein Aspekt. Mindestens ebenso wichtig ist die Vorsorge. Die Bundeswehr muss ihren Soldatinnen und Soldaten bereits in der Ausbildung und der Einsatzvorbereitung den nötigen Rückhalt vermitteln, damit sie auch nach Gefechtserfahrungen weiterhin psychisch gesund und Teil einer einsatzbereiten Armee sind. All das funktioniert nur, wenn es eine breite gesellschaftliche und politische Wertschätzung der militärischen Leistungen gibt. Anerkennung drückt sich innerhalb der Bundeswehr nicht nur in Auszeichnungen, sondern auch in einer Beförderung aus. Doch ein hoher Dienstgrad hat seine Tücken.

12. Spitzendienstgrade: Interne Negativauslese?

Die Mannschafts- und Unteroffiziersdienstgrade – alle Soldatinnen und Soldaten vom niedrigsten Dienstgrad bis zum Oberstabsfeldwebel – sind erfahrungsgemäß »vom gleichen Schlag«. Das liegt daran, dass sie gemeinsam Aufgaben erfüllen müssen und in der Regel auch einen ähnlichen Werdegang haben. Viele haben sich von unten hochgedient. Ihr Dienstgrad beruht – wenn es sich nicht um Seiteneinsteiger handelt – auf militärischer Leistung und gesammelter Erfahrung. Wegen dieser Eigenschaften – ich habe das bereits an anderer Stelle erklärt – bilden meiner Meinung nach die Mannschafts- und Unteroffiziersgrade das Rückgrat der Truppe. Für die Ausbildung und den Dienstbetrieb im Alltag sind erfahrene Feldwebel und Unteroffiziere unverzichtbar. Diese Soldatinnen und Soldaten leben mehr oder weniger eng zusammen. Kameradschaft – so wie ich sie erlebt habe – ist hier kein leerer Begriff und hat eine positive Bedeutung. Man spricht dieselbe Sprache und versteht, was gemeint ist. Manchmal reicht ein Wort oder eine Andeutung. So weiß jede Soldatin und jeder Soldat, was gemeint ist, wenn vom »Blutgruppenwechsel« die Rede ist. Im Sprachgebrauch der Truppe vollzieht sich der sogenannte Blutgruppenwechsel dann, wenn eine Soldatin oder ein Soldat in einen höheren Dienstgrad – meist ist in dem Zusammenhang ein Offiziersdienstgrad gemeint – aufsteigt. Damit soll zum Ausdruck gebracht werden, dass der- oder diejenige in eine andere Kategorie wechselt. Manchmal verändert sich damit auch die Einstellung und die Haltung zu den Kameraden. Zumindest besteht die Gefahr, dass es so kommt. Der Begriff ist irgendwie archaisch, aber ich denke, der Leser kann sich vorstellen, dass Blut in der Welt der Soldaten für etwas steht: Loyalität und notfalls auch Opferbereitschaft. Nicht umsonst sind die Barette der Fallschirmjägertruppe bordeauxrot. Findet nun ein Blutgruppenwechsel statt, sind einige dieser Werte nicht mehr selbstverständlich. Die Person steigt in eine höhere Dienstgradgruppe auf und folgt nun anderen Loyalitäten. Ist das wirklich so, oder liegt das am Neid und der Missgunst der niedrigeren Dienstgrade? Mit Sicherheit nicht. Auch hier kann ich wieder aus eigener Erfahrung sprechen.

Ich habe auch unter hervorragenden Offizieren gedient, denen ich auch heute noch jederzeit mein Leben anvertrauen würde. In der Bundeswehr ist es so, dass zumindest theoretisch jeder die Chance auf eine Beförderung hat, und das ist ja auch grundsätzlich etwas sehr Gutes. Was allerdings bedenklich ist, ist, dass in der Bundeswehr mit dem Aufstieg in eine der höheren Dienstgradgruppen sehr oft der Verlust an Integrität und der Nähe zur Truppe einhergeht. Warum ist das so? Ich kann zumindest einige Erklärungen dafür anbieten. Sie stützen sich auf meine eigenen Erfahrungen in der Bundeswehr. Ich muss dazu etwas weiter ausholen: Wie ich schon sagte, stellen die Mannschafts- und Unteroffiziersdienstgrade das Fundament der Truppe. Darauf folgen die Kommandeure der Einheiten. Auf Bataillonsebene ist das in der Regel jemand mit dem Dienstgrad Oberstleutnant. Je mehr es in Richtung Brigade geht, folgt der Oberst, und der Brigadekommandeur ist meistens General. Die Mehrheit der Berufssoldaten unter den Offizieren – es gibt auch in dieser Dienstgradgruppe

Zeitsoldaten – will natürlich irgendwann einmal General werden. Das wird man aber nur, wenn man von der Führung der Bundeswehr »im Generalstab« (i. G.) eingeplant wird. So ein Offizier i. G. wird anschließend auf die entsprechenden nationalen und internationalen Lehrgänge geschickt und danach zum General befördert. Dann muss er nur noch den entsprechenden Dienstposten erhalten. Da wird es dann schon eng: Das Heer beispielsweise verfügt aktuell über sieben Brigaden (und natürlich seine Beteiligung an der Deutsch-Französischen Brigade). In der »Feststellung des Bundeshaushaltsplans für das Haushaltsjahr 2020« finden sich in der Planstellen-Übersicht »Berufs- und Zeitsoldaten« insgesamt 211 Planstellen für Generäle. In der Bundeswehr dienen aktuell etwa 182.000 Soldatinnen und Soldaten. Sie werden von etwa 210 bis 215 Generälen – in der Marine Admirälen – kommandiert. Damit unterstehen einem General oder Admiral rein rechnerisch etwa 850 Soldatinnen und Soldaten. Schauen wir doch mal, ob das schon immer so war: Im Jahr 1992 war die Bundeswehr mit etwa 470.000 Soldatinnen und Soldaten mehr als doppelt so groß wie heute, doch gab es lediglich 193 Generäle und Admiräle. Jedem General unterstanden damals rund 2.430 Soldatinnen und Soldaten. Ich habe bereits in den Kapiteln 2 und 5 ausgeführt, was das Fehlen von Mannschafts- und Unteroffiziersdienstgraden für die Ausbildung und die Einsatzbereitschaft der Truppe bedeutet, nun möchte ich darüber sprechen, was der überproportionale Anstieg der hohen Dienstgrade für Nachteile mit sich gebracht hat.

Lauter Generäle – und keine Truppen

Viele Generäle und hohe Offiziere haben mangels Dienstposten kein Kommando über Truppen inne, sondern sind direkt im Verteidigungsministerium oder in Stäben und Beraterstäben eingesetzt. Hier haben sie es dann hauptsächlich und täglich mit Politikern, Staatssekretären und anderen Entscheidungsträgern zu tun. Spätestens dann sind bei vielen von ihnen die Veränderungen des »Blutgruppenwechsels« zu bemerken. Hier geht es um knallhartes Karrieredenken und weniger um Kameradschaft. Man denkt in dieser Umgebung und in dem entsprechenden Arbeitsumfeld zwangsläufig auf der Ebene der Politik und weniger als Soldat. Aber es handelt sich doch immer noch um Soldatinnen und Soldaten, nur eben um solche, die den Kontakt zur Truppe verloren haben. Das führt zu Fehleinschätzungen und Fehlentscheidungen und ist zumindest mit ein Grund für den miserablen Zustand der Bundeswehr. Natürlich gibt es auch hervorragende Generäle und Offiziere. Ich selbst habe unter Kommandeuren gedient, die sind noch auf der Gruppenebene mitgelaufen – das heißt, sie sind bei Übungen und im Ausbildungsbetrieb mit den Soldatinnen und Soldaten ins Gelände gegangen, haben sich mit ihnen unterhalten und waren überhaupt nah dran am Alltagsgeschäft – weil sie genau wissen wollten, was »ihre« Truppe leistet. Das waren sehr truppennahe Offiziere. Wenn man als Soldat unter ihnen dient, ist das natürlich perfekt. Doch solche Anführer sind leider die Ausnahme. Wenn Soldatinnen oder Soldaten einen gewissen Dienstgrad – beispielsweise den eines Generals – erreichen, werden sie zum Politiker. Sie müssen es, denn wenn sie den Ehrgeiz haben, in ihrer neuen Verwendung weiterzukommen und zu bestehen, müssen sie sich dem Arbeitsumfeld anpassen. Und in der Bundesrepublik ist es eben so, dass man von Regierungsseite nicht will, dass etwas Negatives über die Bundeswehr an die Öffentlichkeit dringt. Sei es die Bezeichnung »Krieg« in Zusammenhang mit dem Afghanistan-Einsatz oder das jahrelange

Ignorieren der fehlenden Munitionsbestände. Man will gut dastehen, selbst dann, wenn alles bitterernst und katastrophal ist. Das kennt man in vielen Bereichen auch aus der zivilen Wirtschaft.

Immer gut dastehen

Diese Erfahrung musste ich sogar in meinen Auslandseinsätzen machen. In Kabul war ich einmal zum Personenschutz eines Obersten – der heute ebenfalls General ist – abkommandiert. Wir sollten ihm die Stadt zeigen. Dazu sind wir mit zwei Fahrzeugen losgefahren. Kabul war damals ein relativ heißes Pflaster. Es kam zu Anschlägen und Angriffen auf die ISAF-Truppen. Meine Kameraden vom Personenschutz und ich waren auf der Hut. Ein Kamerad war direkt bei der Schutzperson, und ich behielt die Umgebung im Auge. Bei dem Verkehr und den vielen Menschen, die sich auf der Straße um uns herum bewegten, war das nicht einfach. Ich musste damit rechnen, dass jederzeit etwas passieren würde. Sollte ich ein Anzeichen für eine Bedrohung bemerken, wäre es mein Auftrag, dafür zu sorgen, dass wir schnellstmöglich aus der Gefahrenzone wegkämen. Es gab dann auch tatsächlich einen Zwischenfall. Ein Mann in afghanischer Polizeiuniform bahnte sich den Weg durch die Menge und kam direkt auf uns zu. In Afghanistan konnte man sich nie darauf verlassen, dass jeder, der eine Uniform trug, auch wirklich zu den Sicherheitskräften gehörte. Es war nur zu leicht, sich eine zu beschaffen. Bei demjenigen, der da auf uns zukam, konnte es sich deshalb auch um einen Selbstmordattentäter handeln. In diesem Moment stellte er jedenfalls eine potenzielle Bedrohung dar. Folgerichtig schob ich mich zwischen ihn und die Schutzperson. Dann ging alles ziemlich schnell. Der Mann zog eine Pistole und hielt sie mir ins Gesicht. Instinktiv handelte ich und setzte meine Waffe als Schlagstock ein. Ich wollte nicht schießen, und in diesem Moment war es die schnellste Methode, um dic Gefahr abzuwehren. Ich kann nicht mal sagen, ob es der Lauf oder der Kolben des Sturmgewehrs war. Der Mann lag dann blutend am Boden. Nach den damaligen Rules of Engagement (ROE) – den offiziellen Regeln für den Einsatz – hätte ich ihn auch erschießen können. Ich habe ihm seine Waffe abgenommen und ihn zunächst einmal gesichert. Mein Kamerad hat den Obersten in Deckung gebracht. Die Lage war immer noch vollkommen unübersichtlich. Es hätte sich ja auch um ein Ablenkungsmanöver handeln können, dem ein weiterer Angriff gefolgt wäre. Aber wir hatten die Situation irgendwann unter Kontrolle und die Schutzperson in Sicherheit gebracht. Ich ging davon aus, dass wir unseren Job gut gemacht hätten. Zwar erwartete ich keinen Dank und kein Schulterklopfen, aber als ich dann mitbekam, dass der Oberst ein Disziplinarverfahren gegen mich einleiten wollte, war ich schon überrascht, mehr noch: enttäuscht. Hier zeigte sich ganz deutlich, dass es dem Vorgesetzten nur um die positive Außendarstellung der Bundeswehr ging. In sein Bild passte es einfach nicht, dass es in Kabul zu einem Zwischenfall kommen konnte, in dem einer seiner Soldaten einen vermeintlichen afghanischen Polizisten zu Boden schlug. Die Außendarstellung war dem in diesem Moment wichtiger als seine eigene Sicherheit – oder meine Sicherheit und die des Kameraden. Unfassbar! Hier kann man sicherlich von Realitätsverlust sprechen. Diese Haltung war schon damals in der Führung der Bundeswehr sehr verbreitet und hat sich seitdem – sowohl in Afghanistan wie beim Zustand der Bundeswehr insgesamt – negativ bemerkbar gemacht.

Damit hier nicht der Eindruck entsteht, ich wolle hier nur meinem Frust auf die Spitzendienstgrade Luft machen und »herumunken«, möchte ich den ehemaligen Brigadegeneral der Bundeswehr Erich Vad zitieren. Der sagte 2019 in einem Interview mit dem *Tagesspiegel*: »Die Bundeswehr ist eine überbürokratisierte Mammutbehörde. Das Denken und die Mentalität der militärischen Führungsspitze, der Generalität, ist überwiegend wie in einer altbackenen Firma.« Und: »Die militärische Führungskultur ist weit entfernt von dem eigentlichen Daseinszweck von Streitkräften, dem Kampfeinsatz. Das verschweigt man tunlichst.« Der General war unter anderem Gruppenleiter im Bundeskanzleramt und militärischer Berater von Bundeskanzlerin Angela Merkel. Es handelt sich also um einen Berufssoldaten, der sowohl über den Zustand der Bundeswehr und ihre Führungskultur als auch über die Ebene der Ministerien und der politischen Entscheidungsträger informiert sein dürfte. Vad sprach außerdem davon, dass es in der Bundeswehr »ein Führungsproblem« gebe und dass »eine ausgeprägte Anpassungs- und Absicherungsmentalität, Schönrederei und Duckmäusertum – traurige Konsequenz einer inneren Negativauslese« existiere. Es überrascht nicht, dass der General ohne Angabe von Gründen in den vorzeitigen Ruhestand versetzt wurde.

Ebenso erging es dem Inspekteur der Luftwaffe Generalleutnant Karl Müllner, als er sich unter Verteidigungsministerin Ursula von der Leyen für die Anschaffung der F-35 – die dann im Zuge der Zeitenwende 2022 tatsächlich beschlossen wurde – aussprach. Es ist also nicht so, dass die hohen Dienstgrade nicht wissen, was in der Bundeswehr im Argen liegt und was sie eigentlich bräuchte. So schickte General Ruprecht von Butler im Dezember 2022 seinen »Brandbrief« an das Verteidigungsministerium, in dem er den Totalausfall seiner 18 Schützenpanzer Puma und die Unzuverlässigkeit des Waffensystems beklagte. Das führte dann endlich dazu, dass die Verteidigungsministerin der Herstellerfirma Druck machte. Ich bin der Ansicht, der General wurde in dieser Sache seiner Verantwortung gegenüber der Bundeswehr gerecht. Es gibt also auch solche Offiziere in Führungspositionen. Doch leider viel zu wenige, und um sie herum ist eine Kultur der Anpassung und des Unter-den-Teppich-Kehrens entstanden. Überall hat man in den vergangenen Jahrzehnten in der Bundeswehr gespart, doch nicht bei den hohen Dienstgraden. Deren Anteil ist, wie ich gezeigt habe, trotz Reduzierung der Mannschaftsstärke überproportional gestiegen.

Hat mehr »Führung« also dazu geführt, dass die Bundeswehr heute besser dasteht? Nein, denn sie ist kaum noch einsatzbereit. Doch ist der beklagenswerte Zustand der Bundeswehr denn wirklich niemandem – abgesehen von wenigen Ausnahmen – in der Generalität aufgefallen? Im Zusammenhang mit Ukrainekrieg und Zeitenwende tauchen in den Medien sehr viele Generäle a. D. auf. Ich brauche nur den Fernseher einzuschalten und höre, wie sich schon wieder ein General, der sich bereits seit längerer Zeit außer Dienst befindet, über den Zustand der Bundeswehr äußert. Die meisten haben in der Bundeswehr hochrangige Posten bekleidet. Generalinspekteure, Heeresinspekteure und so weiter. Die Kameraden benennen auch mitunter ziemlich genau, woran es fehlt. Doch ich höre da mit sehr gemischten Gefühlen zu, denn ich frage mich, warum sie dazu nichts gesagt haben, als sie noch ihre Posten innehatten. Da hätten sie immerhin an der richtigen Stelle gesessen, um etwas zu verbessern und für die Truppe zu bewirken. Aber während ihrer aktiven Dienstzeit waren die meisten von ihnen extrem konform. Die Dinge, die sie heute öffentlich bemängeln, wurden von ihnen zumindest mitgetragen, wenn nicht sogar befürwortet. Viele haben sich, denke ich, seinerzeit zurückgehalten, um ihre Karriere nicht zu gefährden. Sonst wären sie vielleicht auch nicht lange auf den entsprechenden Dienstposten geblieben.

Die Unterstützung der Ukraine

Das zeigt sich auch im Zusammenhang mit der militärischen Unterstützung der Ukraine durch die Bundesrepublik. Aus der Truppe höre ich, dass es an allem und überall fehlt. Selbst Heeresinspekteur Generalleutnant Alfons Mais sagt, die Truppe stehe nahezu blank da. In so einer Situation – und angesichts einer gestiegenen Bedrohungslage – sollte man seine Kräfte eigentlich nicht noch weiter schwächen. Doch die Bundesregierung nimmt der Bundeswehr dringend benötigtes Material und liefert es an die ukrainischen Streitkräfte. Anfang Januar 2023 wurde allein aus den Beständen der Bundeswehr unter anderem Folgendes zur Unterstützung der Ukraine verwandt: 18.500 Schuss 155 mm Artilleriemunition, 18 Lkw 8x8 mit Wechselladesystem, 50 Allschutz-Transport-Fahrzeuge Dingo, 14.000 Schlafsäcke, Munition für Mehrfachraketenwerfer MARS II, Ersatzteile schweres Maschinengewehr M2, 30 MG3 für Bergepanzer, 5 Mehrfachraketenwerfer MARS II mit Munition, 14 Panzerhaubitzen 2000 (gemeinsames Projekt mit den Niederlanden), 116.000 Kälteschutzjacken, 80.000 Kälteschutzhosen, 240.000 Wintermützen, 405.000 Rationen Einpersonenpackungen (Epa), 4.000 Schuss Flakpanzerübungsmunition, 53.000 Schuss Flakpanzermunition, 3.000 Patronen »Panzerfaust 3« zuzüglich 900 Griffstücke, 14.900 Panzerabwehrminen, 500 Fliegerabwehrraketen STINGER, 2.700 Fliegerfäuste STRELA, 22 Millionen Schuss Handwaffenmunition, 50 Bunkerfäuste, 100 Maschinengewehre MG3 mit 500 Ersatzrohren und Verschlüssen, 100.000 Handgranaten, 5.300 Sprengladungen, 100.000 Meter Sprengschnur und 100.000 Sprengkapseln, 350.000 Zünder.

Eine ziemlich lange Liste mit hohen Stückzahlen. Wie steckt die Bundeswehr das weg, wo sie doch selbst nicht genug hat? Die damalige Verteidigungsministerin Lambrecht sagte dazu in einer Rede im Juni 2022: »Bei diesen Systemen geht manches über die Industrie, wie beispielsweise Gepard oder das System IRIS-T. Aber bei den Panzerhaubitzen oder auch bei Mars II ist es eine Länderabgabe. Das heißt, es erfolgt über die Bundeswehr. Da muss ich sagen, dass wir an der Grenze dessen angelangt sind, was noch verantwortbar ist; denn als deutsche Verteidigungsministerin möchte ich die Landes- und Bündnisverteidigung gewährleisten. Das ist meine Aufgabe, und zu der stehe ich auch. Deswegen gehen wir eben auch andere Wege. Wir helfen nicht nur, wie ich es eben beschrieben habe, sondern unterstützen die Ukraine auch dahingehend, dass andere Länder der Ukraine Waffen aus ihren Beständen abgeben, beispielsweise Waffen der sowjetischen Bauart, an denen dann sofort gekämpft werden kann, und wir wiederum beim Auffüllen der Bestände durch den sogenannten Ringtausch helfen.« Zumindest sagt hier mal jemand von höchster Stelle, dass die Bundeswehr bei der Materialabgabe absolut am Limit angelangt ist. Alles andere wäre nicht mehr zu verantworten. Nach der Rede der Ministerin im Juni 2022 wird allerdings weiter Ausrüstung und Material aus den Beständen der Bundeswehr zur Unterstützung der Ukraine verwandt. Aus der Führungsspitze der Bundeswehr hat sich meines Wissens bislang niemand auch nur annähernd eindeutig zu der Problematik geäußert. Ich halte das für unverantwortlich.

Jeder einzelne Soldat hat, was seinen persönlichen Munitionsvorrat betrifft, einen sogenannten »Sperrbestand«. Damit ist Munition bezeichnet, die er nur mit der ausdrücklichen Genehmigung seines Vorgesetzten gebrauchen darf. Eine Art Gefechtsreserve, die er nicht ohne Befehl anbrechen darf. Beim G36 liegt der Sperrbestand bei zwei vollen Magazinen. Habe ich meine Munition bis auf die verbraucht, muss ich meinem Vorgesetzten mitteilen: »Sperrbestand erreicht«. Im Fall der Munitionsvorräte der Bundeswehr wäre das ja wohl schon längst der Fall gewesen – trotzdem gibt sie weiter ihre Munition ab. Das ist politisch so gewollt, und die Verantwortlichen im Verteidigungsministerium nicken einfach dazu. Jeder Soldat im Gefecht würde richtig Ärger kriegen, wenn er seinen Sperrbestand aufbraucht, ohne dass eine militärische Notwendigkeit dazu vorliegt. Hier werden einfache – aber sinnvolle – Regeln missachtet.

Das Prinzip des Ringtausches, das die Verteidigungsministerin ins Spiel bringt, um die Bundeswehr zu entlasten, funktioniert auch nur bedingt. Denn wie läuft der ab? Ein Drittland liefert Waffensysteme an die Ukraine und bekommt im Ausgleich dafür von der Bundesrepublik Ersatz. Ein Beispiel: Die Slowakei hat Ende 2022 30 Schützenpanzer russischer Bauart an die Ukraine abgegeben, dafür bekommt sie von Deutschland 15 Kampfpanzer Leopard 2. Die 15 Leopard 2 sollen dabei nicht aus den Beständen der Bundeswehr entnommen, sondern von der Industrie geliefert werden. Entlastet das die Bundeswehr? Nur bedingt, würde ich sagen, denn der Bundeswehr fehlt es ja hauptsächlich an funktionsfähigen Waffensystemen. Wie ich in Kapitel 8 gezeigt habe, sind die Produktionskapazitäten der Rüstungsindustrie begrenzt. Angesichts der gestiegenen Nachfrage fällt das auch bei Munition, Panzern und dem Flugabwehrsystem IRIS-T SLM ins Gewicht. Letzteres hätte die Bundeswehr gerne, soll es auch bekommen, muss aber wegen der langen Lieferzeiten wohl noch Jahre darauf warten. Wir sehen, dass darum selbst das, was im Ringtausch abgegeben wird, wegen langer Lieferzeiten und begrenzter Produktionskapazitäten kurz und mittelfristig in der Truppe zu Defiziten führt, weil das, was sie bestellt, nicht so einfach verfügbar ist.

In diesem Zusammenhang geht es auch nicht nur um Ausrüstung, sondern auch um Ausbildung. Im Rahmen einer EU-Ausbildungsmission European Union Military Assistance Mission Ukraine bildet die Bundeswehr mehrere Tausend ukrainische Soldaten in Deutschland aus. Nach allem, was mittlerweile über Personalmangel und Ausbildungsdefizite in der Truppe bekannt ist, wird sie auch diese zusätzliche Aufgabe belasten. Auf der Website der Bundeswehr äußert sich General Andreas Marlow zu dem Thema: »Das ist ein wichtiger Punkt. Vor dem 24. Februar hat natürlich niemand voraussehen können, dass so ein zusätzlicher Auftrag auf deutsche Streitkräfte zukommen wird.« Natürlich würden sich daraus Auswirkungen ergeben, zum Beispiel bei Lehrgängen an der Artillerieschule, wo normalweise deutsche Soldaten und Soldatinnen ausgebildet werden. »Dies gilt es, genau mitzuplotten, um die Auswirkung gering zu halten«, betont General Marlow. »Man kann nicht sagen, dass es keine Auswirkung gibt, aber wir halten das im Moment für beherrschbar.« Klar aber sei: »Was wir auf jeden Fall sicherstellen, ist, dass weder Einsätze noch einsatzgleiche Verpflichtungen oder andere Verpflichtungen, wie die nationale Risikovorsorge, beeinträchtigt werden.« In meinen Augen wird hier nichts deutlich gesagt: Man konnte nicht voraussehen, nicht wissen, man kann nicht sagen, dass es keine Auswirkungen haben wird. Das hört sich für mich sehr »diplomatisch« – an. Gerade dann, wenn man nicht sicher sein kann, was auf einen zukommen wird, sollte man seine Kräfte zusammenhalten und für alles gerüstet sein. Im Falle der Bundeswehr ist das der Verteidigungsfall – und dazu ist sie nicht gerüstet und einsatzbereit. Doch das sagen ihre Verantwortlichen mit dem entsprechenden Dienstgrad meistens nicht. Daran werden auch 100 Milliarden Euro nichts ändern. Ich habe mittlerweile gezeigt, dass es beinahe in allen Bereichen gravierende strukturelle Probleme gibt. Auch in der Führungsebene ist dies der Fall. Die Verantwortlichen müssen hier sprichwörtlich ihrer Verantwortung – für die Soldatinnen und Soldaten, die Planung und das Material – gerecht werden und selbstbewusst gegenüber den politischen Entscheidungsträgern die Interessen der Bundeswehr vertreten. Dazu gehört, dass auch die Führung der Bundeswehr einfordert, was die Truppe braucht, um ihren Auftrag zu erfüllen.

Schlusswort: Keep it simple

Wenn ich mir anschaue, was Anfang Januar 2023 aus der sicherheitspolitischen Zeitenwende konkret geworden ist, bin ich enttäuscht. Die Zeitenwende schleppt sich nämlich in Bezug auf die Bundeswehr immer noch in Zeitlupe dahin. Die 100 Milliarden Euro des Sondervermögens sind mittlerweile vom Parlament gebilligt worden. Schuldenfinanziert, aber das Geld ist da. Theoretisch könnte die Bundeswehr jetzt einkaufen, was sie so dringend braucht. Doch das hat sie bislang noch nicht nennenswert getan. Die F-35 soll zwar beschafft werden, die Entscheidung dazu ist gefallen, jedoch konkrete Verträge, Lieferzeiten und einen Termin, wann die Kampfflugzeuge dann tatsächlich einsatzbereit in Deutschland stationiert werden, sind noch nicht bekannt. Ähnliches gilt für die Anschaffung weiterer dringend benötigter Waffensysteme. Nach dem Ausfall der 18 Puma-Schützenpanzer im Dezember 2022 hat das Verteidigungsministerium die für 2023 geplante Anschaffung weiterer Panzer dieses Modells zwar ausgesetzt, aber bislang auch nicht angekündigt, was stattdessen gekauft werden soll. Meiner Ansicht nach reicht es nicht, etwas lediglich *nicht* zu kaufen, sondern man muss stattdessen eben etwas anderes bestellen, das die Truppe dann benutzen kann. Hier wird von der Bundeswehr die weitere Nutzung des veralteten Schützenpanzers Marder überlegt. Wenn das wirklich eine Alternative sein soll, hätte man den Puma ja gar nicht erst für Milliarden von Euro entwickeln lassen müssen. Es ist also keine echte Alternative, sondern nur wieder eine weitere Zwischenlösung. Wegen der zögerlichen und schleppenden Vergabe von Aufträgen an die Rüstungsindustrie geriet Verteidigungsministerin Lambrecht denn auch zunehmend in die Kritik. Im Januar 2023 trat sie von ihrem Amt zurück. Was mich am Rücktritt von Frau Lambrecht nachdenklich stimmt, ist der Grund, der letztendlich dazu führte, dass sie ihren Posten aufgab. Die Ministerin hatte in der Silvesternacht auf einem Berliner Platz eine Videobotschaft mittels Smartphone aufgenommen und über ihren Privataccount in den sozialen Medien verbreitet. Ihre Bilanz für das Jahr 2022 fiel unter anderem so aus: »Viele besondere Eindrücke, Begegnungen mit interessanten und tollen Menschen ...« Angesichts des in Europa tobenden Ukrainekriegs mit Tausenden von Toten ist das natürlich geschmacklos. Auch im Hinblick auf die durch diese Bedrohung entstandenen Herausforderungen einer sicherheitspolitischen Zeitenwende fehlte der Ministerin ganz offensichtlich die nötige Sensibilität und das Verständnis der Situation. Nach massiver öffentlicher Kritik an ihrem Auftritt trat sie schließlich zurück. Aber: Wäre Frau Lambrecht in der Silvesternacht einfach mit einem starken Kaffee zu Hause geblieben und hätte sich nicht öffentlich derart geäußert, wäre sie wahrscheinlich immer noch im Amt! Noch im Dezember 2022 hatte sich der Bundeskanzler zufrieden mit ihrer Arbeit gezeigt. Auf Frau Lambrecht folgte Boris Pistorius als neuer Verteidigungsminister. Pistorius war Oberbürgermeister von Osnabrück und zuletzt Minister für Inneres und Sport des Landes Niedersachsen. Im Gegensatz zu vielen seiner Vorgängerinnen und Vorgänger im Amt des Verteidigungsministers hat Pistorius selbst in der Bundeswehr gedient. Er leistete Anfang der 80er-Jahre seinen Wehrdienst im Flugabwehrregiment 11 – das es heute ebenso wie die gesamte Heeresflugabwehr nicht mehr gibt – im niedersächsischen Achim ab. Zum jetzigen Zeitpunkt lässt sich nicht sagen, ob Pistorius es wesentlich besser machen wird als seine Vorgängerin. Ende Januar 2023 kündigte die Bundesregierung an, die Ukraine mit Leopard-2-Kampfpanzern zu beliefern. Die ersten 14 Panzer sollen aus den Beständen der Bundeswehr entnommen werden. Auch die Ausbildung, Wartung und Munition soll zum Teil von ihr gestellt werden. Wahrscheinlich sind nicht alle der etwa 300 Leopard 2 der Bundeswehr einsatzbereit. Kann es sich die Truppe in dieser Situation überhaupt leisten, Panzer abzugeben? Da die Bundeswehr bereits vor den Waffenlieferungen in die Ukraine blank dastand, wahrscheinlich nicht. In diesem Fall müsste das Verteidigungsministerium sinngemäß melden: »Sperrbestand erreicht.« Verteidigungsminister Pistorius hat sich dazu bislang nicht eindeutig geäußert.

Je weniger nach der Ankündigung der Zeitenwende geschieht, desto mehr sucht man nach Erklärungen, warum die Anschaffung von Waffen, Flugzeugen, Panzern, Hubschraubern und dergleichen so schwierig ist. In einer Bundestagsdebatte zu dem Thema sagte die damalige Verteidigungsministerin, dass man Waffensysteme »nicht einfach beim Baumarkt aus dem Regal herausholen – also jetzt mal im Ernst« – könne. Also mal wirklich im Ernst: Funktionierende Waffensysteme hat die Bundeswehr bislang aber auch von der Rüstungsindustrie nicht immer bekommen. Der Puma oder der NH90 sind total überteuert und bis heute nicht zuverlässig einsatzbereit. Andere Waffensysteme – wenn auch nicht in dieser Größenordnung und Komplexität – bekommt man dagegen tatsächlich im Baumarkt oder beim Discounter. Im Ukrainekrieg kaufen die ukrainischen Streitkräfte handelsübliche Drohnen für kleines Geld und fliegen sie über die gegnerischen Stellungen. Die Fluggeräte sind mit einer Kamera ausgestattet und liefern Zieldaten für die Artillerie. Natürlich hätte die ukrainische Armee auch lieber professionellere Technik, aber die steht ihr in dem Ausmaß, in der sie gebraucht würde, eben nicht zur Verfügung. Es gilt, das Land gegen einen brutalen Angreifer zu verteidigen – und da kann man nicht auf besseres Material warten. Man kann jetzt sagen, dass sich die Bundeswehr im Gegensatz zur Ukraine nicht im Krieg befindet. Doch es geht um das »Mindset« der Verantwortlichen. Gute Soldatinnen, Soldaten und Führungsverantwortliche hat es in meinen Augen immer schon ausgezeichnet, dass sie selbst unter schwierigen Bedingungen Lösungen für bestehende Probleme finden können. Dazu braucht es nicht zwangsläufig viel Geld oder Hochtechnologie. Gute Soldatinnen und Soldaten können improvisieren, wenn es drauf ankommt. Und wenn ich die Zeitenwende-Rede von Bundeskanzler Scholz richtig verstanden habe, dann kommt es gerade jetzt drauf an. Die Bundeswehr befindet sich zwar nicht im Krieg, sollte aber – wie im Grundgesetz festgelegt – für den Verteidigungsfall einsatzbereit sein. Bislang ist sie das nicht. Außerdem sind ihre Soldatinnen und Soldaten in diversen und zum Teil riskanten Auslandseinsätzen unterwegs, und auch da brauchen sie zuverlässiges Material und die entsprechende Ausrüstung.

Manchmal muss man improvisieren

In Afghanistan habe ich selbst erlebt, dass es in dieser Hinsicht fast an allem gefehlt hat. Erschreckenderweise ist eine funktionierende Funkausrüstung in der Bundeswehr bis heute nicht überall und für jede Soldatin und jeden Soldaten vorhanden. Die

Erfahrungen meiner Afghanistan-Einsätze haben mir aber auch gezeigt, was die Truppe alles aus eigener Initiative leisten kann, wenn man sie nur lässt. In Kabul zum Beispiel hatten sich die Aufständischen angewöhnt, Drähte über die Straßen zu spannen, auf denen unsere Patrouillen unterwegs waren. Diese Drähte waren auf Höhe der MG-Schützen angebracht, die oben auf den Fahrzeugen standen. Wenn ein Mensch bei voller Fahrt von einem Stahldraht erwischt wird, kann ihn das umbringen oder zumindest schwer verletzen. Tatsächlich gab es in Afghanistan Verluste durch diese Hinterhalte. Ausreichend geschützte Fahrzeuge oder Maschinengewehrstände, die vom Fahrzeuginnenraum aus fernbedient wurden, hatte die Truppe damals noch nicht. Was haben wir also gemacht, um unseren Auftrag zu erfüllen und uns trotzdem zu schützen? In der Werkstatt des Feldlagers haben wir kurzerhand Stahlstangen vorne senkrecht an die Fahrzeuge geschweißt. Die wehrten so die heimtückischen Drähte ab. Das hat auch gut funktioniert – zumindest bis der TÜV davon Wind bekam. Ich staunte nicht schlecht, als ich nach einer Patrouille ins Lager zurückkehrte und ein Mitarbeiter des deutschen TÜV die Frage stellte, ob diese Vorrichtung auch ordnungsgemäß abgenommen sei. Das bringt uns jetzt wieder direkt in die Gegenwart: Wussten Sie, dass ein Kampfpanzer der Bundeswehr einmal im Jahr zum TÜV muss? Wenn man bedenkt, wie kompliziert beispielsweise ein Leopard 2 ist, dann kann man sich auch hier wieder vorstellen, dass diese Bestimmung zulasten der Einsatzbereitschaft geht. Angesichts der Drohnen vom Discounter in der Ukraine und der improvisierten Lösungen im Einsatz komme ich zu dem Schluss, dass »Keep it simple« oft am besten funktioniert.

Ich habe in meinem Buch viele Beispiele dafür gegeben, dass die Bürokratie in der Bundeswehr derart überhandgenommen hat, dass der Dienstbetrieb allein schon deswegen nicht mehr reibungslos funktioniert. Pragmatische Lösungen wären ein Ausweg, doch die können nur aus dem Bereich der Truppe selbst kommen. Die Soldatinnen und Soldaten wissen oft am besten, woran es in ihrem Bereich hapert. Auch das hat man im Verteidigungsministerium ansatzweise erkannt. Im Zuge der Zeitenwende können nun Anschaffungen bis 5.000 Euro direkt vorgenommen werden, statt wie bisher den langen Weg über das Beschaffungs-Bundesamt und andere Stellen zu gehen. Bisher lag die Grenze bei 1.000 Euro. Damit kann man angesichts des Zustands der Bundeswehr natürlich nicht viel bewegen. Doch der Grundgedanke ist meiner Ansicht nach richtig: Die Truppe weiß bei vielen Dingen am besten, was sie braucht. Darum wäre mein Vorschlag, eine Gruppe zu bilden, die ich hier einmal das »Bataillon der Unbestechlichen« nennen möchte. Es klingt irgendwie nach einer Mischung aus »The Untouchables« und »The Dirty Dozen«, doch das »Bataillon der Unbestechlichen« hat einen ganz nüchternen und sachlichen Hintergrund. Ich würde hier Soldatinnen und Soldaten aus allen Bereichen der Truppe – und aus sämtlichen Teilstreitkräften – mit einbeziehen. Es sollten hauptsächlich ehemalige Angehörige der Bundeswehr mit Einsatzerfahrung sein, die dann im Auftrag des Verteidigungsministeriums eine Art »Inventur« durchführen. Dazu bekommen sie jederzeit Zugang zu allen Liegenschaften der Bundeswehr. Wichtig ist, dass alle Dienstgradgruppen aller Teilstreitkräfte vertreten sind. Warum? Weil nur sie einen vertrauten Zugang zu den jeweiligen Kameraden haben. Warum Ehemalige? Ganze einfach: Sie haben nichts zu verlieren. Sie sind nicht mehr Teil des Systems, und darum lassen sie sich auch nicht einschüchtern oder korrumpieren. Es gibt genügend, die dafür zur Verfügung stehen würden, da sie loyal zu »ihrer« Bundeswehr sind und somit das Beste für sie wollen. Wirkliche Insider, die die Bedürfnisse der Bundeswehr von der Basis her kennen, und keine Ministerialbeamten aus dem Verteidigungsministerium oder Bürokraten aus dem Beschaffungsamt. Das hätte auch den Vorteil, dass dieses Personal von der Rüstungsindustrie weitgehend unabhängig ist. Diese Gruppe muss jederzeit unangekündigt auftauchen dürfen. Nur wer unangekündigt erscheint, sieht die Realität, und es kann nichts vorbereitet und inszeniert werden. Immer, wenn sich Politiker oder entsprechend Verantwortliche des Ministeriums irgendwo ankündigen, wird alles so zurechtgerückt, dass die Bundeswehr hervorragend präsentiert wird. Das habe ich unzählige Male erlebt. So kann aber niemals ein realistisches Lagebild entstehen. Der jeweilige Verantwortliche des Verbands, der sich präsentiert, will nicht in einem schlechten Licht erscheinen und wird darum alles Entsprechende veranlassen. Niemand möchte negativ auffallen. Das ist normales menschliches Denken, bringt uns aber nicht weiter. Angehörige dieser Gruppe müssten den Status eines Sonderbeauftragten bekommen und würden sehr schnell Ergebnisse liefern. Sie würden einfach jeden fragen: Was hast du, und was brauchst du? Aber meiner Meinung nach ist das nicht gewollt. Zu viele Missstände würden aufgedeckt. Leichen im Keller, sozusagen.

Zu spät, zu teuer, mit Mängeln

Wie ich gezeigt habe, liegt vieles im Argen. Die Bundeswehr hat viel zu lange an Rüstungsprojekten festgehalten, bei denen sie nicht das bekommen hat, was bestellt wurde. Lieferverzögerungen wie bisher von mehr als zehn Jahren sollte man in dieser extremen Form nicht mehr akzeptieren. Die Bundeswehr hat dazu im Frühjahr 2022 auch eine Task Force Optimierung Beschaffungswesen eingesetzt. Im offenen Teil des 16. Rüstungsberichts von 2022 heißt es unter anderem, die Task Force wolle in den anstehenden Rüstungsprojekten folgende Verbesserungen erwirken: *»verstärkte Orientierung auf marktverfügbare Produkte«*, *»Vermeidung von ›Goldrandlösungen‹ durch forciertes Forderungscontrolling«* und eine *»engere Einbindung des späteren Nutzers, insbesondere der Streitkräfte, in den gesamten Beschaffungsprozess«*. Das deckt sich ansatzweise mit meiner Idee. Außerdem wäre es meiner Ansicht nach sinnvoll, das Mittel der Vertragsstrafe stärker zu nutzen. Wenn es zu jahrelangen Verzögerungen bei der Auslieferung und Indienststellung von Waffensystemen kommt, kann sich die Bundeswehr das nicht einfach gefallen lassen. Denn es wird nicht nur die Einsatzbereitschaft dadurch beeinträchtigt, sondern es entstehen auch materielle Schäden, wenn veraltetes Material länger genutzt und Personal zusätzlich ausgebildet werden muss. Bereits 2015 dachte man im Verteidigungsministerium über dieses Mittel nach. So heißt es im »Bericht des Bundesministeriums der Verteidigung zu Rüstungsangelegenheiten«:

»›Die Strafe folgt auf dem Fuße‹, so sollte es auch bei der Geltendmachung von vereinbarten Vertragsstrafen sein. Doch in der Berichterstattung zu Rüstungsprojekten scheint es, dass die Strafe als ›Erziehungsmittel‹ der Rüstungsindustrie als zu spät, zu niedrig angesehen und manchmal sogar im Ganzen schmerzlich vermisst wird. So stellte das Gutachten ›Umfassende Bestandsaufnahme und Risikoanalyse zentraler Rüstungsprojekte‹ beispielsweise fest: ›Zu spät, zu teuer und mit Mängeln. Da mag es nicht verwundern, dass Vertragsstrafen bei läppischen sechs Prozent der Auftragssumme ausverhandelt wurden, dass 80 Prozent der Zahlungen an die Industrie vor Auslieferung des Geräts erfolgen und demnach der Anreiz, fehlerfreie Technik pünktlich zu liefern, bei nahezu null liegt.‹«

Dem kann ich nur zustimmen. Leider ist in dieser Hinsicht seit 2015 nicht allzu viel geschehen. Nun geht es darum, 100 Milliarden Euro auszugeben – und da wäre es meiner Ansicht nach gut, gegenüber der Rüstungsindustrie ein klares Zeichen zu geben: So wie bisher kann es nicht weitergehen! Sonst bräuchte man ja auch die ganze Zeitenwende nicht. Die Bundeswehr muss sich – auch durch die Wiederherstellung eigener Fähigkeiten bei der Wartung und Instandhaltung – von der Industrie abgrenzen. Das Verteidigungsministerium kann nicht automatisch davon ausgehen, dass sich die Interessen decken. Das zeigt sich auch an den europäischen Rüstungsvorhaben wie FCAS und MGCS. Natürlich wäre es wünschenswert, sich die Entwicklungskosten mit anderen Nationen zu teilen und dadurch einen technologischen Vorsprung zu erreichen. Doch dazu dürfen die beteiligten Unternehmen nicht wie bisher konkurrieren und darüber das gemeinsame Ziel aus den Augen verlieren. Auch hier wäre eine klare politische Vorgabe nötig. Die Industrie wird es von sich aus nämlich nicht richten. Wir sehen am aktuellen Beispiel des Schützenpanzers Puma, dass das Verteidigungsministerium durchaus Druck ausüben kann.

Was die Bundeswehr jetzt braucht, sind funktionierende Waffensysteme. Im Zuge der Zeitenwende hat man sich dazu entschlossen, einige davon aus dem Regal zu kaufen. Vieles ist bei den Amerikanern kurz- und mittelfristig verfügbar. Doch um zu wissen, was wirklich sinnvoll ist, bräuchten wir so etwas wie das »Bataillon der Unbestechlichen«, damit die Bürokratie des Beschaffungsamtes nicht wieder zu weiteren Zeitverzögerungen führt. Material zu bekommen, ist meiner Meinung nach nicht sehr schwer. Was wäre denn, wenn man vorhandenes Material unserer Verbündeten kurzfristig leasen oder kaufen würde und gleichzeitig andere Projekte anschiebt? Die Bundeswehr wäre einsatzbereit und könnte ihren Aufträgen nachgehen. Jetzt stellt sich natürlich jeder die Frage: Wenn wir unser Material bekommen, was machen wir dann mit dem, das wir bestellt haben? Ganz einfach: zurückgeben oder behalten. Das Material zu behalten, würde sogar sehr viel Sinn machen. In unzähligen Übungsplatzaufenthalten weltweit musste ich immer wieder feststellen, dass für Übungsszenarien immer wieder Feindkräfte dargestellt wurden. Bei der Bundeswehr wird in der Regel an ein System oder Fahrzeug ein rotes Kreuz befestigt. Jeder Soldat weiß in der Übung, das ist der Feind. Hat die Bundeswehr ausländische, zuvor selbst genutzte Fahrzeuge, Systeme und so weiter selber im Bestand, kann man es für die Ausbildung nutzen und realistische Darstellungen durchführen. Auch die Beschaffung von persönlicher Ausrüstung ist sehr schnell möglich, wenn man unkonventionelle Wege geht. Die Industrie kann liefern. Ich habe diesbezüglich Recherchen durchgeführt. Ein Anbieter kann vielleicht keine Stückzahlen von 200.000 schnell beschaffen, aber 20 Anbieter schaffen das. Das wurde mir in Gesprächen mit verschiedenen Anbietern versichert.

Weiterhin besteht das Problem der Munitionsvorräte. Nach Angaben der Rüstungsindustrie wurden 2022 keine nennenswerten Mengen bestellt, um die Bestände wieder aufzufüllen. Und das trotz der großen Lieferungen an die Ukraine. Ich habe im Laufe der Monate immer wieder von Soldatinnen und Soldaten gehört: »Warum rüstet die Bundesregierung nicht die Bundeswehr so schnell und mit so einem Engagement auf wie die Armee eines fremden Landes?« Die Frage ist tatsächlich nicht einfach zu beantworten. Natürlich geht es bei der Bundeswehr um längerfristige Projekte, doch eben auch um Systeme wie IRIS-T SL und Munition. Sachen, die der Truppe fehlen und trotzdem an die Ukraine abgegeben werden. Es ist abzusehen, dass der Krieg in der Ukraine noch jahrelang anhalten wird – und dass die Bundesrepublik darum mit der Unterstützung dieses Landes für einen langen Zeitraum fortfahren wird. Munition geht in Kampfhandlungen schnell weg. Außerdem müssen die Waffensysteme häufig gewartet werden, wenn sie benutzt werden. Auch daran beteiligt sich die Bundesrepublik. Viele aus der Truppe sagen, dass die Ukraine »ein Fass ohne Boden« für sie sei. Da wäre es nur verantwortungsvoll, wenn sich die Regierung und das Verteidigungsministerium irgendwie darauf einstellen würden. Zum Beispiel, indem sie mehr Munition für die Bundeswehr bestellten, da sie ja aus ihren mageren Beständen auch noch welche abgeben muss. Die Wehrbeauftragte räumt ein, dass es da ein großes Problem gibt: »Wir bräuchten allein 20 Milliarden Euro zusätzlich für die Munitionsbeschaffung. Gleichzeitig gibt es nicht genügend Munitionslager. Das zeigt, hier braucht es noch eine große Kraftanstrengung.« Die Munition soll allerdings nicht aus dem 100-Milliarden-Euro-Sondervermögen, sondern aus dem laufenden Verteidigungshaushalt bezahlt werden. Warum man sie dann nicht zeitnah bestellt, verstehe ich allerdings erst recht nicht. Denn es ist so, dass der Verteidigungshaushalt jeweils für ein Jahr beschlossen wird. Gelder, die in dem geplanten Zeitraum nicht verbraucht wurden, belasten automatisch den nachfolgenden Haushalt.

Dass vieles bei der aktuellen Planung nicht gut läuft, zeigt auch die Forderung der Wehrbeauftragten nach einem sogenannten »Zeitenwende-Report«. In ihm soll in relativ kurzen Abständen über den Stand der Bemühungen bei der Modernisierung der Bundeswehr Rechenschaft abgelegt werden. Dazu sagt die Wehrbeauftragte Eva Högl Ende Dezember 2022: »Wir haben so etwas ja beispielsweise bei den Unterstützungsleistungen für die

Ukraine. So eine regelmäßige Bestandsaufnahme, einen Zeitenwende-Report, fände ich für das Thema Sondervermögen sinnvoll.« Das wäre bestimmt sinnvoll, und Frau Högl hat auch erkannt, warum: »Die 100 Milliarden Euro dürfen nicht in den vorhandenen Strukturen und Verfahren vergeben werden. Dann kommen wir nicht vorwärts.« An dieser Stelle möchte ich noch einmal meinen Vorschlag des »Bataillons der Unbestechlichen« ins Spiel bringen. Vielleicht liest ihn ja jemand von den Verantwortlichen im Verteidigungsministerium oder der Bundesregierung und erkennt die Vorteile. Falls nicht, reicht es aber auch aus, dass die bestehenden Hindernisse und Nachteile bekannt sind (laut der Wehrbeauftragten: die vorhandenen Strukturen und Verfahren), um die Notwendigkeit einer radikalen Veränderung einzusehen.

Gesucht: Eine Konzeption für die Bundeswehr

Allein am Material liegt es allerdings auch nicht, dass die Bundeswehr blank dasteht. An einigen Stellen habe ich in diesem Buch gezeigt, dass es mit der Personalpolitik, so wie sie gemacht wird, nicht klappt. Sei es die Rekrutierung, die Ausbildung, das Phänomen der Seiteneinsteiger, das Outsourcing wichtiger Aufgaben an private Unternehmen oder das Schaffen einer Führungselite, die nicht führt: alles zusammengenommen hat zur Folge, dass es in der Bundeswehr nicht rundläuft. Auch das sagt die Wehrbeauftragte in deutlichen Worten: »Wir reden sehr viel über Material, aber der Knackpunkt ist das Personal, die Bundeswehr besteht zuallererst aus 182.000 Soldatinnen und Soldaten«, und: »Im Jahresbericht der Wehrbeauftragten steht seit Jahren: 20.000 Dienstposten sind nicht besetzt und an vielen Stellen ist nicht die richtige

Person zur richtigen Zeit auf dem richtigen Dienstposten.« Für mich heißt das, dass zum einen mehr Soldatinnen und Soldaten gebraucht werden, und dass man sie zum anderen auch richtig ausbilden muss, um sie dort einsetzen zu können, wo die Bundeswehr sie braucht. Das wird sich aber nicht nur mit gutem Willen lösen lassen, denn auch hier sind wieder die erwähnten ineffizienten Strukturen mitbeteiligt. Doch auch in diesem Fall könnte eine Vereinfachung und mehr truppennahe Expertise – wie sie ein »Bataillon der Unbestechlichen« bieten würde – entscheidend weiterhelfen.

Am Ende möchte ich den Militärhistoriker Sönke Neitzel zitieren, der sinngemäß sagte, bei der Zeitenwende gehe es um nicht weniger als eine Neugründung der Bundeswehr. Damit hat er meiner Ansicht nach vollkommen recht. Die 100 Milliarden Euro sind zwar bislang die größte Investition in der Geschichte der Bundeswehr, doch ich halte es für eine Illusion, zu glauben, dass sich damit etwas ändern wird. Ich habe aufgezeigt, dass das Verteidigungsministerium auch vorher schon über beträchtliche Mittel und einen milliardenschweren jährlichen Wehretat verfügen konnte. Dass die Bundeswehr heute in einem so desaströsen Zustand dasteht, lässt sich darum nicht nur mit Einsparungen erklären. Es liegt vielmehr auch an der Konzeption und dem Selbstverständnis der Bundeswehr. Will man eine Einsatzarmee oder eine solche, deren Schwerpunkt auf der Bündnis- und Landesverteidigung liegt? In jüngster Zeit betonen viele Politiker und Verantwortliche aus dem Verteidigungsministerium, dass man sich wieder mehr auf die Landesverteidigung ausrichten und sich aus den Auslandseinsätzen zurückziehen wolle. Das wird so nicht funktionieren. Ich denke, wir brauchen eine Bundeswehr, die dazu in der Lage ist, beide Aufgaben gleichermaßen – und gleichzeitig – zu erfüllen: Bündnis- und Landesverteidigung sowie weltweite Auslandseinsätze. Wenn die Partnerstaaten um Unterstützung bei einer militärischen Intervention bitten, wird Deutschland sich nicht heraushalten können. Schon jetzt ist klar, dass selbst wenn der Einsatz in Mali beendet sein wird, das Engagement im Sahel insgesamt fortgesetzt wird. Die Entwicklungen, die zu solchen Einsätzen führen, sind nicht immer langfristig vorherzusehen und zu planen. Als Fallschirmjäger der Bundeswehr hätte ich es im Jahr 2000 nicht für möglich gehalten, dass mich die Regierung wenige Jahre später nach Afghanistan schicken würde und die Truppe dann für die nächsten 20 Jahre dort kämpft. Angesichts dessen, dass die Bundesregierung Kriegsschiffe ins Südchinesische Meer oder Eurofighter nach Australien verlegt, würde ich nicht davon ausgehen, dass wir es in den kommenden Jahren nur noch mit Konflikten zu tun haben werden, die sich vor unserer Haustür abspielen.

Und zu guter Letzt möchte ich noch darauf hinweisen, dass Rüstungsgüter nur eine begrenzte Haltbarkeit haben. Sie sind zwar in der Regel teuer, doch auch schnell veraltet. Auch darum spricht man vom Rüstungswettlauf. Es ist wichtig, auf Jahrzehnte im Voraus zu planen und die entsprechenden Entwicklungsvorhaben auf den Weg zu bringen. Die NATO oder die EU mögen den modernsten Raketenschutzschirm aufbauen, doch wenn der Gegner mit funktionsfähigen Hyperschallraketen angreift, nutzt der auch nicht mehr viel. Im Zusammenhang mit einer Modernisierung oder Neugründung der Bundeswehr müssen wir auch immer darüber sprechen, wozu sie 2040 und 2050 in der Lage sein soll. Was dann einsatzbereit sein wird, muss heute schon ganz konkret auf den Weg gebracht werden. Mit einmalig 100 Milliarden Euro und einem weiterhin unter zwei Prozent des Bruttoinlandsprodukts liegenden Verteidigungshaushalt ist das nicht zu bewerkstelligen. Es ist tatsächlich eine Illusion. Was die Bundeswehr jetzt braucht, ist eine komplette – und nachhaltige – Neuaufstellung. Personell. Finanziell. Strukturell. Es wäre möglich, wenn man unkonventionelle Wege geht mithilfe derer, die am meisten Hilfe benötigen. Den Soldatinnen und Soldaten der Bundeswehr …

Danksagung

Zuerst möchte ich mich bei allen Angehörigen der Bundeswehr für ihren täglichen Dienst unter »erschwerten« Bedingungen bedanken.

Ihr seid teilweise weltweit im Einsatz, und ich hoffe, dass ich mit diesem Buch Eure Interessen etwas vertreten konnte. Allzeit Soldatenglück und kommt immer gut und unversehrt nach Hause.

Ein besonderer Dank geht an meinen Co-Autor Martin Specht.
Seine weltweiten Erfahrungen, Professionalität und nahezu unerschöpfliche Expertise waren ein Garant für dieses Buch. Martin, danke für alles, und ich freue mich auf unsere geplanten Folgeprojekte und die damit verbundene Zusammenarbeit.

Danke, Jürgen Diessl und Silvie Horch vom Econ Verlag.
Ihr habt es erneut geschafft und ermöglicht, dass dieses wichtige Thema für eine breite Öffentlichkeit aufbereitet wird und die Interessen meiner Kameradinnen und Kameraden vertreten werden.

Ein spezieller Dank geht an Jeannette Lohan.
Du hast mir mit Deinem »Projekt Geistreich« vollkommen neue

Wege aufgezeigt. In endlosen Gesprächen durfte ich an Deiner Methode zur »Traumabewältigung« und Vorgehensweisen bei »PTBS« meinen Horizont erweitern. Gerade Dein Konzept zum Forderungskatalog »Mission Seele«, welches Du entworfen hast, ist bahnbrechend. Du zeigtest mir damit, dass es neben den konventionellen Methoden andere, wenn nicht sogar bessere Wege gibt, den Kameradinnen und Kameraden zu helfen. Ich hoffe, dass Du in Zukunft endlich einen kompetenten Ansprechpartner findest und »zum Einsatz« kommst.

Zu lange wurde auf diese konventionellen Methoden gesetzt, und das hilft den Betroffenen und deren Angehörigen meiner Meinung nach nicht wirklich weiter.

Vielen Dank an die Kolleginnen und Kollegen des Deutschen BundeswehrVerbands.
Da im Speziellen an »unser Team«.
Ihr habt die Idee immer unterstützt und sofort erkannt, dass dieses Buch eine »etwas andere Art« der Interessenvertretung unserer Soldatinnen und Soldaten ist.

Ich freue mich auf die weitere Zusammenarbeit.

Mein absolutes Dankeschön an meine Mutter.
Sie hat mir jederzeit den Rücken frei gehalten, wenn es mal wieder »eng« wurde, und ich konnte immer auf ihre objektive Meinung zurückgreifen.

Einer der vielen Gründe, warum ich immer für Dich da sein werde.

Achim Wohlgethan
Wolfsburg, Januar 2023

Einsatz in Afghanistan: Ein Ex-Soldat blickt zurück

Wie fühlt es sich an, als deutscher Soldat in den Straßen von Kabul zu patrouillieren? Wie reagiert man, wenn plötzlich ein Kind mit einer Waffe vor einem steht? Und wie geht man als Soldat mit der ständigen Bedrohung um? In seinem Erfahrungsbericht gewährt der Fallschirmjäger Achim Wohlgethan einen ungeschönten Einblick in den Afghanistan-Einsatz der Bundeswehr. Er war einer der ersten deutschen Soldaten, die am Hindukusch stationiert wurden. Mit seinem Insiderblick bringt er uns nicht nur Land und Leute, sondern auch die Probleme der deutschen Armee und der internationalen Afghanistan-Politik nahe. Der packende *Spiegel*-Bestseller ist eines der ersten Bücher, das die Diskussion um die gefährliche Auslandsmission der Bundeswehr angestoßen hat.

Achim Wohlgethan und Dirk Schulze

Endstation Kabul

Als deutscher Soldat in Afghanistan – ein Insiderbericht

Taschenbuch
Auch als E-Book erhältlich

www.ullstein.de

ullstein